JN291282

サー・ウォルター・ローリー

植民と黄金

櫻井正一郎

人文書院

はしがき

サー・ウォルター・ローリー（Sir Walter Ralegh）の活動を、場所を限って、従って期間を限って、多少とも掘り下げようとするのが、本書である。ただし、全生涯を概観できるような小伝をつけている。限られた期間の活動を取り上げるだけでは、読者に対して不親切であろう。ローリーの伝記が、日本ではまだ書かれていないのを顧みて、本書のなかに、せめて略伝を、含ませておこうと心がけた。

『サー・ウォルター・ローリー』としている、本書の正題について述べておきたい。それを『サー・ウォルター・ローリーとその時代』とすれば、本書の内容をよりよく反映したであろう。ローリーは、とりわけ話題になった、宮廷人だったから、資料が多く、またよく保存されていた。それらの一次資料から、ローリーが生きていた当時を、ことに国家に関わるその時代を、知ることができる。この時代にこんなことが起きていたのか、諸事をこれほど鮮明に眼のあたりにすることができるのか、こういう感慨は、相手がローリーのような人物だからこそえられる。存在が影のような、宮廷人ではなかった人物、例えばシェイクスピアの、生涯を辿るときと較べると、見えてくるものが違うのである。

『植民と黄金』としている、本書の副題についても説明しておきたい。「黄金」によって、ギアナ、今のヴェネズェラでの活動全体をあらわしている。「植民」によって、アイルランドでの活動全体をあらわそうとした。あらわせるというのが大方の判断であろう。ローリーの植民といえば、北米ヴァージニアでの植民がある。その植民を、本書は詳しくとりあげてはいない。その植民の概要だけを、「小伝」と、とくに第三部第一章の「序」がとりあげているに留まる。このことははじめに、お断りしておかなければならない。

本書にはたくさんの註がついているが、一般の読者の方々は、註を無視して読んでゆかれるであろう。それで結構である。一般の方々にも読んでいただけるようにと、それを願って本書は書かれた。

目次

はしがき
第一部　ローリー小伝……9
エピグラフ　準備　寵臣　海外　転落
遠征　余興　死刑　「無神論者」　ロンドン塔
断首　復活　研究
第二部　アイルランドのローリー……49
第一章　虐殺と領地……51
序　51
スマリックの虐殺　52
隊長　偵察　虐殺　指揮者　人数　約束
起因　系譜

バリ公の城と島　80
土地欲　野心
その他の行動　87
武勇伝　狡智
第二章　マンスター植民……………………………………104
序　前史　104
リーシュ・オファリー植民　アルスター計画、マンスター計画
サー・トマス・スミス植民、エセックス植民　第二次デズモンドの乱
地方長官制
マンスター植民　119
入植まで　条令　「請負人」　ローリーの入植　買い増し
ローリーの「シーニョリ」　土地訴訟　木材輸出　一五八九年
売却　顚末　総括
第三部　ギアナのローリー……………………………………187
第一章　黄金都市マノア……………………………………189
序　黄金都市　略奪　老王トピアワリ　驚異
第二章　最後の航海……………………………………228
前史　準備　別路　往路　占領

金鉱　復路　忠臣　術策　老獪

あとがき

図版リスト

索引

サー・ウォルター・ローリー——植民と黄金

第一部　ローリー小伝

エピグラフ

サー・ウォルター・ローリーが生きていた頃、日本は安土・桃山を経て、江戸時代に入っていた。一六〇三年に、イギリスの国王がエリザベス女王からジェイムズ一世にかわった。ちょうどその年に、日本では、家康が江戸幕府をひらいていた。

ローリーはどんな人だったのか。最初にそれを短く示しておくために、別の人が書いた銘文（エピグラフ）二つを、借りてくることにする。まず――

一五五二年に生まれる。陸軍と海軍の指揮官であり、文筆家であった。兵士としてフランスとアイルランドに従軍した。エリザベス女王の寵臣になり、女王は巨額の富を彼に与えた。第一次ヴァージニア植民地を設立し、ギアナを探検し、カディズでスペイン海軍への攻撃を指揮し（一五九六年）、いくつかの別の海洋遠征にも加わった。一六〇三年のエリザベスの崩御が、ローリーの運命の分岐点になった。以後、災難が彼の日々を曇らせた。一六〇三年には国家転覆の罪を不当にも負わされて、死刑を宣告される。刑の執行は赦免されたが、一三年間をロンドン塔で過ごした。一六一七年に釈放されて、最後の航海をギアナに向けたが、失敗し、長男を失った。帰国したときは憔悴し、瀕死であったが、狭量なジェイムズは、哀れみをかけず、スペイン国王に強制されて、と信じられている、一六一八年一〇月二九日に、ローリーを断首した。（ローリーと同時代人だったジョン・オーブリィが書いた小伝に校訂者がつけたエピグラフ）(1)

生涯はこのように波瀾万丈だった。この波瀾が、英米で四〇冊をこえるであろうローリー伝を、これまでに書かせたのだった。

活動はこのように多分野にわたった。ある伝記作家（エドワード・トンプスン）によると、ローリーは「歴史家、詩人、哲学者、海戦記の作家、宮廷人、政治家、兵士、軍将、海賊、船主、愛国者、化学者、植民地企画者、コンワル選出の議員、同時にジャージー島総督、行政官、文人のパトロン、科学者でありながら不可知論者、策士でありながら殉教者、だった」(2)。

次に示す二番目のエピグラフは、生涯を語ってこれ以上短くはならない。短いけれども、たくさんの事柄が含まれている――

サー・ウォルター・ローリーは、一五五四年、デボン（Devon）州のヘイズ・バートン（Hays Barton）で生まれた。死刑を宣告されて、一六一八年一〇月二九日、ウェストミンスターで処刑された（アグネス・レイサムが書いた小伝に多分編集者がつけたエピグラフ）(3)。

ローリーの生年は、一五五四年だった。前出のエピグラフのように、長い間一五五二年とされてきたが、二〇世紀半ばになって、五四年とほぼ確定した(4)。僅か二年のちがいではあるが、ローリーを知るうえに影響を及ぼす。あらゆることが、これまで見られていたよりも、二年早く起っていた。その生年の四年後に、エリザベスが即位していた。女王にかわいがられたローリーは、女王よりも二〇歳若かった。

デボン州といえば、イングランドの西南部にあって、海に面し（図1）、人々は武術・航海術をよくして、

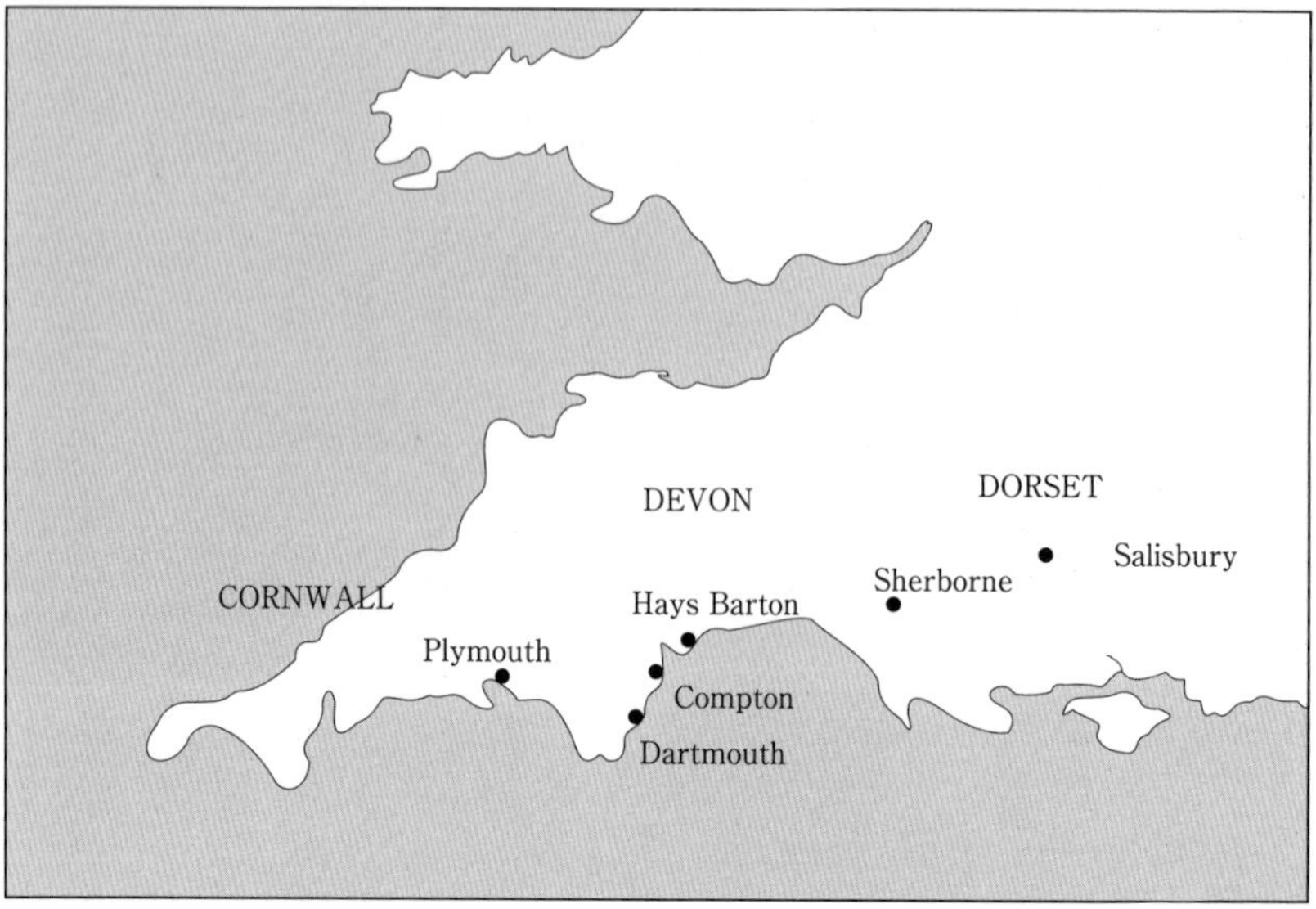

図1　イングランド西南部とローリー関係地

海外に出かける人が多かった。生地のヘイズ・バートンは、小村であった。生家が貴族でなかったのを、これは示していた。

生前の活動は述べられずに、処刑だけが述べられている。この処遇も、ローリーに対してあながち不当であるとは限らない。処刑されたあとに、讃美されるようになり、業績を実際よりも大きく見る風潮が生まれた。他方、処刑が社会にあたえた影響が大きかった。ウェストミンスターには今も議事堂がある。政治の中心地点で、国賊として、処刑された。罪状が書かれていない。罪状は不明確だった。

二つのエピグラフを息をとめて読んだあと、いよいよこの小伝が、ローリーの生涯を辿ってゆこう。[5]

準備

ローリーの父は郷紳《ジェントリー》だった。郷紳は爵位をもたないジェントルマン、郷の名前のように、国家のではなく地方の、行政、裁判、治安に無報酬で関わった。収入は地主として得ていた。父は地主ではあったが、借

『サー・ウォルター・ローリー――植民と黄金』正誤表

	誤		正
13頁5行目	二度目	→	三度目
同頁13行目	二番目	→	三番目
25頁最終行	太平洋	→	大西洋
35頁12行目注番号	(26)	→	(24)
36頁図19キャプション	丸い	→	四角い
64頁最終行	一九八〇年代	→	一八八〇年代
76頁14行目	ローリー	→	ローリー側

図2　ヘイズ・バートンの生家．元の建物は両翼の幅が今の半分だった．

地をしなければならない小地主だった。そのことは、今も残っている住まいのたたずまいを見れば分かる（図2）。たたずまいが小さいだけでなく、妻の世話で人から借りた。ここでローリーが生まれた。父と、父が迎えた二度目の妻との間から、一人の兄、ローリー、一人の妹が生まれた。土地は長子相続制だったから、二男は独立しなければならなかった。独立するに際して、ローリー家の親族たちが助けた。当時は同じ家系、同じ郷里の人々の結束が固かった。ローリー家の親族には次のような人たちがいた。父の最初の妻は、あのフランシス・ドレイクがいたドレイク（Drake）家から出ていた。二番目の妻すなわちローリーの母は、終世エリザベス女王の侍女を勤めた人がいたシャンパナウン（Champernoun）家から出ていた。この母は、ローリーの父と結婚する前に、名家ギルバート（Gilbert）家（図3）に嫁ぎ、ローリーにとっては義兄になる三人（John, Humphrey, Adrian）を産んだ。それら三人の義兄たちの助けが特筆さ

図3　ギルバート家のコンプトン城（Compton Castle）．母と母の前夫が住んでいた．

れる。彼等が海外に出かけていったとき、ローリーも加わった。デボンの海岸には赤い崖がある。血の色をしている崖は、この地方から海外に出かけていった人々の、血気と結びつけられている。親族と、デボン・コンワル（Cornwall）地方が、出世してからもローリーを支えた。ローリーが海外で行なった事業には、西南部の出身者が参加した。黄金がみつからずに、敗残者になって帰国したローリーを、この地方はそれでも尊敬して、大きな荘園に泊まらせた。ローリーは宮廷人だったとともに、地方人だった。喋り方からデボンのなまりを消そうとしなかった。

早くも一五歳（一五六九年）で、フランスに渡って、プロテスタントのユグノー派の傭兵になった。ローリーにとっては気軽な出稼ぎだった。フランス系だった母の実家、シャンパナウン家の誰かの引きがあったとみられている。期間を五年とする説に従うと、三年後にイギリスにいた記録が残っているけれども、それは一時の帰国だったことになる。期間が三年にせよ五年にせよ、人間形成への影響は大きかったはずだが、フランスでの行動の記録がまったく残っていない。滞仏中に、カトリック側が行なった聖バーソロミュー（サン・バルテルミ）の日の大虐殺（一五七二年）が、パリでおこっていた。

一五七二年に、オックスフォードのオリオル・カレッジに逗留したという記録が残っている。二一歳の一五七五年には、ロンドンのミドル・テンプル法学院に入った。この法学院には、多くの西南部出身者が所属していた。法学院とは、宮廷に入ろうとする青年が歩むお決まりのコースであった。成人したローリーの教養からすると、法学院の頃には、読書にさぞ精励したのであろう。一方では武勇伝に事欠かず、成人したローリーの二面をすでに備えていた。この期に書かれた、ローリーのものとしては最古の詩が残っている。[6]その詩で作者は、才を見せびらかせて、自分の存在を売り込もうとしている。

宮廷に入るまでの、もう一つのお定まりのコースは、海外遠征だった。法学院に入ってから五年後、二五歳になった一五八〇年に、一〇〇人の歩兵と一二人の騎兵を率いる隊長になって、アイルランドのコークに赴任し、アイルランドの叛乱軍を鎮圧した。このときの行動を、本書の第二部第一章が再現しようとしている。このアイルランド行がきっかけになって、いよいよ宮廷に入れたが、彼地で上官に認められたからではなかった。逆に、総指揮官だったウイルトン公グレイ（Lord Grey of Wilton）に、ローリーは嫌われた。それがむしろ好都合だった。グレイは宮廷筋の受けが悪く、ローリーはグレイの施策を批判して、株を上げていった。上げていったのには下地があった。アイルランドにいる間に、攻めてきた法王軍から押収した機密文書を、ローリーがロンドンに運んで、要人たちと接触したのを機に、宮廷にすでに片足をかけていたこともあった。[7]帰国してから遅くとも四ヶ月たって、女王に会った。

寵臣

「ローリーの生命力、活力、魔力（charm）、知力、私的な迫力（personal intensity）に、エリザベスは参ってしまった」（レイサム）。[8]レスター（Leicester）伯、ハトン（Hatton）卿に続いた三人目の寵臣になって、出世の

図4　エリザベス女王「白てんがいる肖像」一五八五年頃．ローリーへの寵愛が深かったころ．白てんは純潔をあらわす．

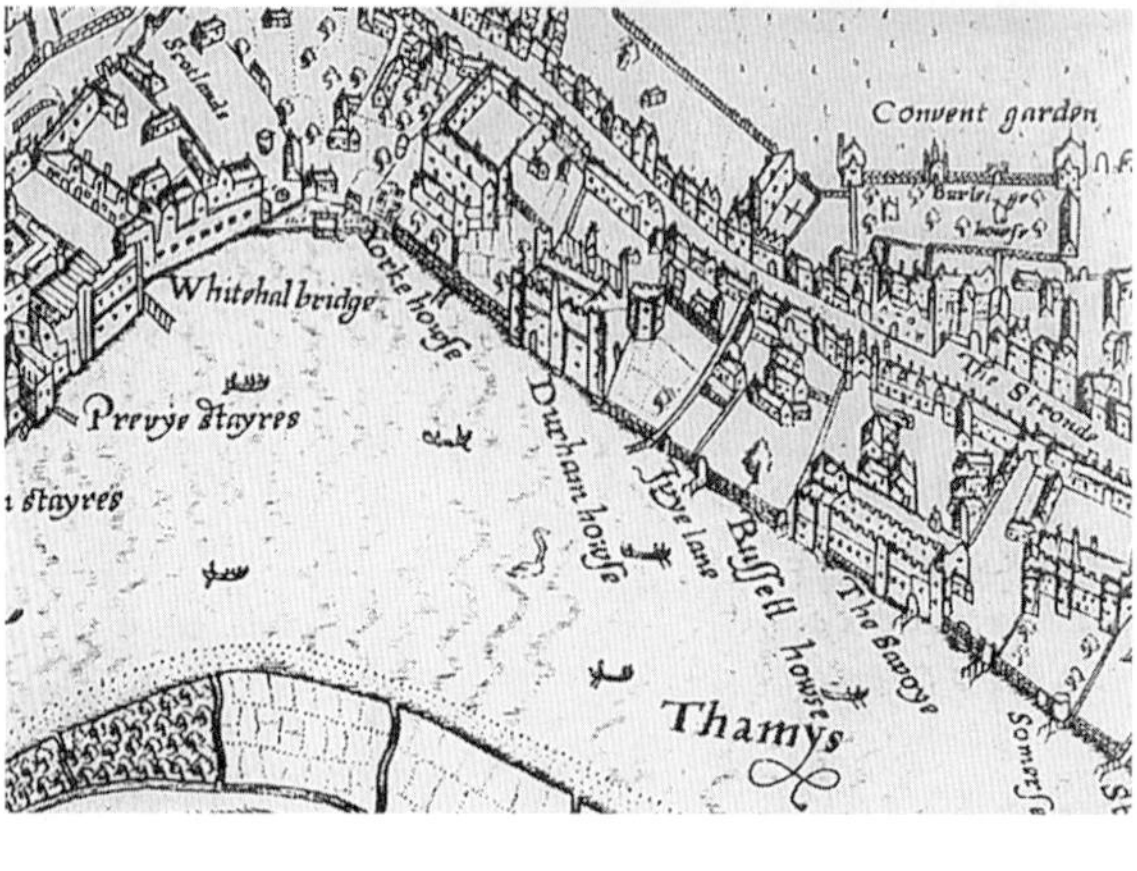

図5　ダラム・ハウス（一五九三年）．ロンドンにいたときの住居．トマス・ハリオットなどの友人たちが集まった．

梯子を駆け昇っていった。女王（図4）から数々の地位と利権を授かった。地位と利権は、ローリーの得意と周囲の反感を思うと、一つ一つを丁寧に書きださないわけにはゆかない。国賓も迎えたテムズ河をのぞむダラム・ハウス（図5）に入居が許された（八一年末か八二年初）。義兄ハンフリー・ギルバートの北米遠征に参加して、なぜかそれだけで、「サー」の称号を授けられる（八四年）。輸入されるワインを小売する、酒屋の営業を許可する権利を与えられ（八三年）、輸出する厚手の毛布地（ラシャ）の専売権を授けられた（八四年）。女王の直轄だった、コンワル・デボン州に跨る錫鉱山の、管理者に任ぜられる（八五年）。ことにワインの専売権と鉱山管理者の地位は金づるだった。ただし、同時に苦労の種にもなった。コンワル州の副総督、コンワルとデボンの海軍副指揮官にも任命された（八五年）。とどめをさしたのは、女王の身辺を警護する近衛隊の隊長だった（八七年）。前任者は前の寵臣ハトン、身近にいる彼等を女王は直ぐに呼べた。美男で巨漢の衛兵たち、整然たる儀式、華美な礼装の世界を統率する身分だった。しかし、知性と見識を乞われて、国政に参画するポストではなかった。図6に選んだ像は、近衛隊長になってから一年後を描いたとされている。焦点は華美な衣装に置かれている。イアリングには巨大な真珠、胴衣と裾は銀色の絹、革でふちどられた黒のコートには大小の真珠が連なり、剣の柄は銀製、大きな真珠を中心に、宝石が固められている。しかし、表情は野太夫然としていて無表情に近く、政治家に必要な叡智と聡明を欠いている。左上にかかる月は女王であり、月の下に「愛と勇気（Amor et Virtus）」というモットーが書かれている。「勇気」は女王の身辺と国家とを守る武人の誓いである。これらはこの像が女王に見てもらおうとして描かれたのを示している。衣裳の華美は女王への感謝であった。女王自身が殊の外華美な衣裳を好んでいた。ローリー生来の華美という魚が、この画のなかで水をえているとみられる。同時に、女王がローリーに何を求めていたかをこの像は示している。他方、この像にはみられない、人格と、政治家という職務を描いている、バーリー公ウイリアム・セシ

図6　サー・ウォルター・ローリー（1588年頃）

ル（Lord Burghley, William Cecil）の像（図7）と較べられる。ローリーはこのきらびやかな像が示しているように、虚飾を追い求めた人とみられた。「枢密院［内閣に近い］と政治家の任務とは、まだ彼の手が届かないところにあった。そういう高所で認められる人間の価値は、今のように当座の機知だけで認められたり、女王のご機嫌が向いて認められるような価値とはちがっていた。人間の本当の値打ちとはどのようなものかを、ローリー自身も分かっていたのではなかろうか」（ウォレス[9]）。

海外

宮廷での活動と海外での活動を並行して行なった。近衛隊長就任に前後して、二つの植民活動を始めた。

図7　バーリー公ウイリアム・セシル（首相）

まず、処女王エリザベスにちなんでヴァージニアと名付けられる、北米ロアノーク島（Roanoke）（図8、9）付近に入植者を送りこんだ。他の一つは、アイルランドのマンスター地方に、大規模に展開された植民の、最大の請負人（undertaker）になった。

自身はヴァージニアには行かなかった。女王が寵臣の身を案じて行かせなかった。投資した人々は利益をあげるのを目論み、参加した人々は賃金をあてにした。早く資金を回収するために、用船は往路復路に略

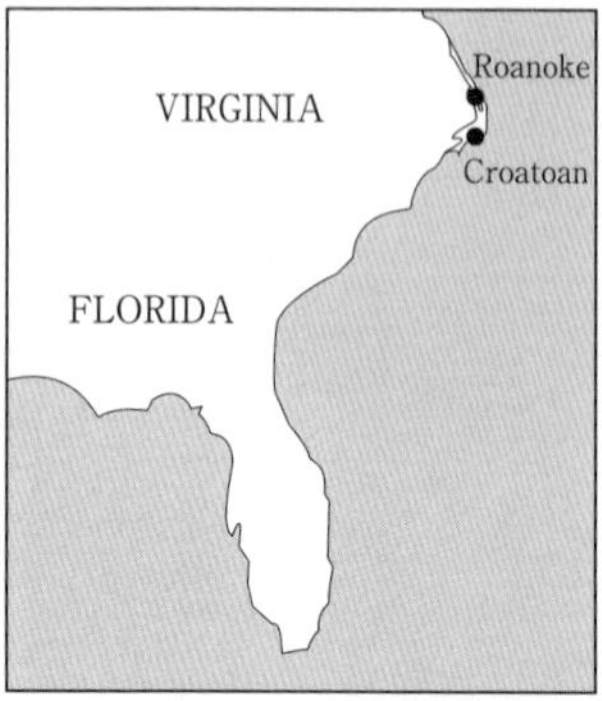

図８　ロアノーク島の位置

図９　ヴァージニアとノース・カロライナ海岸（ジョン・ホワイトの水彩画の部分）．ロアノーク島は中央右．

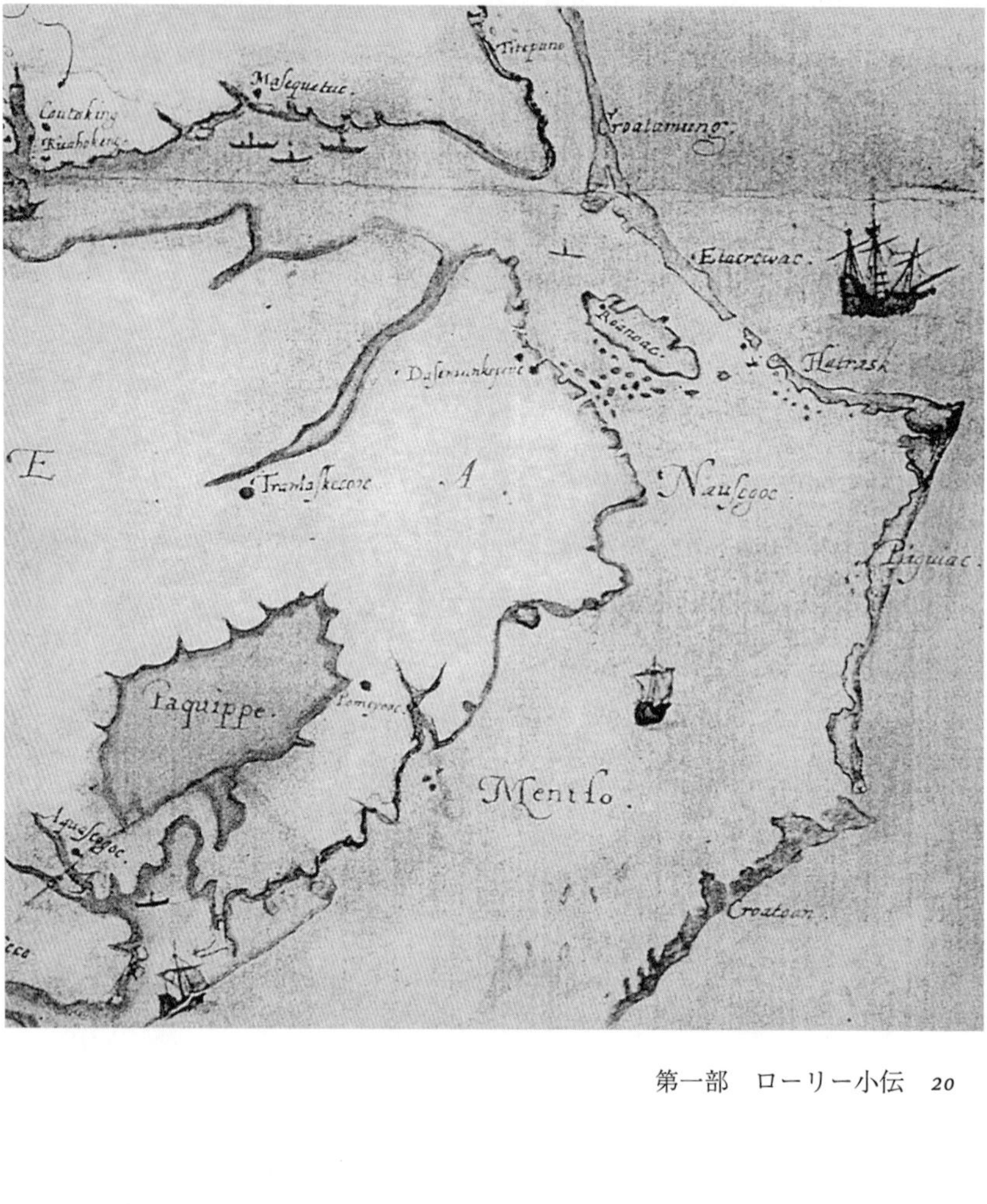

奪を行なった。一五八五年に始められた第一次の植民では、重点は略奪に置かれ、植民地は略奪の拠点、中継地にされた。最初に入植した人々は、ほぼ一年後に、ドレイクが寄せた船に乗って帰国した。出資者が少なくなってからは、入植者に土地を与えて自給自足させようとした。家族でやってきた人々を含んだ一五〇人が、翌年に約束されていた補給の到着を待った。ところが、スペイン艦隊アルマダの来襲に備えて、国家が船を廻さなかったので、補給は三年後にやっと実現した。しかし、補給船が到着したとき、残っていたはずの一一七名は、姿を消していた。第二次の植民も、このように失敗に終わったが、略奪から植民への転換が用意された。転換は間もなく実現した。西南部のプリマスの出身者に、長期の出資ができるロンドンの商人が加わって、「王立ヴァージニア会社」が設立され（一六〇六年）、この会社がジェイムズタウンに興した植民地（一六〇七年）は、その後も持ちこたえた。さらに一四年後に、一〇二名を乗せた「メイフラワー号」が、今のボストンの南、プリマスに到着することになる。ローリーは北米への植民の先駆者だった。

一方の「マンスター植民」は、一九八〇年代になって実態が明らかにされた。本書は第二部第二章で、その実態を解説している。「マンスター植民」では、ローリーは露骨な方法で私利を追求した。イギリス政府はフェアーに対応し、結果として植民事業の進捗にブレーキをかけた。皮肉にも、ローリーの実利至上主義が、木材産業をはじめこの地方の産業を盛んにし、入植者の数を増やしていった。「マンスター植民」を完成させたのは、ローリーの後継者、リチャード・ボイル（Richard Boyle）であった。この地でもローリーは先駆者に留まった。

入植地の統治者としては、公正だった。ヴァージニアで一五〇人を統治したとき、腹心だったジョン・ホワイト（John White）に頼んで、次のような理念を実現させようとした。すなわち、個人の生活に干渉しない、宗教は個人の良心に任せる、税金は平等にかける。このような理念が、政治家ローリーの特徴になっていった。「マンスター植民」では、統治は自分の領地にだけ向けられたが、途中で帰国する入植者が少なかった。

転　落

宮廷生活に戻ると、近衛隊長まで昇ったローリーに、二つの障害が立ちはだかった。まず、女王の関心がエセックス（Essex）伯（図10）に移された。同伯は長身で美貌、ローリーより一二歳若く、父は初代エセックス伯、母は父の没後に有力者レスター伯と再婚したので、同伯は義父になった。女王はそれまでにも寵臣を替えて、新しい青年に移っていった。だが、それを泣きわめいたのはローリーだけだった。女王だけが命綱だった。ローリーの宮廷生活の基盤はそのようなものであった。エセックスに勢いがあるうちは、ローリーに勝ち目はなかった。エセックスが没落したから、後述のように近衛隊長に復帰できたとみられている。

図10　カディズから帰ったエセックス伯．上衣で宮廷人を，剣で武人を，表情で政治家を，それぞれあらわそうとしている．エセックスの注文通りに描かれた．

次に、女王の逆鱗にふれた。女王付の侍女（Maids of Honour）、エリザベス・スロックモートン（Throckmorton）（図11）と秘密に結婚して、女王に知られた（一五九二年）。女王は寵臣が結婚すると激怒した。レスター伯が、初代エセックス伯の未亡人と結婚したとき（一五七九年）も、エセックス伯が、フィリップ・シドニー（Philip Sidney）の未亡人と結婚したとき

（一五九〇年）も、激怒した。しかし、ローリーだけがロンドン塔に入れられた。秘密にしていたからだとみられている。この事件は多くのローリー伝が、下世話としてとりあげた。侍女はみんなお嬢さん、その侍女を誘惑した、いや凌辱したとみて、当時巷で読まれていた戯れ歌を紹介し続けてきた。しかし近年では、別の見方が出されている。たしかに、女王の侍女は建前として、女王の近くに男が入らないように、男を慎まなければならなかった。しかし実際には、慎んではいなかった。侍女のなかには、メアリ・フィトン（Mary Fitton）のような、浮名を轟かせた傾城がいた。フィトンは、貴族のウイリアム・ハーバート（William Herbert）が妊娠させた。シェイクスピアの『ソネット集』で活躍する、あのダーク・レイディのモデルだったとする説がある（異説も）[10][11]。また、近年では、妻になったエリザベス（愛称ベス）の方から、ローリーを選んだという見方も生まれている（アナ・ビア）[12]。没落しかかった名家スロックモートンのベスは、自分と家の名誉のために、宮廷人としてのローリーを見込んだのだ、

図11　妻ベス（1591年頃）

という。そういわれれば、ベスは出産してすぐ、新生児をつれて嬉々として、公然とロンドンに戻ってきていた。出産によって噂が確定してしまった。

女王に疎んぜられた頃に書かれた、悲嘆の交響楽が、長詩『シンシア』だった。シンシアは月の女神で女王のこと、月の心次第で満ち干く海は、女王に'Water'と呼ばれていたローリーのことだった。宮廷での不遇を哀訴して、女王の心を動かそうとした。ただし、作品が訴えている言説を、鵜呑みにするのは禁物である。はたしてローリーがいうように、エセックスに邪魔されたから、また、王の逆鱗にふれたから、宮廷での出世が止まったのだろうか。逆鱗にふれたレスターもエセックスも、確かに国政の枢軸には加われなかった。加われなかったのは、両人の人間性、資質が原因であった。ローリーの出世がなぜ止まったのか、その理由を関係筋は語り残してはいない。父が下位のジェントリーだったという理由だけで、拒否される時代ではなくなっていた。すでに一世紀以上前に、ジェントリーまたはそれ以下の階級の人々が、宮廷に入って「ニュー・マン」と呼ばれ、その後に重用されていった。そのような人々に、トマス・ウールジィ、トマス・クロムウェルらがいた。ローリーの時代になると、名宰相になったバーリー公ウイリアム・セシルが、ローリーと同じようにジェントリーの出身だった。ただし、バーリーの方は、判断が公正で慎重、私心がない、人文主義者だった。さて、ロンドン塔のなかで、自殺を装ったり発狂を装ったりしていたローリーは、一、二ヶ月たって、塔から釈放された。大金が女王に入っていた。ローリーらが捕獲したポルトガルの商船からえた大金だった。その商船が入れられていたダートマス港(図1)にローリーが塔から派遣されて、彼の力で女王の分け前が、略奪から保全された。五年たったが、近衛隊長にも復帰を許された(一五九七年)。

復帰するまで活発に行動した。復帰したことが小さくみえるほどであった。「マンスター植民」での事業が最盛期を迎え、木材が盛んに輸出された。黄金を求めてギアナ、今のヴェネズエラにでかけた（一五九五年）。黄金が出ると聞いた場所の見当をつけ、現地の部族にこれから協力すると約束させて帰国した。ところが本国では、「ローリーはギアナなどにはいっていない、コンワルで隠れていた」、「持ち帰ったという鉱石見本は国内産だ」、と誹謗された。ローリーは直ぐに、旅行記『ギアナの発見』[13]を書いて（一五九六年）、彼地は楽園だ、彼地をイギリスが手に入れない法はない、と高唱した。この書物に強く影響されて、フランス、オランダが南米に進出しはじめた。国家は反応せずに、個人に任せたイギリスでは、ギアナよりも南に小規模な入植を試みた人たちがでた。このギアナ行については、本書で詳しく解説している。

ギアナから帰ってから、スペインを征伐する、二つの遠征に参加した（一五九六、九七年）。エリザベスはスペインに対して、こちらから撃って出るようになっていた。スペイン本国にあるカディズ、英名ケイディーズ（図12）には、南米からスペイン船が、金目のものを満載して帰港した。町には豪商が住んでいた。以前にドレイクが町を襲って略奪したことがあった。イギリス軍は湾内にいたスペイン船を沈め（図13）、上陸して略奪、要人たちを人質にして身代金をつかみ、最後は町を焼き払った。海戦を指揮したローリーの指揮ぶりは、総指揮官だったエセックスと部下たちにも、一目置かせた。ただし遠征そのものは、スペインに屈辱をあたえはしたが、スペインの船舶にあたえた損害において、また、イギリスの出資者と参加者がえた配当において、所期の成果をあげなかった。

カディズ行の一年後に、アゾーズ諸島（図12）で、南米から物資を積んで帰国途中の、スペインの船団を襲おうとした。アゾーズ諸島は太平洋のほぼ中央にあり、スペイン船団が補給に立ち寄った。副指揮官の

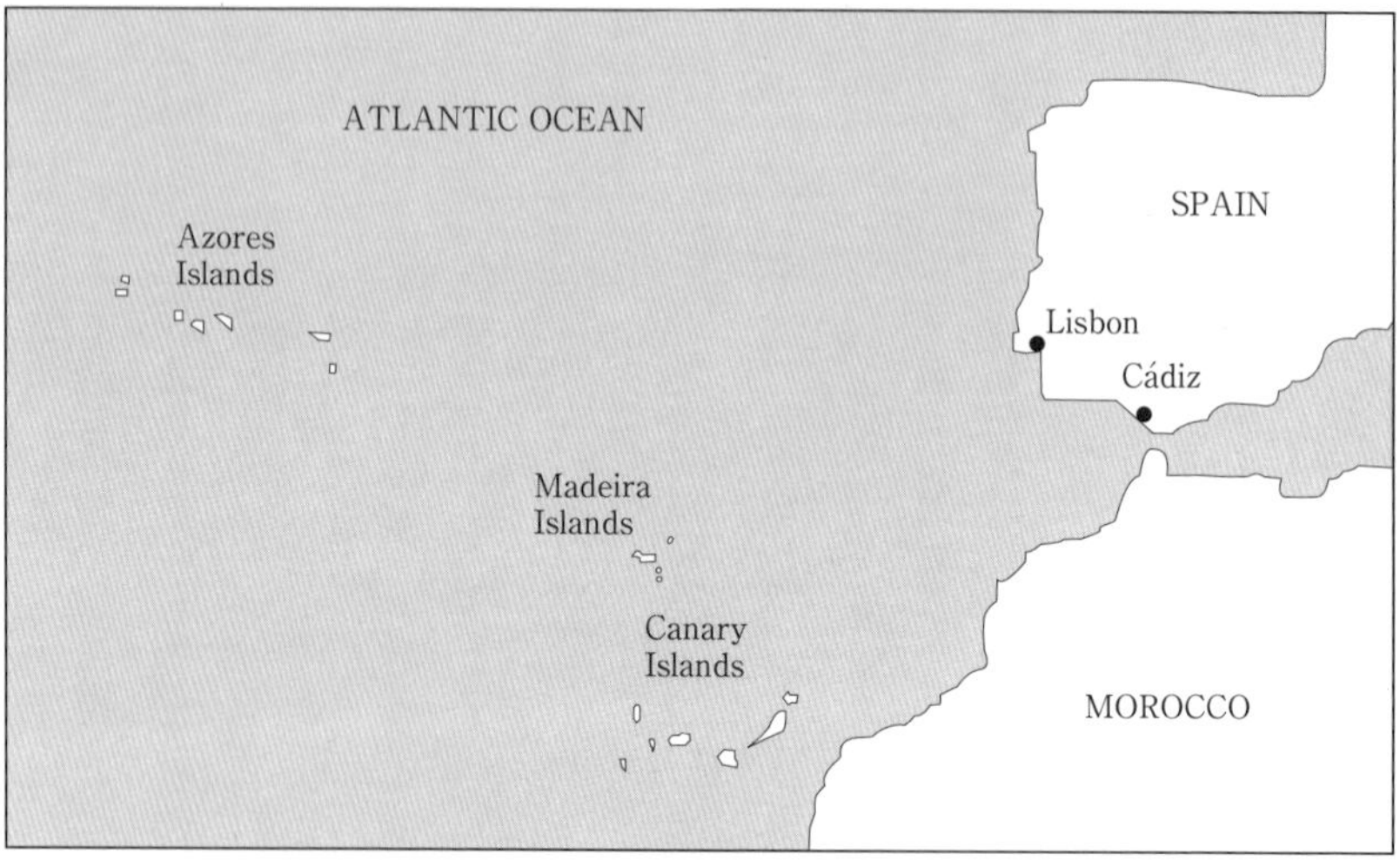

図12　カディズとアゾーズ諸島

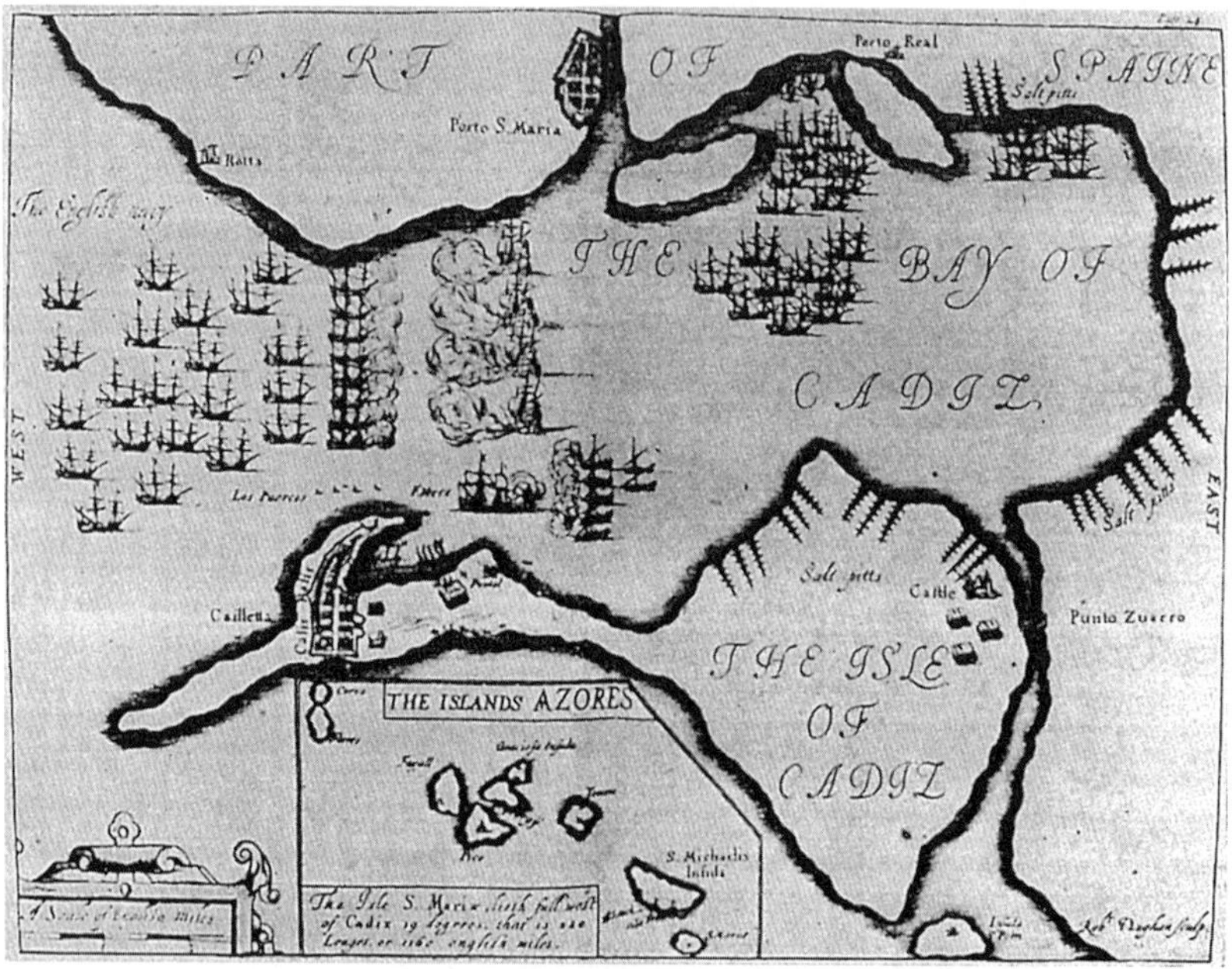

図13　カディズでの海戦．愛国心を高揚したので多くの海戦図が描かれた．

ローリーが、総指揮官エセックスからの指令を待たずに島に上陸した。これをエセックスが怒って、今度は二人の間に亀裂が深まった。イギリス船団は、島影に隠れて待機するうち、スペインの大船団を見逃した。この大失態から、エセックスの没落がはじまった。カディズ遠征には僅かでも成果があったが、この遠征には成果がなかった。

二つの征伐行はこのようなものだったが、ローリー個人にとっては、復活への契機になった。戦術と決断力に長けた、大軍人としての能力が発揮された。時代は反スペインへと一層傾いてきた。ライヴァル、エセックスの失態が、ローリーを後押ししたとみられている。ローリーは近衛隊長に復帰した。

余興

復帰したあと、新王ジェイムズ一世に捕らえられるまで（一五九七―一六〇三年）に、二つの活動が銘記されている。まず、議員として、一六〇一年に重要な演説をした。議員になったのは早く、アイルランドから帰ってすぐ、コンワル・デボン州から選ばれる二人のうちの一人として出発した（一五八一年）。一六〇一年に行なったたくさんの演説には一貫したものがあった。まず、強い反スペインの態度があった。「オランダの商人は、イギリスでの活動を制限されてもよい。イギリスの商人が、スペインでひどい仕打ちを受けたではないか」（引用文は以下も梗概）。「スペインに艦砲を輸出するのはよろしくない。以前にイギリス船は一隻でスペイン船一〇隻と戦ったのに、そんなことをすると、一隻としか戦えなくなる。」この国粋主義と矜持は、最期が近づいていたエリザベス朝のものであった。次に、「弱者を守れ、個人の自由を守れ」と述べたことでも一貫していた。一六〇一年の議会に先立つ一五九三年の議会で、ローリーがした演説が良く記憶されていた。ブラウニスツ（Brownists）、別称ピューリタンは、世俗的なイギリス国教会を批判して、国教会から分

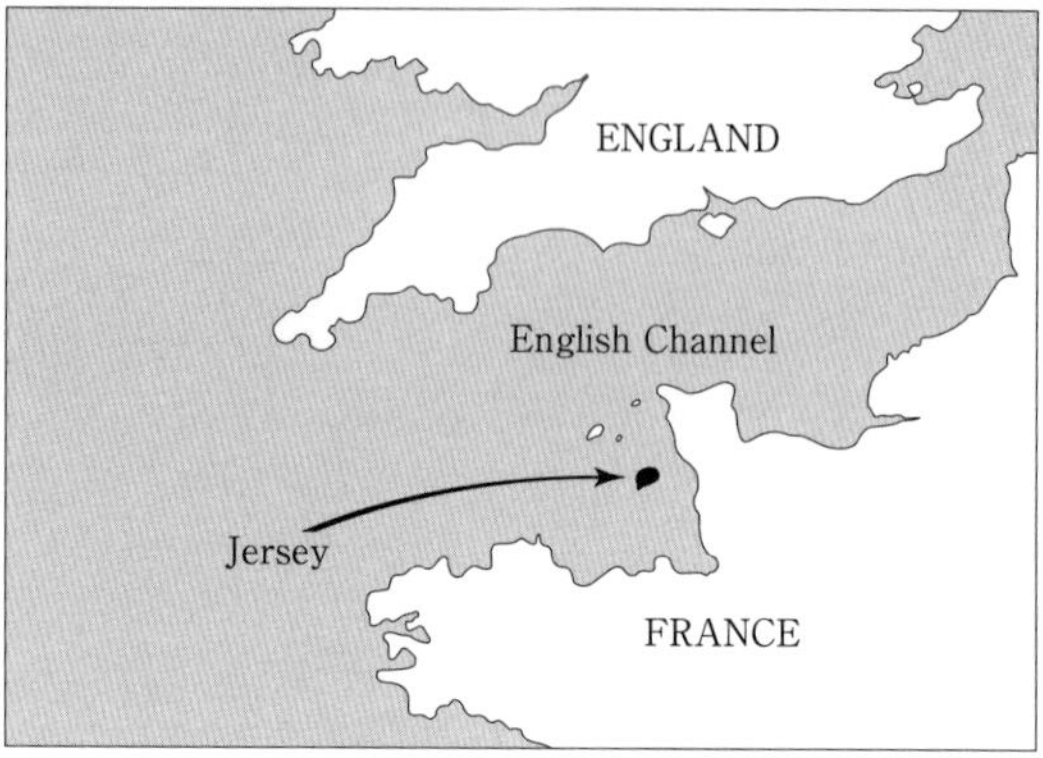

図14　ジャージー島

離したので、きびしい迫害を受けた。ローリーは迫害に反対し、今は弱者になっている、彼等の人権を保護せよと主張した。この主張が一六〇一年の議会でも際立った。「ベイコン（Francis Bacon）殿は、貧者が出す納付金の額を、金持と同額にしてやれば、貧者は喜ぶといわれるが、それは本当の平等というものではない。[14]」「政府が耕作者に、ロープ用に要るから麻を植えろ、農地の三分の一は鍬を入れろ、と強制するのはよろしくない。作物は耕地に適するものが一番だ。耕作者がどれが一番適するかを決めるのが大切なのだ。個人のためになることが結局国家のためになる。農地に鍬を入れなければ草が生えるが、草が動物を養うからよいではないか。だいたいが、国民に自由にやらせることこそ、イギリス国家の本分ではないか。[15]」「カトリック信者も国教会の日曜礼拝に出るように、欠席すると罰する、とこの議案はいうが、そんなことができるはずがない。教会の人は仕事が増えるのをいやがる。違反者がたくさん出るから、司法組織がパンクしてしまう。それに、カトリックが入ってくると、もとからの信者も、出席してさえいればよいという気になって、誰が家にいたがっている不心得なカトリックなのか、見つけられなくなってしまう。[16]」

ジェイムズ一世に捕らえられるまでに、ジャージー島の総督（Governor）（一六〇〇―一六〇三年）になった。島は英仏海峡にあり、フランスからごく近くにあった（図14）。島の総督といっても、普段はロンドンにいて、手足になって動いてくれる部下を島に住まわせ、指示を送っていた。島に行ったのは二回、一六〇〇年に約

図15　ジャージー島の補強されたエリザベス城（1650年）

一ヶ月、一六〇二年にこれも約一ヶ月滞在した。就任するとき二人の対立候補があった。一人はエリザベス女王の親戚筋にあたり（シーマー公）、他の一人はエセックス伯が出していた対抗馬だった（ラッセル卿）。鬼界ケ島の島守に、無理やりにならされたのではなかった。ローリーが選ばれた理由の一つとして、スペインがまずこの島をとり、ここを足場にして英本土を攻めるという話がしきりにされていた（一五九八年）。就任後のローリーは、侵略を防ぐ城を私費をも使って補強した（図15）。無法状態だったので自分から法廷に立った。島民の戸籍を作らせた。飢餓にそなえてポテトを植えた。小動物を、飢えのためとはいえ密猟するのを禁止して、本土の狩猟法を入れた。ニューファウンドランドと交易しはじめ、輸出入に関税をもうけ、タバコを栽培させて、島の財政をたてなおそうとした。志半ばだったが、文字が読めない人が多かったこの島の、教育制度を改善しはじめた。このような統治は、二〇世紀になって仔細がほぼ明らかになった（フィリップ・アイアが集成）[17]。

島の統治を、議員としての活動を、後世は高く評価したけれども、ローリー自身は、それらを自分の花道だと悟って、捨身で勤めたわけではなかった。それはいわば余興だった。自分ではいまだに、国家の中枢に入りたいと望んでいた。

死刑

エリザベスが崩御し、ジェイムズ（図16）が即位した。即位する前から、ジェイムズに対して工作が行なわれた。ローリーが重用されるのを防ぐためだった。「ローリーはあなたの即位に反対している」と、やがて新王のもとでも重用されるロバート・セシル（Robert Cecil）が告げ口した。「ローリーは無神論者で、地獄の住人が吐き出したげろよりも汚い奴だ」と、天敵だったハワード（Howard）公が入れ知恵した。ジェイムズはこのような上申を信じて、ローリーに対する見方を、あとあとまで変えなかった。時代の流れのなかでみると、ローリーは新しい時代に拒否された。ジェイムズは反スペイン主義者だったローリーとはちがっていた。老獪に、しばしば負け犬になって、スペインと争うのを避け、一六〇四年には休戦協定を結んだ（図17）。重臣たちもスペインに強くあたらなくなっていた。彼等はスペインから秘かに年金をもらっていた。反スペインが尺度になるような国粋主義は、過去のもの、エリザベス朝のものになっていった。エセックスがもし生きていたとしても、ジェイムズは彼を相手にしなかっただろう。

図16　ジェイムズI世．エリザベスのように自分の肖像に神経をとがらせなかった．

女王の時代にワインの専売権を失い、女王の没後に近衛隊長を解かれ、ダラム・ハウスから退去させられ、錫鉱山の管理者とジャージー島総督を解かれた。間を置かずに最悪の事態が訪れた。国家転覆を謀ったと決めつけられた、軍事法廷での死刑判決であった。受けた嫌疑は、いわゆる副・主陰謀事件（Bye Plot, Main Plot）に参加した、というものだっ

図17　スペインとイギリスの和平交渉（サマセット・ハウス会談）（1604）．右側奥からドーセット伯トマス・サクヴィル，ノティンガム公チャールズ・ハウード，テボン伯チャールズ・ブラウント，ノーザンプトン公ヘンリ・ハワード，首相ロバート・セシル．この顔ぶれからローリーの処遇は明白であった．

た。すなわち、ジェイムズを退位させて、スペインと手を結んだうえでカトリックを認める国家をつくる、新しい王には、ジェイムズの次に王位継承権をもつアラベラ・スチュアート（Arabella Stuart）を担ぎ出す、そういう謀議に、ローリーが参加したとみなされた。ローリーは裁判で、一貫した強いスペイン嫌いの自分が、そのような謀議に加わることはありえないと主張したが、聞き入れられなかった。友人だったコバン（Henry Brooke Cobhan）が、保身のために、ローリーは参加したと証言したのが大きく作用した。裁判には、法に従って傍聴者がいた。この裁判を境にして、ローリー無実の噂が広まり、同情が広まっていった。裁判でのやりとりはよく記録されている。記録を読んだ現代のローリー研究家（フィリップ・エドワーズ）は、次のような印象をうけた。

すなわち——証拠が馬鹿げているのに驚く。ローリーを犯人に仕立てた人々に怒りを覚える。裁判官の不公平に驚き、弁明するローリーの威厳ある態度に尊敬をいだく。世の中にこんなことが起きるのかと苦悶する——[18]。このまま刑を執行すれば自分が不利になるとみたジェイムズは、計算を隠し、慈悲を吹聴して、わざわざローリーを断首台に立たせておいてから、呼び戻した。

「無神論者」

この裁判で、検察側（エドワード・コゥク卿）がローリーを次のように罵って、裁判官に死刑を迫った——「この無神論者め、頭はイギリス人、心臓はスペイン人の怪獣め、この蝮め、地獄の毒蜘蛛め。」口調から分かるように、また並べられている忌物から分かるように、「無神論者」とは一つの罵声であった。理性を使って検討したうえでの判断ではなかった。同じことは次の文章からも分かる。一五九二年に書かれたこの文章は、ローリーを無神論者と決めつけた最初の記述、また、その呼称を広めた記述として、よく引用される——「ウォルター・ローリーが枢密院に入りでもしたらえらいことになる。いつなんどき国から布告がでて、キリスト教の公理は認められないという最悪の事態になりかねない（以上は大意）。ローリーが経営する無神論を教える学校と、その学校の校長を勤めてご熱心なあの祈禱師［トマス・ハリオット］[19]とは、なんと若いジェントルマンたちに魔法をかけて、学校に入れようとしている。この学校には旧約も新約もない。神様（GOD）を逆に綴って、畜生犬（DOG）と読ませようと、熱心に教えている有様だ。[20]」筆者はジェズイット派の神父、政府のカトリック弾圧に抗議するのがそもそもの趣意だった。抗議するために、本当の宗教を軽んじている、と神父がいう、当時の宮廷の有様を、揶揄していた。抗議が賛同されやすいように、読者の共感がえられやすい状況について言及したのであろう。文章が書かれた一五九二年には、ローリーと仲間たちの

図18　トマス・ハリオットの二つの肖像．（左）よく載せられる．（右）実物に近いだろう．

動きはすでに語り広められていたと受けとれる。

ところが、この「無神論者」は、罵言だけでなく、内実を伴うのではないかと、疑われたことがあった。一五九四年、ローリーの次のような発言に対して、懲罰委員会が組織された。あるパーティで、高名な聖職者（ラルフ・アイアンサイド）が、人間の霊魂はなにからできているかを問われて、答えられなかった。それまで傍らにいたローリーが進み出て、誇らしげにいった――「答えられなくて当たり前です。私の経験では、その問には誰も答えられませんでした。私も分かりません。人間の霊魂の組成も、神様の組成（nature）も、両方とも私には分かりません」[21]（大意）。神様のことをいった部分が不可知論にあたらないか、神様の存在を否定したことにならないか、と、教会関係者がメンバーになった委員会が検討したが、咎めは沙汰止みになった。

ローリーはいわゆる危ない人たちと付き合っていた。まずトマス・ハリオットがいた。天文学、地理学、数学に通じ、当代を代表する科学者の一人だった。多くの聖職者は、既存の秩序を見直そうとする科学者はすなわち無神論者とみなした。ハリオットの肖像画としてよく用いられるのが図18の左である。この表情から当時の人々が、「無神論者」をどう見ていたかが端的に窺える。次に、クリストファー・マーロゥ（Christopher Marlowe）が仲間と見られていた。彼はラディカルな自由思想の持ち主として警戒されていた。「マーロゥがローリーの一派に講演をして聞かせた」とスパイが報告して、そのうちに「ローリーはマーロゥのパトロンだった」と拡大されていった。さらに、仲間にはジョン・ディー（John Dee）がいた。天文学、地理学、数学をよくしたが、魔法、呪術の世界に深く入っていた。彼はエリザベス女王には指南役として用いられたものの、新しい王のもとでは、ディーとの交流もまた、ローリーに不利に作用した。以上の三人に共通していたものは、既存の秩序を鵜呑みにしない探究心だった。ローリーも良い意味での懐疑心が強かった。仲間たちもローリーも、ルネッサンス人の先鋒をなしていた。ローリーは真理を探究する好奇心を自負するあまり、世評への警戒を疎んじた。

といっても、風説が激しくなった後では、この世評を気にし続けた。同じ罵言でも「無神論者」は、当時のイギリスでは、かつて「共産主義者」と決めつけられただけで身分を失っていった、そのような強い殺傷力を、呼ばれた当人に及ぼしていた（ウォレス）[22]。厖大な『世界の歴史』（後出）を書いた動機の一つには、世評から逃れるための弁神が含まれていた。『歴史』が書かれたあと、読んだ人の間では、これでは無神論者とはいえない、とみる人がでてきた。ローリー自身はなおも弁明し続けて、断首台の上でした最後の演説で、自分は神様を信じる人間だった、と語っていた。後世のローリー研究者たちも、『歴史』と『人間の霊魂についての論』などをとり上げて、ローリーには神様があったと弁護した。弁じた一人によると――「確かにローリーの弁神は理屈が勝ちすぎているが、それでも聖書に究極の拠りどころを置く立場から離れてはいなかった、また、ローリーの懐疑主義は、キリスト教を攻撃したものではなく、支持するためのものであった」（ストラッツマンの大意）[23]。ただし、ローリーが弁明のために書いた書物をとりあげた限りでの、これは結論であった。

ロンドン塔

死刑判決を受けたあとの一三年間は、ロンドン塔（図19）に閉じ込められた。四九歳から六三歳までであった。ジェイムズの妃アンが釈放を夫に懇願した。鬱病気味だったこの妃のために、ローリーは薬を調合した。薬は鶏小屋を改造した実験室でつくった。王子ヘンリーがローリーを慕った。ロンドン塔にやってくるこの王子に、王子教育をほどこした。船を設計してみせてやり、教科書にしようと、大著『世界の歴史』を書いていった。この書物では、不正を犯した王が必ず神に罰せられた例を、過去の歴史のなかから延々ととりあげた。ジェイムズにあてつけるという意図もあった。はたしてジェイムズは怒り、一度は発禁にし、本から著者の名を削ってかろうじて出版させた（図21）。国民にも期待をかけられていたヘンリーが、一八歳になって不審死した（一六一二年）。深く悲しんだローリーは、『歴史』を書き続けることができなかった。その中断はあったが、多くの著作がロンドン塔でのローリーを支えた。この一三年間には、散文だけでも九篇の稔りがあった。長男ウォルターのために書いた『息子への訓戒』[26]、ヘンリー王子のためだったらしい『海戦術』など五篇、王子の没後に書いた『イングランド議会の大権』など三篇、があった。

小屋とは別に、小さな溶鉱炉を建てて錬金術も試みた。塔を出て、黄金が出るはずのギアナを再訪するつもりだった。この一三年間に、知的活動が最も多分野に及んだ。それらの活動は、膠着していた状況を打開するために、やむにやまれずに拡がっていった。多くの分野といっても、動機からみれば単細胞だった。詩と散文による活動にしても、宮廷での活動を弁明したり打開しようとするもの、すなわち、宮廷活動と一体であった。ロンドン塔のなかでの生活に戻ると、持ち込んだ書籍は五〇〇冊以上、召使は三人以上、来客に

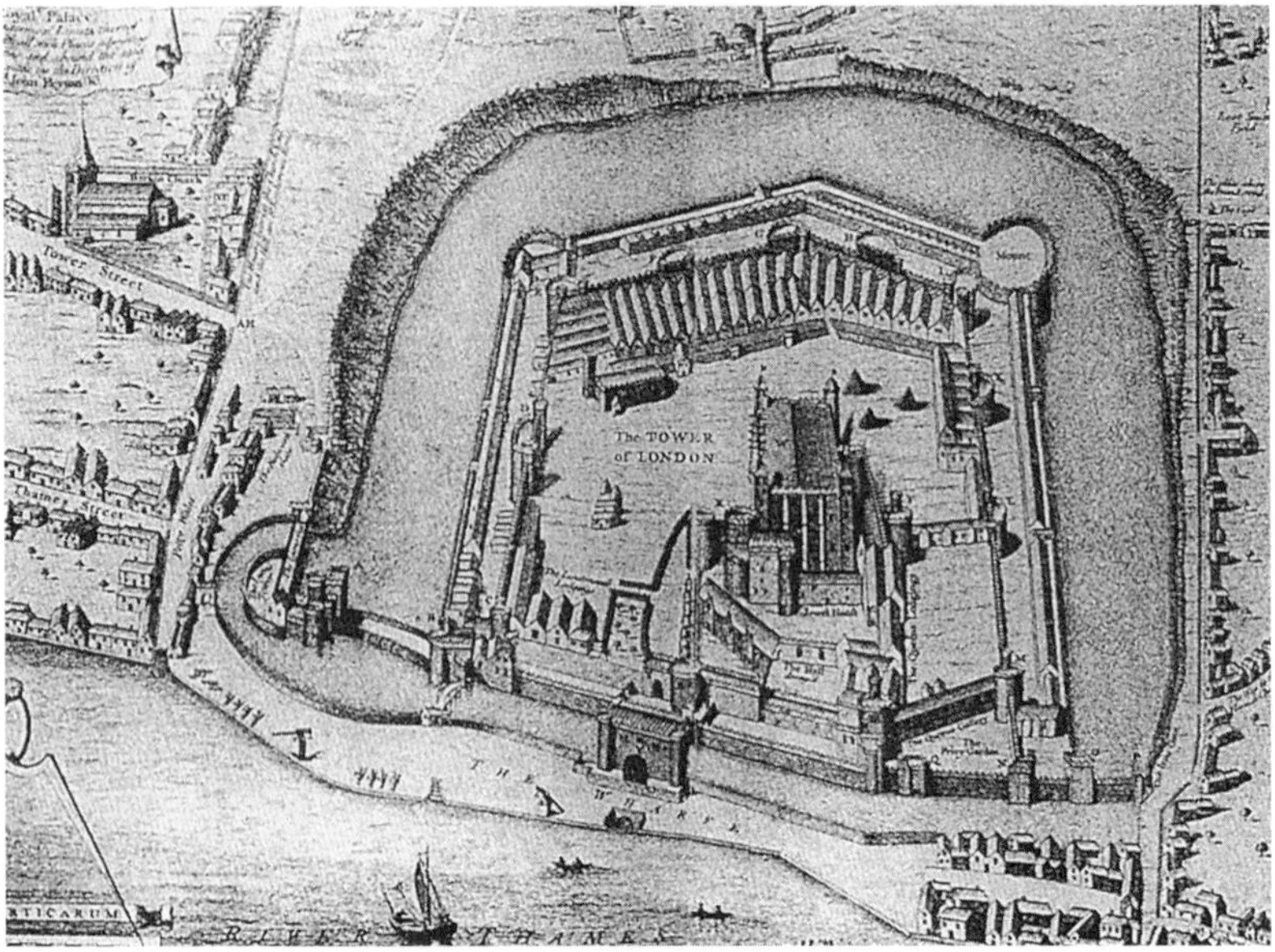

図19　1597年のロンドン塔．ローリーは川に面した中央 Traitor's Gate の後の丸い小塔（Bloody Tower）に住んでいた．その左に庭園と看守長の家屋．

図20　ロンドン塔のローリーの居室．二つの階のうちの一階部分．『世界の歴史』などがここで書かれた．

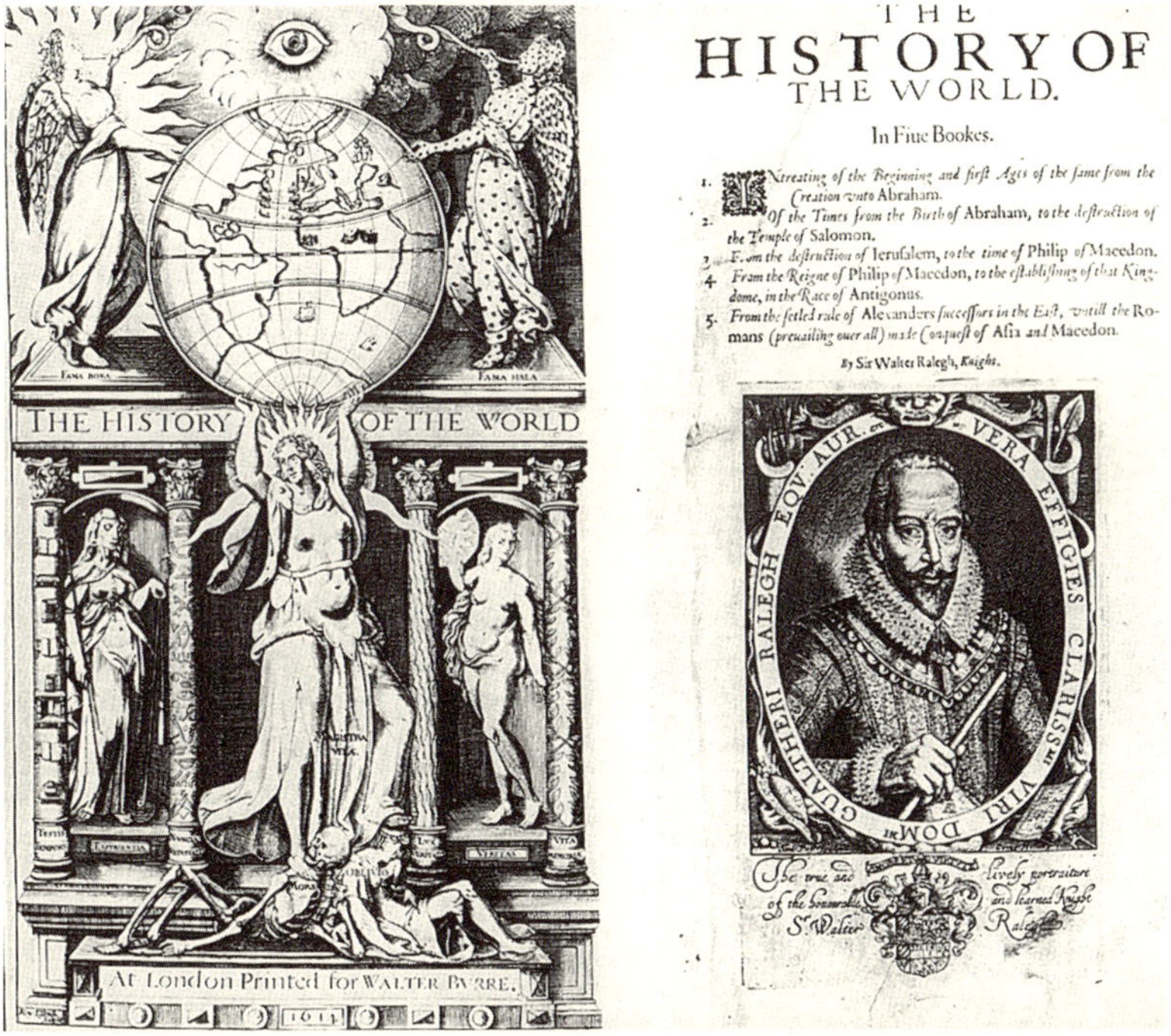

図21 『世界の歴史』の口絵と扉．左の第２版（1614年）で筆者名が伏せられた．中央に歴史，左上に時，右上に過去，左下に真理，右下に記憶，のそれぞれ女神．右の第３版（1617年）で筆者名が復活した．

は駐英フランス大使夫人、詩人・劇作家ベン・ジョンスン（Ben Jon-son）、親戚友人などがひきもきらなかった（図20）。この期間に、ローリー家を継ぐことになる次男（Carew）が生まれた。妻《ベス》はロンドン塔の隣に引越し、昼間は塔の中に入るのを許されていた。長男と夫の没後に、ベスはこの次男を盛り立てて、没落したローリー家を再興させる。

　塔に入っているうちに、愛着深かったシャーボン（Sherborne）の領地と館を取り上げられた。この領地と館は、ローリーにとっては、すべてのものが立つ土台であった。当時は身分とは土地のことであった。オックスフォード伯、ソールズベリー伯は、オックスフォード州、ドーセット州に広大な領地をもっていた。と

図22　シャーボンの領地.
古城から望む.

図23　シャーボンの古城（Old Salam）. かつてローリーが所有した. 背後に広大な領地が拡がっている.

図24　南から眺めたシャーボンの館（New Salam）

ころが、ローリーは土地は零から出発した。出世が早かったのに、身分に応じた土地を持たないのが、ローリーの悩みの種だった。公文書には、どこの誰というふうに、領地を書かなければならない。ワインの販売権を与える公文書に、ローリーは「デボン州コラトン・ローリー（Colaton Raleigh）村のローリー」としか書けなかった。その村は生家からすぐ近くの小村で、そのなかの一区画をローリーはとにかく買い取っていた。そのローリーがようやく女王から土地を与えられた、それがシャーボンの領地であった。場所はデボンの隣ドーセット（Dorcet）州の北、城と湖、館、なだらかな丘陵が、今も保存されている（図22）。女王が借り上げるまで、交渉が長びいていて、女王から借地権を貸してもらったのが一五九二年、借地権を自分が所有したのが一五九九年、やっと手に入った借地だったが、当時はこれで土地を持ったことになった。ローリーは古城（図23）の修復を諦め、城から目が届く近さに瀟洒な館（図24）を建てた。ローリーと妻はここに夢が適い、ロバート・セシルの息子をここに引き取って教育したこともあった。仔細は略するが、この領地と館が法手続きの不備をつかれてジェイムズに取り上げられ、男色家ジェイムズの愛臣ロバート・カー（Robert Carr）、後のサマセット（Somercet）伯に与えられる。ローリーは土台を除かれたが、それでも十分な代償をえていた。即金が八〇〇〇ポンド、ローリー夫人への年金が四〇〇ポンド、即金でギアナに出かけられ、年金で妻子の将来が保証された。[25] いくつかのローリー伝は、シャーボンを取り上げた王側を無慈悲、残酷とみた。

断首

遂にロンドン塔から出られるようになった。出て、ギアナに黄金を採りにゆくが、失敗して帰国し、断首される。帰国するまでは、本書で詳しく辿っている。王は条件をつけてギアナ行を許した。現地のスペイン

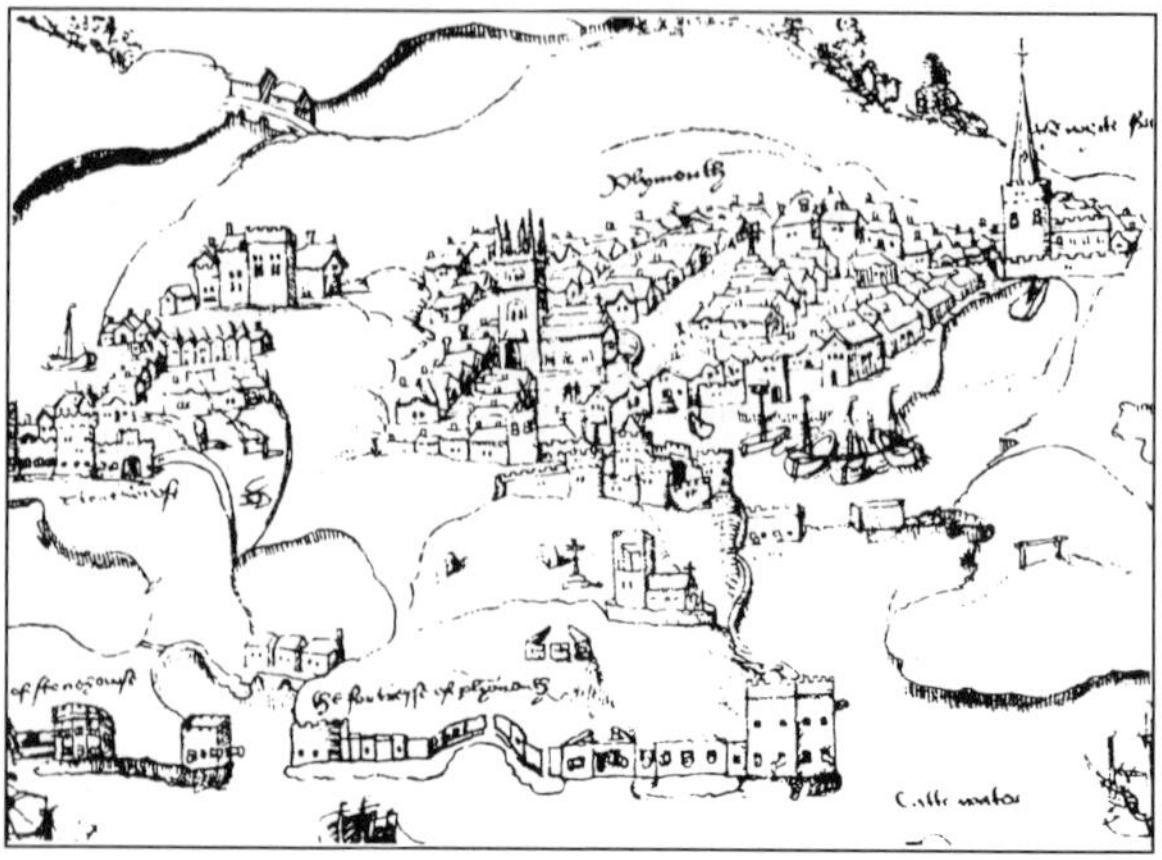

図25　1540年頃のプリマス．ローリーの船が入ったのは右側，高い尖塔がある入り江だった．

村を襲うと死罪にする、というものだった。ギアナに到着して、熱病で弱っていたローリーは海上で待ち、部下たちが内陸の目的地サン・トメに達したが、スペイン人たちと戦ってしまい、向こう側に死者を出し、こちら側もローリーの長男らが死んだ。見当をつけていた場所に金鉱は見つからず、奥地に入ったがそこでも見つからず、船員たちは怒りだし、一行はローリーが待っている海上に戻った。現地での指揮を任されていた部下のキーミス（Laurence Keymis）は、ローリーに失敗を責められて自殺した。責任をとって自殺したのだと、ローリーは語り広めた。一三隻で出発した、一〇〇〇人からなっていた一行は、他船が海賊船になって離脱し、僅か一隻の幽霊船が、出発してから一年後に、プリマスに帰港（図25）した。

プリマスで、息子の死と黄金がでなかったのを知らされていた妻が、弱った夫を迎えた。家族とともに、ただしスパイをつけられて、ロンドンに戻る途中、ソールズベリー（Salisbury）で仮病をつかって散文『弁明』を書いた。ロンドンに戻ってはじめて、自分は必ず殺されると悟り、フランスに逃げようとするが、帆船に乗りかえて海に出ないうちに、テムズ河上のボートのなかで、つけてきた政府筋に逮捕された。もっとも、プリマスに帰港してからしばらくの、官憲の監視がなかった頃に、フランスに逃げてはと勧められていた。そのときもし逃げていれば、イギリスの歴史に影響を

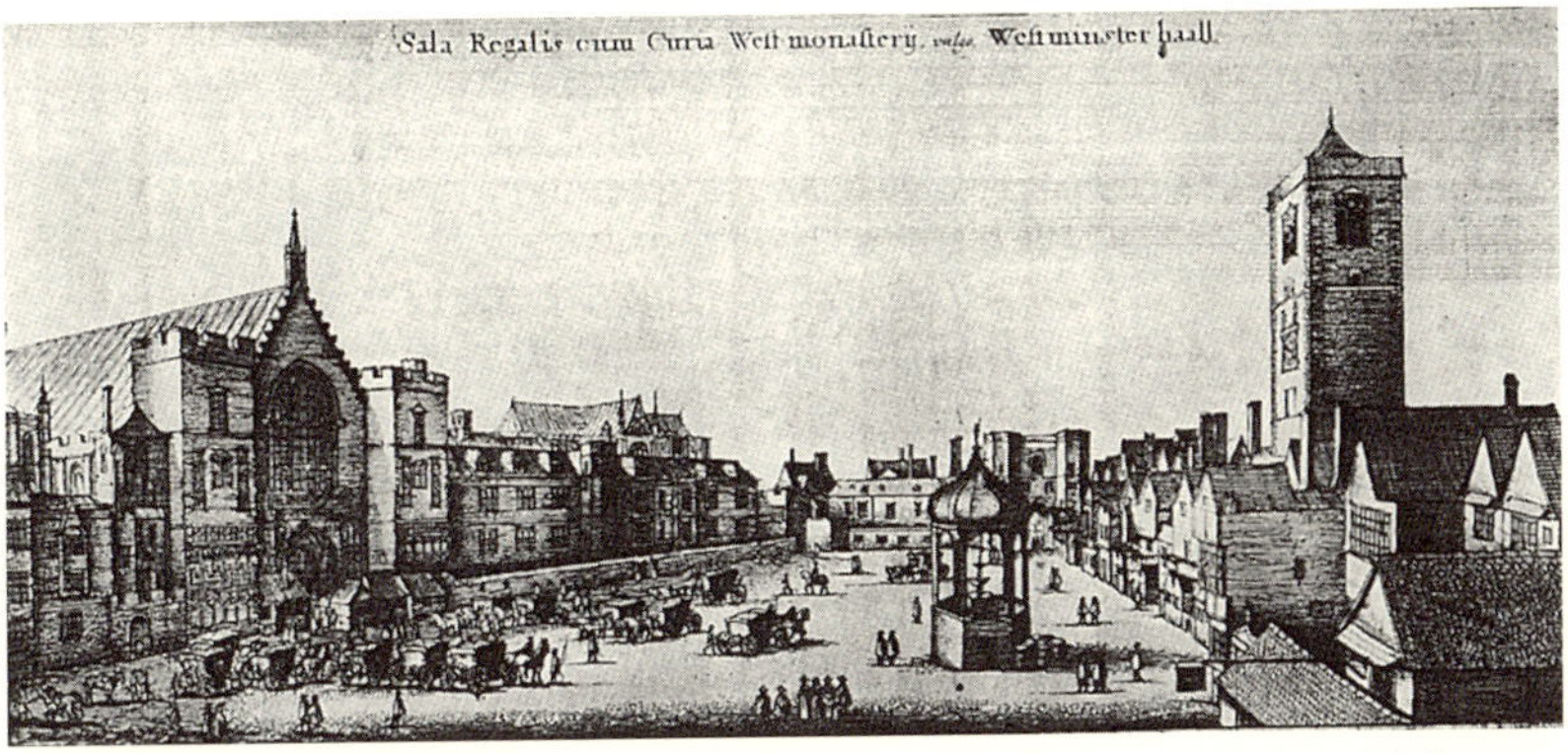

図26　処刑されたパレス・ヤード．今のヤード（オールド・パレス・ヤード）よりも広い．

及ぼした処刑はおきなかった。

死刑の口実をなににするかで議論があり、一四年間未執行の死刑を今執行するという口実が選ばれた。裁判には諮られず、政府のなかに委員会が作られた。処刑を見にくる（図26）民衆が、ローリーに感化されるのを政府筋はおそれて、民衆の参加が少ないと読んだ、ロンドン市長の記念日が、処刑の日に選ばれた（一〇月二九日）。しかし集まってきた、多数の民衆と、友人たちの前で、断首台の上から演説をした（図27）。当時は断首台が、劇場の舞台と同じだった。このことをめぐって、最近では次のように説明されている。断首台の上では、切る人も切られる人も役者になって、王権への服従、という筋書に従って演技した。しかしときには、筋書に従っているように見せながら、筋書とは逆の、王権への挑戦、を演技しおおせる役者がいた、と[26]。この説明に沿うと、神妙になって死んでいったエセックスは服従を演じ、ローリーは挑戦を演じたことになる。少なくとも、もともと役者になりやすかったローリーが、とりわけなりやすい台の上に立っていた。

さて、台の上で、ある高僧の報告[27]によると、次のように述べ、振舞った――「自分はジェイムズ王をずっと敬愛申しあげてきた。エセックスの処刑を喜んで見物した覚えはない。無実の自分をこのように陥れた人々を許す。神様のもとに行けるのを喜ぶ」（大意）。頭がエルサレムとは反対を向いております、と執行吏が教えると、「右（right）を向いても左を向いてもかまわない、私の行動は正しかった（right）のだ、それだけでよい」、と述べながらも、執行吏の助言に従った。斧の刃を手で触って、「この刃は私を癒してくれる医者だ」といって、鋭い刃に満足した。目隠しを断り、ためらう執行吏に「さあ、やれ」とうながした——。

図27　断首台のローリー．まだ台上に残っている友人たちが誰なのか特定できない．鳥も飛ばせている．その程度の記録画で，処刑の模様が大衆に語り広められていたのを示している．

最後のローリーにはこのような威厳があったと、処刑を見た人たちは語り広めた。ソールズベリーで書いた『弁明』が回覧された。ギアナでの苦難を、これも確かに自分で書いて、妻、友人に届いていた手紙が、手写されて回覧された。ローリーが書いたと称せられ、辞世の歌も回覧された。処刑の前夜に聖書の表紙の裏に書きつけられたと伝えられた。ローリーを支持し、ジェイムズを咎める風潮が高まっていった。事の発端として、スペインの駐英大使ゴンドマーが、ジェイムズにローリーの処刑を要求した。スペインとの間にできかかっていた平和を、そのまま維持してゆくためには、処刑はやむをえないと、ジェイムズと周辺の要人たちは判断していた。その判断を生んだ、国家の政治というものを、高まったローリー支持の風潮は、省みなかった。

復活

ローリーは死後に復活した。イギリスの歴史が変った節目に、変化に先鞭をつけた人として、ローリーが思い出された。王ジェイムズに倒されたローリーは、王権を倒そうとした議会派が、自分たちの祖先だとみなした。エリザベスが崩御したあと、ローリーは共和制を考えていたはずだと、証拠がないままに、憶測されるようにもなった。ジェイムズ一世の子チャールズ一世が断首されたとき、ローリーが『世界の歴史』で繰り返した主張が思いだされ、ローリーを断首した王権に対して、神の正義がそれを行なったのだとみられた。西インド諸島に植民地が根付き、現地人に任すという統治が根付いたとき、先鞭をつけた人として、ローリーが蘇生した。植民地の繁栄は商業革命を招き、商業革命が大英帝国を作っていった。

図28　水をかけられるローリー（ジョウヴィルのパブ・サイン）

大衆文化に眼を向けると、タバコをヴァージニアから持ち帰り、日常生活に紫煙の悦楽と毒をもちこんだ人として、ローリーが記憶されつづけた。ローリーが昔ここでパイプで煙草を喫っていると、メイドが火事だと思ってあわてて水をぶっかけたという話が、アイルランドでもイングランドでもできて、パブの看板にそのときが描かれている（図28）。ポテトは実際にはドレイクが持ち帰ったらしいが、ローリーが持ち帰って、アイルランドに植えた人としても、ローリーは記憶された。ローリーが建造し、海を疾走した船にちなんだ、自転車「ラレ」号（図29）としても、ローリーが記憶されつづけた。

図29　自転車「ラレ号」（山岸政行さん所有）

処刑が、高い人気の起点だった。もし平穏な死に方をしていれば、また、もしフランスに逃げていれば、このような人気は生まれなかった。歴史家たちは、ローリーの処刑は社会に影響をあたえた、と概観した。

研究

この小伝を終えるにあたって、研究のされ方から、ローリーの像をふり返っておきたい。ローリー研究は二つの極に向かった。一つの極には、社会派といえる研究者たちが向かった。彼等は、ローリーの実績だけをとりあげる。その実績は、その分野の歴史のなかでは、出発点、喩えれば種子であったにすぎなかった。社会派の人々は、種子であってもかまわない、その種子をよく調べようとした。ヴァージニアへの入植が明らかにされ、ジャージー島の統治が、最近ではマンスター植民での活動が、明らかにされた。明らかにするとき、種子から育った作物の大きな姿が、この派の人々の念頭にあった。この派は主に、歴史学者からなっていた。

もう一つの極には、人物派と呼べる人たちが向かった。その人々は、たとえば、志は高かったが種子だけで終わってしまったような、矛盾が多かった人間の方に、より強い関心を向けた。この派は、イギリスの人物伝の伝統に根ざしていて、この派に属した人たちの層は広く、大衆向けローリー伝の作者から、硬派の学者にまで及んだ。ある硬派の学者（レイサム）は、英国大百科辞典『ブリタニカ』のローリー略伝を、次のように結んだ――「ローリーが今の時代にも生きつづけているのは、かつて歴史を動かした兵力（force）としてではなく、興味をそそられる、謎が多かった人物としてである。ローリーは英雄にも見え、ごろつき（scoundrel）にも見える。」

註

（1） Oliver Lawson Dick (ed.), *Aubrei's Brief Lives* (Secker and Warburg, 1958).

（2） Edward Thompson, *Sir Walter Ralegh, the Last of the Elizabethans* (Macmillan, 1935), 30.

（3） Agnes M. C. Latham, *Sir Walter Ralegh*, 'Writers and Their Work' (Longmans, 1979).

（4） Latham, 'A Birth-date for Sir Walter Ralegh', *Etudes Anglaises*, 3 (1956), 243-5.

（5） この伝記を書くにあたって、以下の書物を参考にした。ただし、原則としてローリー伝と銘打つものに限り、特殊なテーマや個別の作品についての書物を除いた。順序は年代順。

1. T. N. Brushfield, *Raleghana* and *Ralegh Miscellanea* (The Transactions of the Devonshire Association for the Advancement of Science, Literature, and Art, 1986-1909).
2. Edward Edwards, *The Life of Sir Walter Ralegh*, 2 vols. (Macmillan, 1868).
3. William Stebbing, *Sir Walter Ralegh : a Biography* (Oxford at the Clarendon Press, 1891).
4. Martin A. S. Hume, *Sir Walter Ralegh : The British Dominion of the West* (T. Fisher Unwin, 1897).
5. Edward Thompson, *Sir Walter Ralegh, the Last of the Elizabethans* (Macmillan, 1935).
6. Philip Edwards, *Sir Walter Ralegh* (Longmans, 1953).
7. Willard M. Wallace, *Sir Walter Raleigh* (Princeton University Press, 1959).
8. Margaret Irwin, *That Great Lucifer : a Portrait of Sir Walter Ralegh* (Chatto & Windus, 1960).
9. Norman Lloyd Williams, *Sir Walter Ralegh* (Eyre and Spottiswoode, 1962).
10. Pierre Lefranc, *Sir Walter Ralegh, Ecrivain, l'œuvre et les idées* (Librairie Armand Colin, 1968).
11. J. H. Adamson and H. F. Folland, *The Shepherd of the Ocean, an Account of Sir Walter Ralegh and His Times* (Bodley Head, 1969).

12. Robert Lacey, *Sir Walter Ralegh* (Atheneum, 1973).
13. Stephen Greenblatt, *Sir Walter Ralegh : The Renaissance Man and His Roles* (Yale University Press, 1973).
14. John Winton, *Sir Walter Ralegh* (Michael Joseph Ltd. 1975).
15. Andrew Sinclair, *Sir Walter Raleigh and the Age of Discovery* (Penguin Books, 1984).
16. Steven W. May, *Sir Walter Ralegh* (Twayne Publishers, 1989).
17. Agnes Latham and Joyce Youings (eds.), *The Letters of Sir Walter Ralegh* (Exeter University Press, 1999).
18. Raleigh Trevelyan, *Sir Walter Raleigh* (Allen Lane, 2002).

一九世紀に書かれた四冊は未だに重要。17は宝庫。これからローリーを学んでゆかれる人のために三冊を選べば、7は良く、12は面白く、18は新しくて詳しい。次に「小伝」を書くにあたって以下の五点を参考にした。順序は筆者が準拠した程度による。

1. Agnes M. C. Latham, *Sir Walter Ralegh*, in *British Writers, edited under the auspices of the British Council* (Longmans, 1979).
2. Latham and Joyce Youings, 'Introduction' to The Letters, *op.cit.*.
3. Philip Edwards, 'The Life', in Edwards, *op.cit.*.
4. Steven W. May, 'Ralegh's Life', in May, *op.cit.*.
5. John Aubrey, 'Sir Walter Ralegh', in Oliver Lawson Dick (ed.), *John Aubrei's Brief Lives*, (Secker and Warburg, 1958). (橋口稔、小池銈訳『名士小伝』(冨山房、百科文庫、一九七九)。

（6）'Walter Rawely of the Middle Temple, in commendation of the Steele Glasse'.
（7）Latham, 'A Birth-date', 245.
（8）Latham, *Sir Walter Ralegh*, 8.
（9）Wallace, 29-30.
（10）A. L. Rowse, *Shakespeare's Sonnets : The Problem Solved* (Harper & Row, 1973).
（11）もう一人の侍女 Bridget Manner は、ジェントルマンの Robert Tyrwhit と駆け落ちした。

(12) Anna Beer, *Bess: The Life of Lady Ralegh, Wife to Sir Walter* (Constable, 2004), 13-56.

(13) 詳しくは本書第二部第一章を参照。

(14) Neale, *Elizabeth I and Her Parliament 1584-1601*, 415, quoted in Wallace, 179.

(15) Neale, 343, quoted in Wallace, 180.

(16) Neale, 404, quoted in Wallace, 180.

(17) Philip Ahier, *The Governorship of Sir Walter Ralegh in Jersey 1600-1603, together with some local Raleghana* (St. Helier: Bigwoods Press, 1971).

(18) Philip Edwards, 28.

(19) 'Sir Walter Ralegh's school of atheism and the conjuror who is master thereof and the great diligence' としている読み方（Latham, 33）に従う。別に、'school of atheism and of the conjuror' とする読み方（Strathman, *Sir Walter Ralegh, A Study of Elizabethan Skepticism*, 25）もある。

(20) Quoted in Strathman, 25.

(21) Quoted in Wallace, 77.

(22) Wallace, 76.

(23) Strathman, 126-32.

(24) 井野瀬久美恵「サー・ウォルター・ローリーの『息子への訓戒』」、村岡、鈴木、川北（編）『ジェントルマン・その周辺とイギリス近代』（ミネルヴァ書房、一九八七）。

(25) Latham and Youings (ed.), Letters, no. 200 ('To the Earl of Salisbury from the Tower, Dec. 1609'). ちなみに、全土地を没収されたデズモンド伯の未亡人が女王から与えられた年金は二〇〇ポンド、スペンサーが『妖精の女王』を書いたご褒美にもらった年金は五〇ポンド、二回目のギアナ遠征に要したローリーがいった総費用は三万ポンドだった。

(26) Roger Sales, 'The Stage, the Scaffold and the Spectators: The Struggle for Power in Marlowe's *Jew of Malta*' in Darryll Grantley and Peter Roberts (eds.), *Christopher Marlowe and English Renaissance Culture* (Ashgate, 1996).

(27) カンタベリー寺院大司教サンクロフトの報告（Ms. Tanner [Oxford]）は、Edward Edwards, *op.cit.*, 679-706 に詳述されている。ほとんどのローリー伝が、サンクロフトの報告から、ローリーの最後を再現している。

第二部　アイルランドのローリー

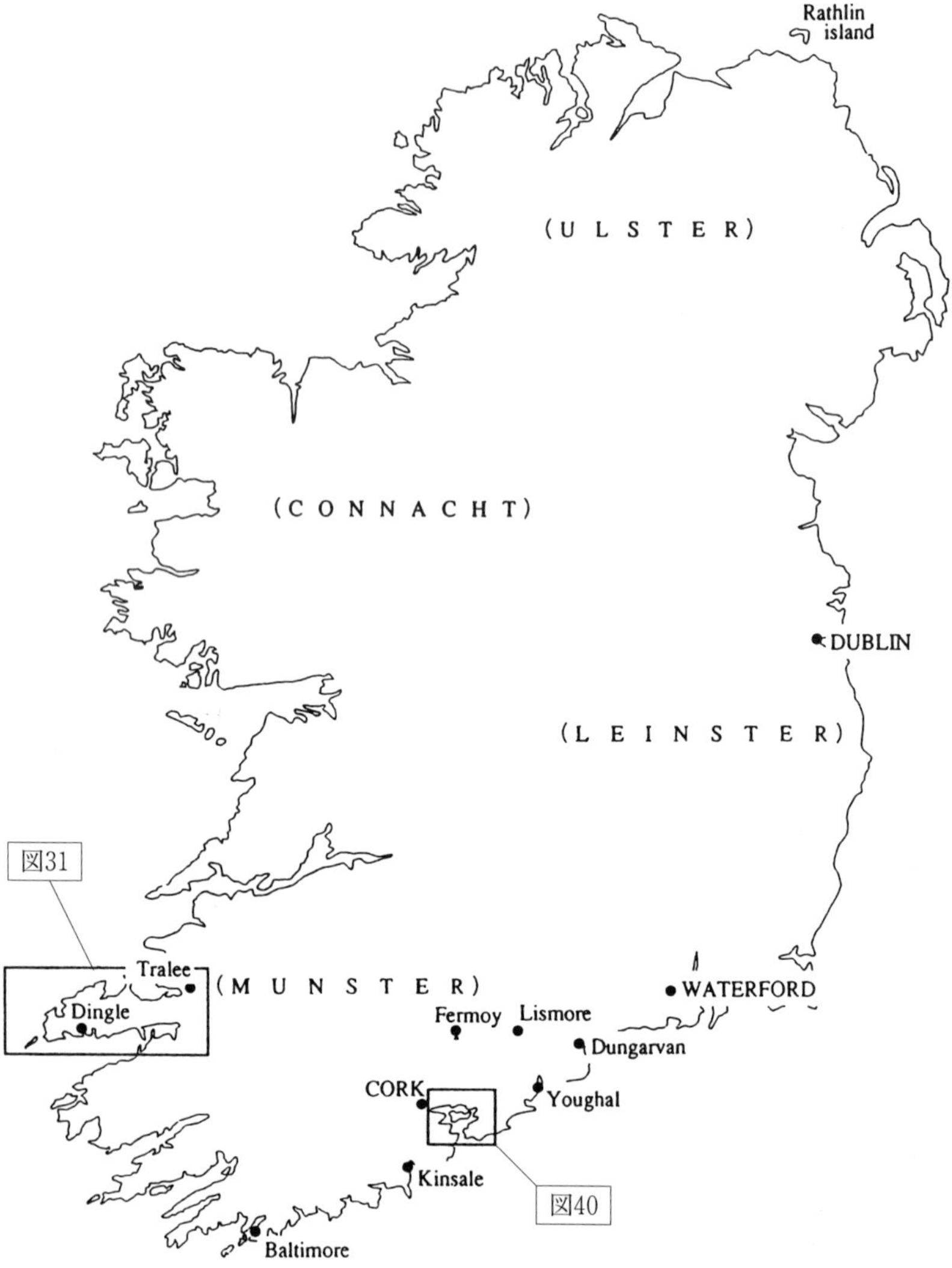

図30　アイルランド（カッコは当時の地方）

第一章　虐殺と領地

序

アイルランドという特定の場所で、ローリーはどのように活動したか。場所を限定して、活動を詳しく辿ってみたい。

アイルランドで活動した時期は三回あった。一回目は、軍人としてコーク（図30）に派遣された、二六歳になっていた一五八〇年八月からの一年半であった。宮廷に入りたい若者は、法学院で生活したあと、海外に出かけた。ローリーはこの派遣のあと、宮廷に入ることができた。二回目は、植民地を管理、運営した。一五八七年に土地を所有してから、一六〇一年に売却するまでの、一五年間であった。このとき、木材の輸出などのビジネスを興した。北アメリカで何年もかかった植民地でのビジネスを、ローリーはアイルランドで、正味二年間のうちに、達成してしまったといわれている。(1) 三回目には、ロンドン塔を出てからギアナに向かった、最後の航海の往きと帰りに、第二の故郷のようなアイルランドに立ち寄った。往きは一六一七年、六五歳の七週間、帰りは翌年、これは僅か一週間であった。往きの訪問の目的は、なんと一五年前に損をした金を取り戻すためであった。往きに七週間もいたのは、[2] アイルランドが好きだったせいもあろう。

これら三回に分かれた活動のうち、本章は一回目の活動をとりあげている。このとき、アイルランド史に有名なスマリックの虐殺を指揮したといわれてきた。スマリックはディングル半島にあり（図31）、ヨーロッパからの船が入りやすい湾があった。指揮したと通説ではいわれているが、本当に指揮したのであろうか。この問題は、虐殺というものを当時の加害者側がどうみていたかに関わっている。一回目の活動としてもう一つ、現地の氏族の領地を自分のものにしようと強く運動した。この運動には、ローリー個人の宿願があらわれている。また、当時のジェントルマンたちが海外に向かった、動機の一つがあらわれている。

スマリックの虐殺

隊長

二六歳になったローリーは、宮廷に入る機会をうかがっていた。与えられた機会は、アイルランドに派遣される、小部隊の隊長というポストだった。アイルランド行は一般に嫌われていた。国王の代理、すなわち最高位の総督（Lord Deputy）として行く人でさえも、それを嫌った。当時は海外派兵に一般兵士を集めるのは概して困難だったが、行き先がアイルランドだと殊に困難だった。ローリーが行ったときにも、一〇〇人を集めるのにロンドンの政府は苦労していた。ところが、そういうアイルランド行でも、行きたい人が群がっていた身分があった。ローリーがそのなかにいた、宮廷に入るのを待っているジェントルマンたちであった。ローリーが隊長のポストをえたのは、有力者の誰かが動いたからであった。その有力者は、以前か

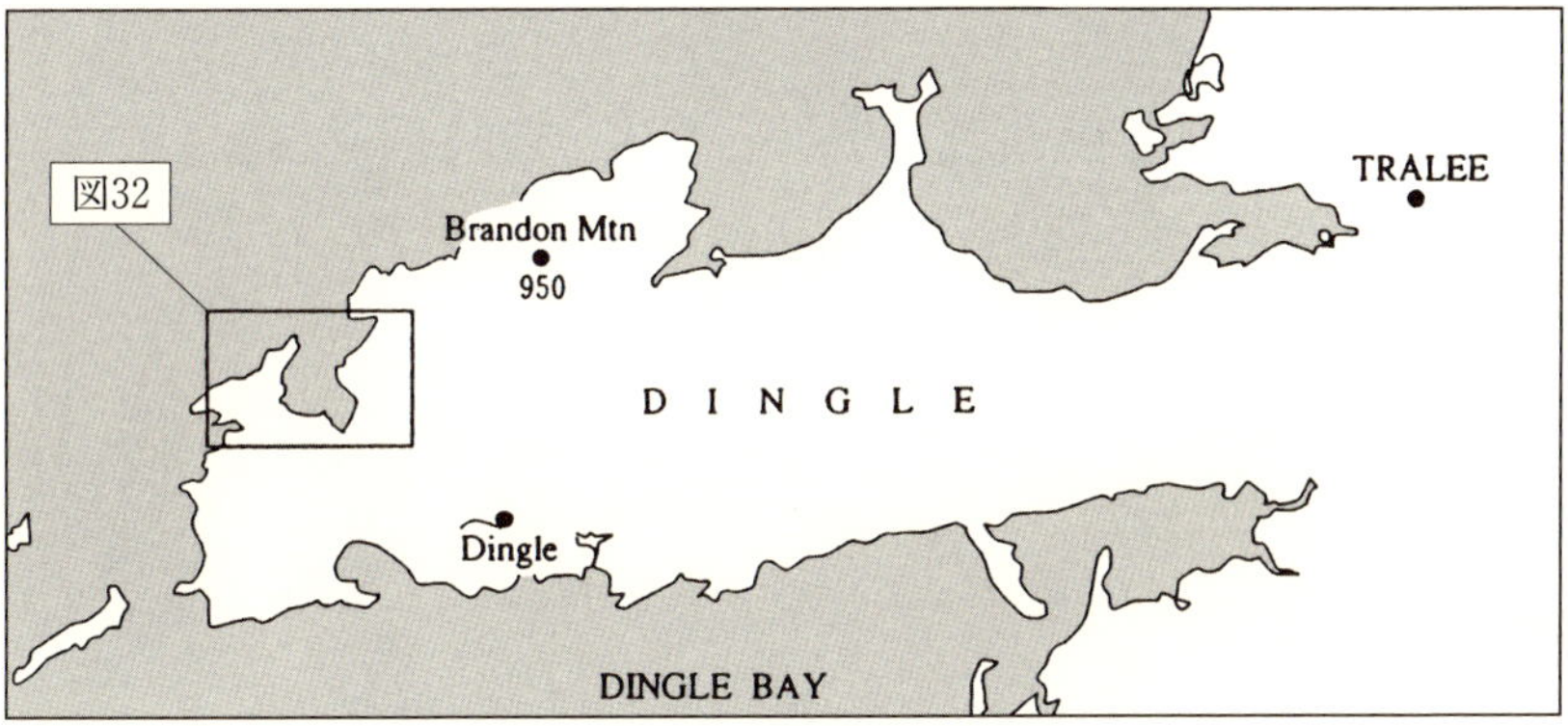

図31　ディングル半島とスマリック湾

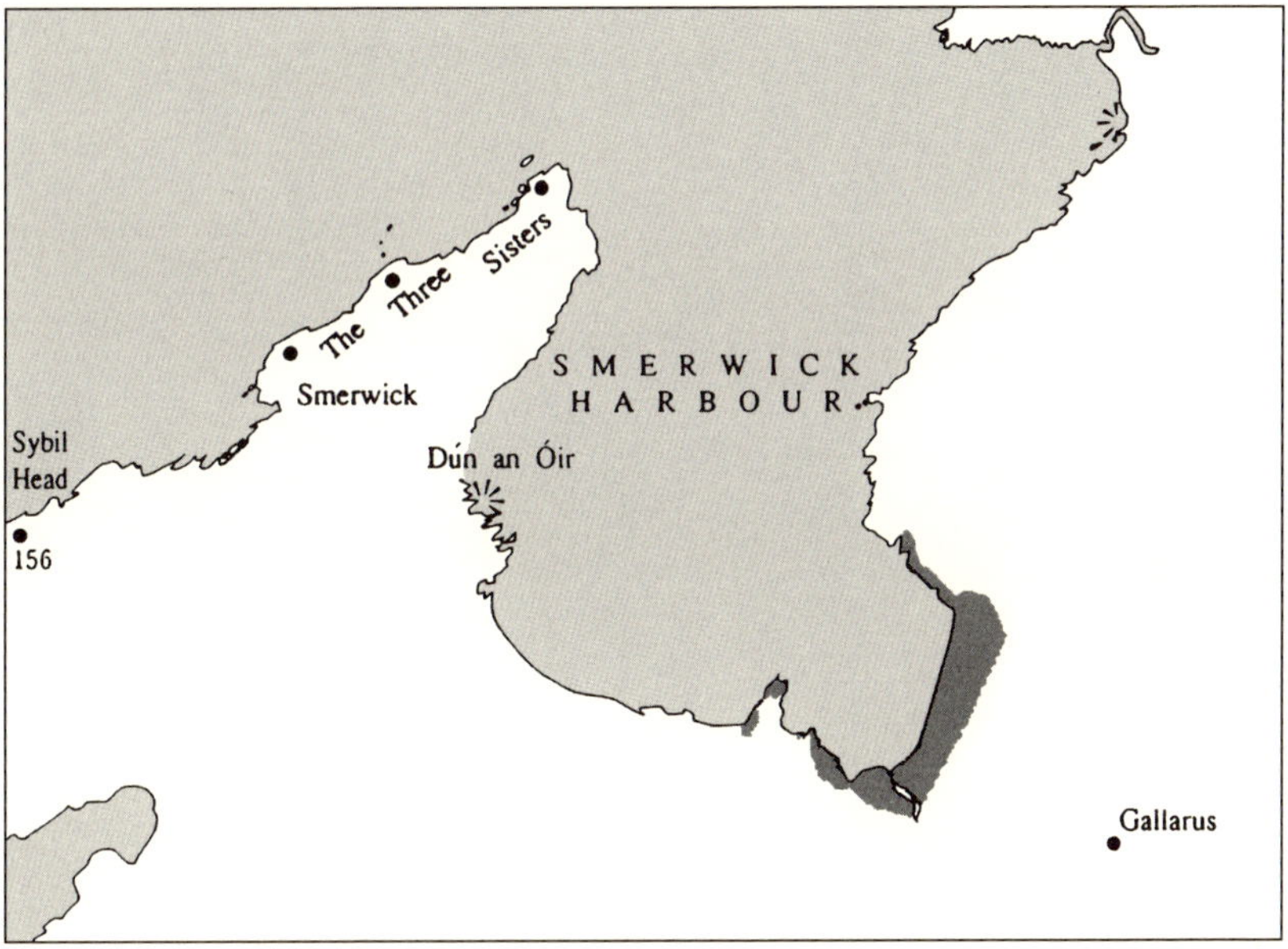

図32　Dun an Óir（黄金の砦）跡とスマリック湾

らレスター伯だったろうと推測されていたが、ますますそうだったろうと見られるようになった。ローリーは一五七九年末まで、オックスフォード伯エドワード・デヴェール（Edward De Vere）のサークルに入っていたが、突然宗旨変えして、フィリップ・シドニーのサークルに入り、そのサークルの筆頭だったレスター伯に知られたらしい。(3) しかし、レスター伯に宛てた手紙をよく読んでみると、多分ではなく確かに、レスターに知られていたのが分かる。後で、筆者が重視するその手紙を読んでみたい。次に、義兄のハンフリー・ギルバートが、少なくとも促進力になったであろう。ハンフリーは先代のマンスター地方長官（Governor of Munster）だった。当時の貴族とジェントリーは、近親に導かれて行動することが多かった。ローリーも後に、この義兄が行なった北西航路遠征に加わっている。アイルランド行はローリーにとって、千載一遇の機会であったようにみえる。有能だったローリーは全力を傾けてこの機会を生かし、宮廷入りに成功する。ただ、彼地で早くも色々なことをしでかした。

偵　察

ローリーがスマリック（図32）に着く一年前に、法王軍が一度目にそこに上陸していた。まず先行した一度目の上陸から見てゆこう。率いていたのはジェイムズ・フィッツモーリス（James Fitzmaurice）、ジェイムズはイギリスに敵対したデズモンド族の有力者だった。このジェイムズがフランス、スペイン、最後はローマに渡って法王グレゴリー一三世に助けを求め、三艘の船、百人以下の小人数の一隊を上陸させてスマリックに砦を築いた（一五七九年）。スマリックは半島の名前であり、その半島が片側から囲む湾全体が、スマリック湾と呼ばれる。Smerwick という地名は、St Mary's Wick（村、町）がなまってできていた。(4) 近くには七世紀のものかといわれる、カトリックの祈禱所聖ギァララス（St Gallarus）が、今も堅固な形を保ちつ

図33　聖ギァラ ラス祈禱所

づけている（図33）。湾を見下ろす小高い丘の上には、聖者カニューティウス（Canutius）が建てた庵が立て替えられて残っていると書物にある。[5] スマリックの別名 Ard na Caithne はこの聖者の名前からきていた。アイルランドで活動していたイギリス人のジェズイット派宣教師二人、ニコラス・サンダーズ（Nicholas Sanders）とウィリアム・ウォルシュ（William Walsh）が、ローマから一行に加わっていた。この隊の遠征の目的は、ジェイムズが携えてきた宣言書に書かれていた。[6] 婚外子エリザベスの王位を認めない、アイルランドとイギリスのカトリック信者を護る、がそれであった。法王が発起し、ヨーロッパの全カトリック国の意志を体していた、「カトリック十字軍」だった。築いた砦も、日本の城の城壁に似て反った壁をもつバチカン方式によった。

　なぜ法王軍は、このときになって遂に、アイルランドに上陸したのか。どのような経緯があって、前出の宣言書が書かれるに至ったのか。この理由と経緯について、大様だけは以下のようである。まず、スペイン国王フィリップ二世が、国家を防衛するためにやむなく侵攻に踏み切った。イギリスは海上でスペイン船を襲い、陸上で支配地を襲って、略奪を重ねていた。海外への進出が遅れたイギリスにしてみれば、略奪が進出する道であった。略奪をスペインがイギリスに抗議しても無視された。ドレイクが南米にあった港町を襲って大きい損害をスペイン側にあたえた。これが侵攻に慎重だったフィリップの腰を上げさせた。次に、法王がカトリックへの迫害を許さなかった。英国とアイルランドで、カトリック教徒が迫害されたのはよく知られている。前出のイギリス人宣教師サンダーズが、法王に聖戦を促した。折しもアイルランドでは、マンスター地方でデズモンド伯が大きな叛乱をおこしていた。この機をのがさずに、この叛乱軍を支援して、まず彼等にアイルランドを支配させる、サンダーズをアイルランド総督(Legate)に任命する、アイルランドから英本土を攻略する――という構想ができあがった。法王がフィリップを励まして、カトリック十字軍にスペインの国家戦略軍が合流するというかたちができあがろうとしていた。このような状況のもとで、まず試みられた偵察行が、ジェイムズが率いた一回目の侵攻だった。聖地だったスマリックという上陸地は、このような遠征の目的を象徴していたが、実際的な理由が大きかったであろう。この地はしばしば、大西洋から帰る船の避難地になっていた。つまりは、法王軍の船が先ず着くときに至便な港であった。同じ観点から、この半島は時計の逆廻りにトラリー(Tralee)(図31)まで良港が多く、スマリックに来たのは、将来補給船が大挙して着ける港が周囲に多いからだった、という説がある。(7) その説に従うと、スマリックを上陸地に選んだのは、至便さによっただけでなく、将来の大侵攻を念頭においたものであった。別の観点からみると、陸からイギリス軍に攻められるとき、南だけを注意していればよいという、地形上の利点があったであろう。なお、かつて海賊の雄マーティン・フロビシャー(Martin Frobisher)が、金だという鉱石を積んで入ったのもここスマリックであった。このとりでには「黄金砦(Dun an Óir, Fort Del Oro)」という名がつけられた。ジェイムズ・フィッツモーリスに頼まれてこの砦を建てていたディングルの町(図31)の商人が、ジェイムズはフロビシャーと同じように黄金をもってくると信じて、そうつけていた。(8)

スペイン王のフィリップ二世をイギリスの王にしようと、カトリック諸国は構想していた。イギリスにしてみれば、ごく近いアイルランドにカトリック十字軍が入るのを強く警戒した。スペインに渡っていたジェイムズ・フィッツモーリスが、法王軍を率いてスペインを発ったときも、海に強いハンフリー・ギルバートを赴かせて、鉄壁の防御にでた。しかし、ジェイムズと法王軍の船団が小さかったので、見つけられずに上陸を許した。ジェイムズは上陸後、ディングル半島を離れて、北へと活動に向かう途中、たまたま同族の一人に射殺されたが、デズモンドの弟たちが呼応して叛乱を起こし(第二次デズモンドの乱)、この乱の成り行き次第では、法王側の構想も動きだすかにみえた。やってきた法王軍の一行は、「黄金砦」を一冬の間基地として使った。(9)

虐殺

さて、ジェイムズ・フィッツモーリスが上陸してから一年後の一五八〇年、ローマ法王が本格的な侵攻を企てているという知らせがイギリスに届いた。このときローリーに、はじめてアイルランドに行く機会が訪れた。ローリーは一〇〇名の陸軍兵と一三名の騎兵を率いる、隊長に任命された。八月にコークに到着して待機していた。一〇月、法王の軍はまたスマリックに入った。新しく任命されていた総督ウィルトン公グレイは、動員できる限りの多数をスマリックに向けた。総数は三〇〇〇名に及び、コークから参集した約一〇〇〇名のなかに、ローリーの部隊があった。

一方の法王の軍は、イギリス側の資料では約七〇〇名、そのうちの多数がイタリア人で、隊長の Sebastiano de San Giuseppe、または Jossepi は、イタリアのプロ軍人であった。ローマ法王の挙であり、ヨーロッパのカトリック諸国が後援したこと、一年前の遠征と同じであった。イタリア・スペイン連合軍は、これもイギリス側の資料によると、四〇〇〇の武器一揃い(stand of arms)を持ってきた。また、スペイン銀貨を入れた樽四つは、イギリス軍に攻められる前の約一ヶ月の間に、合流しようとして近くにきていた反英のデズモンド軍にすでに渡されたと、これもイギリス側のある資料はいう。[10]

一一月五日、ウィンター(Winter)将軍が率いるイギリス海軍が本国から到着、三艘の法王軍の船を捕獲し、八基の大砲を岸にあげて攻撃に備えた。スマリック湾(図32)は、北に海の平面、南に陸の平面が開けている、すり鉢のような地形の、底部をなし、東にブランドン(Brandon)の高山、西に「三姉妹(The Three Sisters)」などの小山が、この湾を見下ろしている。湾を写している図34は、西に立つ「三姉妹」より南の、周辺では最も高い「シビル・ヘッド(Sybil Head)」(一五六メートル)(図32、35)の頂上から眺め下ろしている。砦を攻めるときのやり方通りに、イギリス軍は砦の近くまで壕を掘った。二日後の一一月七日にいよいよ砲撃が始められた。戦いの模様を描いている図36は、ウィンター将軍に渡された水彩画であった。のこぎりの歯のような桟橋状の岩は、現在も侵蝕されたが残っている。陸にあげられた大砲は、絵には二基だけが認められる。参考に掲げた図37と較べると、この図は細密ではない。砲撃の初日は当番のローリーが指揮をとった。以下の経過は複数の資料による。[11]

イギリス軍優勢のなか、砲撃から四日目に会談があり、グレイが示した「生死を問わず身柄を私に預けよ」という無条件降伏案を、会談に出てきていたスペイン人キャプテンが拒否、戦いは再開されたが、その日の日没時に白旗をかかげて隊長のサン・ジョセッピが出てきて、翌朝まで一時休戦を提案、グレイはいま無条件降伏しなければ陣地に帰るだけだと拒否すると、ジョセッピはグレイの「ひざを抱いて」、とにかく今晩だけは砦で休ませてくれ、明朝はすべてをあなたに委ねるからと懇願した。このときグレイが、砦にいる兵士の助命を約束したかどうかが、後で問題になる。朝になって、ジョセッピとキャプテンたちが砦

図34　虐殺があった Dun an Óir の跡．中央人家集まるところ．Brandon 山は雲のなか．

図35　スマリック半島全景．左に Sybil Head，右に Three Sisters，右隅の山との間にスマリック湾口．

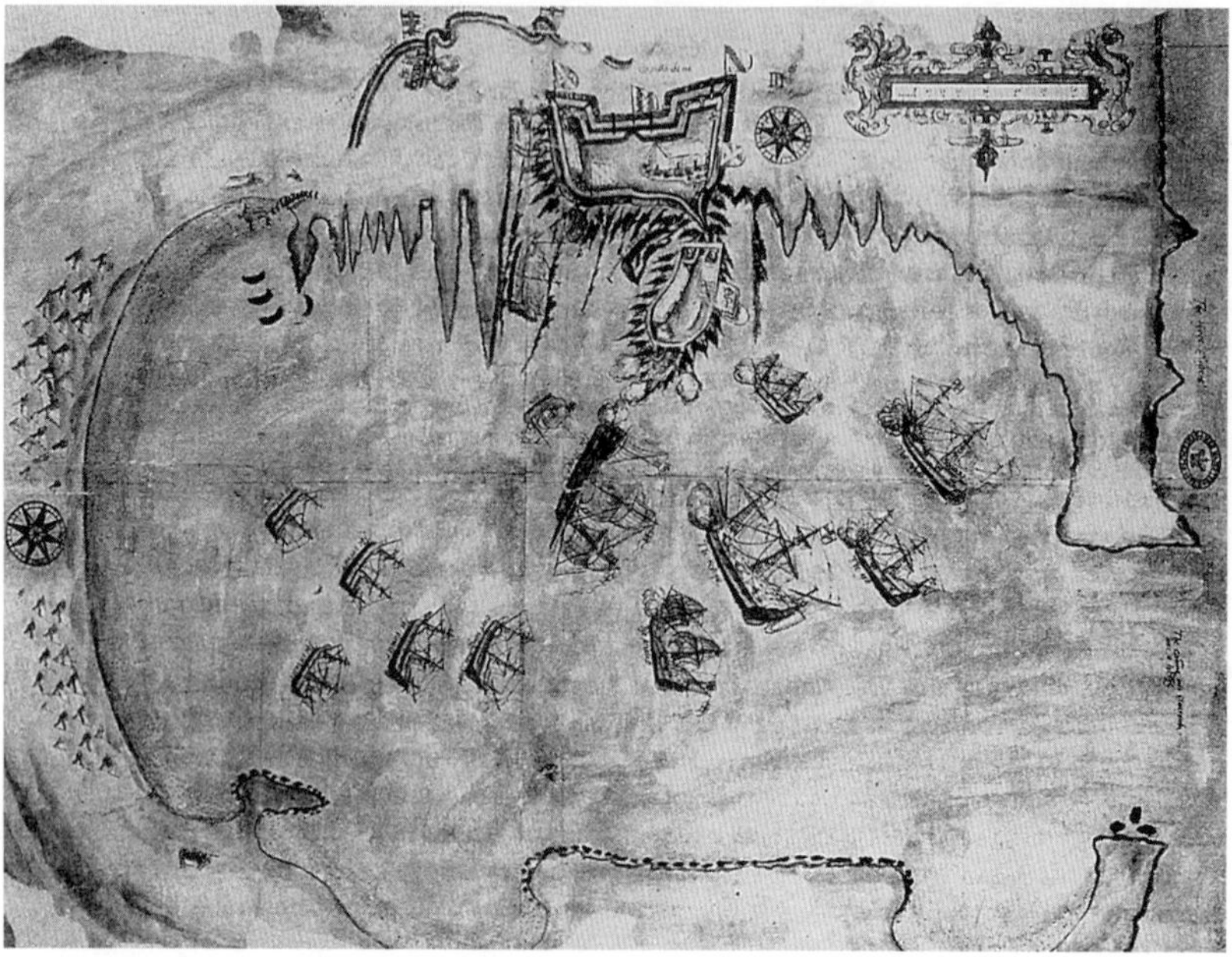

図36　Dun an Óir の攻防を描いた水彩画（1580年）．発砲はイギリス船，砦，後方の濠から．左の砂浜に多くのイギリス軍テント．

からでてきたので、イギリス軍はまず相手側の武器を確保したあと、ローリーとマクワス（Macworth）が率いる二〇〇人が入砦し、一時間のうちに六〇〇人を殺した。「ローリーが当番だった（who had the ward of that day）」と書いたのはフッカー（John Hooker）だった。

六〇〇人の内訳は、兵士の四〇〇人を砦の中で剣で殺害、他の約二〇〇人、すなわち女性と子供、アイルランドの一般人、僧侶は、外に出して絞殺した。身代金をえるために隊長と将校クラスは生かした。虐殺のさまについては、資料毎に記述のニュアンスを異にしている。それらの記述のなかで、以下のような記述に注意を向けたい。兵を殺すとき、「のどを切ってから腹をつき刺した（hewing and punching）」[12]。普通は二つの処置を必ず同時に行なうことはない。残酷を誇示する態度がみえる。「殺されたアイルランド人の女性のなかには妊娠していた女性もいた。」[13] 身体

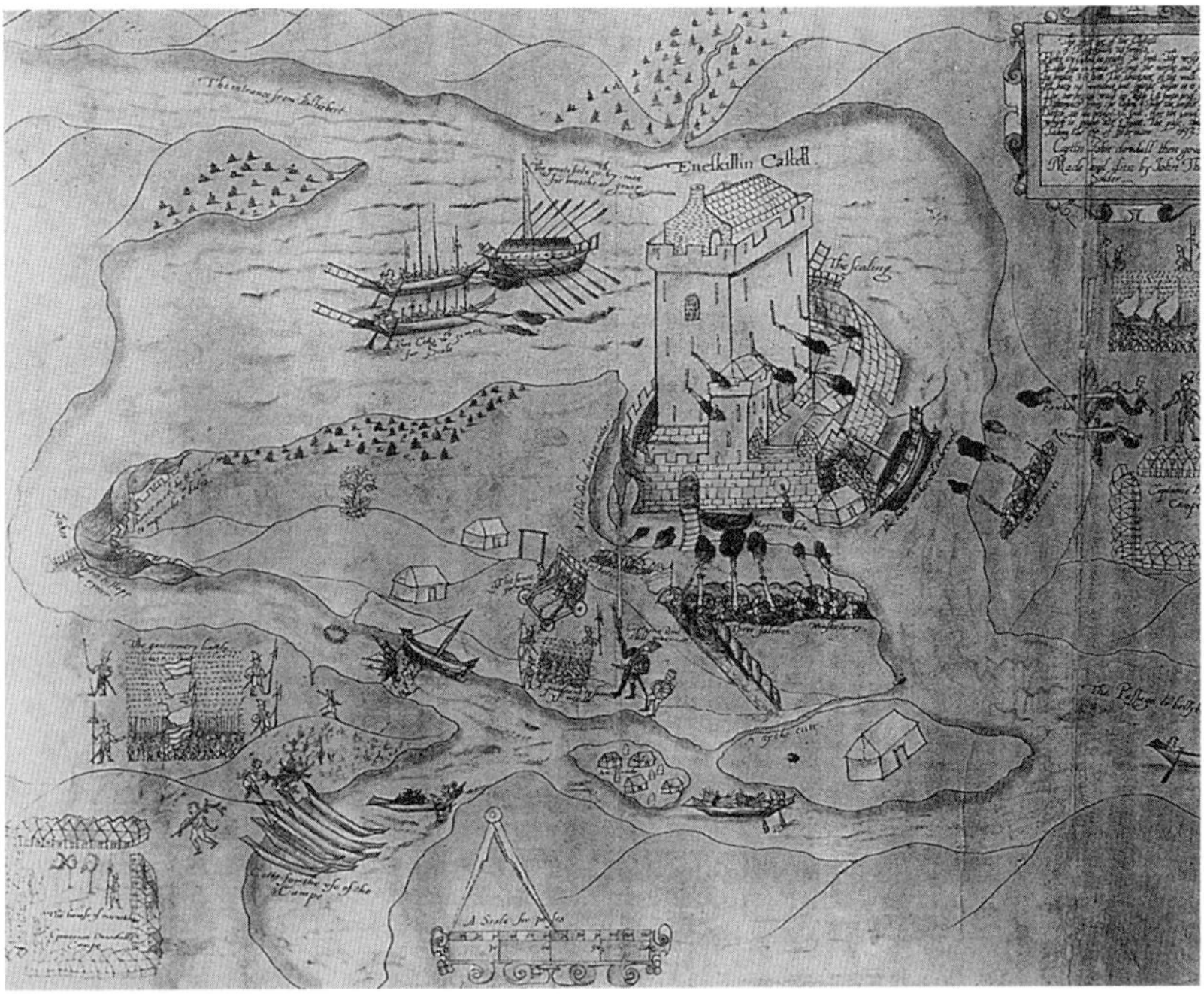

図37　アイルランドの砦への攻撃（参考）．Hugh Maguire がたてこもる Enniskillen 城を，ビンガム将軍が攻略し，Hugh を殺害した（1594年）．左下に Hugh の首級．この図を拡大すると当時の戦い方が分かる．

を売るアイルランド女性への蔑視と、イタリア兵スペイン兵の情欲をいわんとする底意が見える。「イタリア兵はイタリアの牢獄から出てきた。[14]」これもまた相手を悪人にしてイギリス軍の蛮行を正当化しようとした[15]。カトリックの聖職者たちを絞殺してから切り刻む前に、「村の鍛冶屋に連れて行ってそこで鍛冶屋が手足をたたいて砕いた（break）[16]」とあるが、スマリックとその近くに鍛冶屋はなかったであろう。ディングルを「町」と呼んだキャムデン（William Camden）は、スマリックをそう呼んではいない。地形からして町はなかったであろう。そこには鍛冶屋があったであろうディングルの町（図31）まで、わざわざ連れて行ったはずはない。その頃カトリックの聖職者に対しては、絞首の前に手足を砕い

図38 「アイルランドで行なわれたカトリックへの迫害」. 1588年にオランダで印刷された銅版画.

た。足に対しては長靴をはかせて強火で炙り、靴をぬがせるとき肉を靴と一緒に剥ぎ取り、砕きやすいようにしてから砕いた。図38は残酷を隠し、足の肉を残して描かれている。その方法を知っていた語り手が、わざわざ鍛冶屋に連れて行ったのであろう。転じて、「浜に並べられた兵士たちの屍体を見て、総指揮官のグレイは涙を流して、『ここにこれまでに私が会ったことがないほど勇敢で善良な人々が眠る（Here lay ...）』といった。」グレイの報告書のなかにある一節を引用して、その一節をグレイが屍体をみつめながらいかにもつぶやいたように変えて、グレイの行為を美化している。(17) この時代の資料には必ず方向づけがあるが、以上にみてきた、「のどを切ってから腹をつき刺した」ではじまる諸記述は、方向づけが殊に大きい。残虐行為を行なった当時のイギリス側では、「自己満足（complacency）」が公式の態度にすらなっていたといわれる。この「自己満足」が作った

図39 「イングランドで行なわれたカトリックへの迫害」. 右上にロンドン橋, 中央左に聖ポール寺院.

「方向づけ」は、反スペイン、反カトリックという国粋心の産物であった。

指揮者

以上は、フッカーなど政府側が残した記述、あるいはそれと同系統の記述に基づいた、大虐殺の一部始終であった。ところが、フッカーの記述は信用できない、ローリーはフッカーがいうように、虐殺を指揮してはいなかった、という見解が、すでに一八四九年にあらわれていた[18]。この見解は、資料としての信憑性において、ビンガム（Bingham）副将軍が出していた手紙[19]の方が、フッカーよりも高いとみていた。ビンガム副将軍は、ウィンター将軍とともにスマリック湾に入港して、船上から虐殺を目撃し、虐殺の翌日の一〇月一一日に、一部始終をロンドンに向けて報告していた[20]。ビンガムによると、虐殺がおこったとき、砦に入って行ったイギリス部隊を率いていたのは、ローリーではなくデニー（Edward Denny）であった。しかも、虐殺はデニーが指示したというようなものではなく、入っていった陸兵に、海岸でこの機会を待っていた海兵たちが加わって、我先に勝手にやりはじめたのだった、と。このようなビンガムの報告を重視したのは、研究者としての名を残さなかった一神父であったが、この神父の見解を六一年後に復活させたのが、ローリー研究の専門家、ブラッシュフィールド(Brushfield)であった[21]。以下にブラッシュフィールドの肩入れを再現してみよう。

フッカーは多数の人々の伝聞を更に聞き集めて、日が経ってから物語ったが、ビンガムは直接目でみて、翌日に書いている。フッカーはイギリス側がいきなり砲撃をはじめて六日間続けたといっているが、ビンガムは準備に三日間、何日にどこまで塹壕を掘ったとあり、塹壕から行なった砲撃は三日間だったといっている。総督グレイが最も信頼していた隊長はズッチ(Zouch)であり、彼に入砦を指揮させたというなら最も分かりやすいが、デニーに指揮させたとビンガムがいっているのだから、信用するほかはない。しかし、ローリーにグレイが命じたことは絶対にありえない。ローリーはその時まだ二六歳、アイルランドに来てまだ五〇日しか経っていなかった、そのうえ、グレイはローリーを毛嫌いしていたと分かっている——こういって、ブラッシュフィールドはビンガムの証言を重んじよと主張したのだった。筆者が説明を加えると、グレイはデニーにも信頼を寄せていた。グレイはデニーとスペンサー(Edmund Spenser)に、自分の裁量で土地を与えて、「マンスター植民」がいう「請負人」にしていた。この土地の贈与については次章でふれる[22]。さて、ビンガムの証言に従えというブラッシュフィールドの主張に従うのなら、なぜフッカーはローリーが指揮したように仕立て上げたのか、その理由が説明できなければならない。ここに事柄のポイントがある。

ローリーが指揮したとみた人々が、指揮したことでローリーを批難しはじめたのは、ブラッシュフィールドによると、ようやく一九八〇年代からであった。現代に批難が激化していることについては後に述べる。

しかし、当時の人々の、虐殺に対する見方はちがっていた。下手人を庇って隠すのではなく、下手人を表にだしてよくやったと賞賛していた。ローリーを褒めるために、ローリーが指揮したとフッカーは書いたのだった。スマリックの虐殺より二三年前に、プロテスタント教徒に対する、スペイン将軍アルヴァ（Alva）公の虐殺が、オランダで行なわれた。「血の糾問会議」のあと、叛乱に加担した人々一〇〇〇人を処刑した、有名な弾圧であった。スペイン王フィリップ二世は、常にアルヴァ公を支持していたわけではなかったが、この弾圧を王は賞賛した。もう一つ、スマリックの虐殺よりも八年前に、これもプロテスタント教徒に対する、聖バーソロミューの大虐殺が行なわれ、新しい法王グレゴリー一三世とスペインのフィリップ二世も、この虐殺を賞賛した。その頃のアイルランドでは、虐殺だけでなく飢餓と疫病によって、人口が減少していた。ところが、イギリス側は、減少した人口数を事実よりも過大に算定する傾向があったという（W・ペティ）[23]。この傾向は、天災は加害者がないところが天災であるとはいえ、前述のような加害者たちへの賞賛と、深いところで通底していたと思われる。さて、スマリックの事件に戻ると、総指揮者だったグレイは、虐殺の責任は自分一人にあると述べた手紙を女王に書いていた[24]。兵士たちは確かに我先に殺害したけれども、元は自分が命令したことだった、と書き[25]、虐殺のときの指揮官の名前を書かずに、責任は自分だけにあると、こちらは言外に含ませたのだった。このようなグレイの書き方について、「グレイはまるで自分が褒められるのをあてにしているような書き方だ[26]」と、ブラッシュフィールドは想定している。このような当時の風潮のなかで、ローリーを下手人にして、称えようとしたのだった。

ついでながら、現代はローリーを批難する一方で、ローリーを称えた当時の風潮の方も、奇妙なことに、なお継承しているように思われる。ブラッシュフィールドが一九一〇年に、ローリーは指揮しなかったといって注意をうながしたにもかかわらず、その後の多くの、一般読者に向けたローリー伝は、その注意には耳を貸さずに、ローリーが指揮したと書き続けてきた。その方が伝が面白くなるからであったろう。ローリーが指揮したことの方を、伝記作者たちは、心底では好み続けてきたからだと思われる。

人数

フッカーの別の記述も、一度は不可解に思われながら、そのまま通用しつづけている。やってきた法王軍の総数を、フッカーなどは七〇〇人とした。[27] 七〇〇という総数を、不思議だとほのめかしかけたのは、バグウェル（Richard Bagwell）であった。[28] バグウェルによると、スマリックの砦の最長部は三五〇フィート（一〇五メートル）、幅は平均で一〇〇フィート（三〇メートル）、してみると法王軍の兵士一人が占めていた面積は、五〇平方フィート（四・五平方メートル）だった。一人当りのこの面積は、一辺が二メートル強となる。バグウェルはこの面積を、「いかにも狭すぎる（but scanty room）」といった。ところが、バグウェルの意識はこのとき砦の欠陥に向かっていて、不思議なことに、七〇〇という総数を疑う方向には向かわなかった。後世もまた、それを疑う方向に向かわなかったのが注意される。

ところが、七〇〇人説が強いままのなかで、四〇〇人説、五〇〇人説もまた、政府の関係資料に収められていたのが、これまた注意される。まず、前出のビンガムは、砦で殺された兵士の数について、「四〇〇から五〇〇、いや五〇〇から六〇〇だったかもしれない」[29] と書いていた。この書き方は誇張に向かっており、グレイが述べた死者数六〇〇名は、[30] 誇張の上限にあたる。ビンガムのこの書き方を冷静に読めば、殺したのは四〇〇、到来した総数は五〇〇と、想定されるであろう。次に、『国家関係文書一覧』のなかに、やってきた総数を五〇〇人程度とみている記述がある。[31] すなわち、ウィンター将軍の艦隊に糧食を補給しに来ていたエドワード・ビーシュ（Edward Baeshe）が、虐殺の翌日にウォルシンガム伯に宛てた手紙によると、剣で虐殺された外国人たちは四〇〇人以上だったとある。

さらに、これまた省みられてこなかった、もう一つの、最も注目される資料があった。すなわち、『国家関係文書一覧』の、「アイルランド篇」ではなく「外国篇」に収められた、ある敗残スペイン兵の証言があった[32]。その証言を、フッカーなどの記述がいう内容（カッコで示す）と、比較させてみよう。到着した法王軍は四〇〇（七〇〇）名、うちイタリア人五〇名は強兵（この機のために出獄を許された受刑者からなっていた）、スペイン人三五〇名は弱兵（これについて記述はない）、小銃三〇〇基、剣二〇〇丁（政府の公式文書では四〇〇〇組[33]、フッカーでは五〇〇〇組[34]の武器一式）、糧食はパンが海水をかぶったので乏しく、ワインは一樽だけ（押収した糧食はディングルの町でイギリスの守備隊を賄えただけの量があった[35]。ビスケット、ベイコン、魚、大麦など、法王軍を半年養えるだけの量があった[36]）。

この証言と、カッコの中の通説とを較べてみると、カッコの中は次のように見事に一定の方向を向いている――七〇〇名もが襲来した、どうしてすておけようか。そのうち六〇〇名を殺せたではないか。殺されたイタリア兵はもともと極悪人だった。スペイン兵は決して哀れな病人ではなかった。それだけ大量の武器が、叛族デズモンド軍に渡るところだったではないか。豊富な糧食をイギリス軍に廻さない手はない――。すなわち、政府側が流布させた記述は、大量殺害を正当化するという一点に向かって、収斂していた。政府筋が情報を創作したとみるのはゆきすぎであるにしても、こうあったはずだという希望が、情報を潤色し、操作したとみられる。虐殺を賞賛した風潮と、このような一種の偏向とは、同じものであった。なお、『国家関係文書一覧』の「国内篇」と「アイルランド篇」は、身分がある人の証言だけを収めている。敗残スペイン兵の証言は、たとえアイルランドでの出来事を述べていても、「アイルランド篇」には収められなかった。おそらくそのためであったであろう、この証言は、今までローリー研究者の死角に入ったままであった。

四〇〇、あるいは五〇〇という総数が、記録されていながら蓋をされつづけてきた。[37] ブラッシュフィールドがローリーは指揮しなかったといってから、また、バグウェルが砦の面積の不思議を漏らしてから、ほぼ一世紀が経った。その間、多くのローリー伝は、センセーショナリズムの方を好み、伝が楽しまれることの方を望んだのであった。

約束

スマリック事件のポイントは、会談でイタリア・スペイン側の兵士の生命が保証されていたかどうかと、大虐殺そのものとにある。当時の戦いで会談のための休戦は度々行なわれた。休戦は特に包囲された側の兵士の生命を保護するために行なわれた。裏をみれば、金銭をとるためであった。町にせよ城にせよ、壁が破られる前に取引が行なわれた。取引でまとまった約束は普通は守られた。信仰心があったクロムウェルは、約束を固く守ったので有名である。スマリックで兵士を殺さないという約束があったかどうかについて、各国で受け取り方がちがっていた。[38] イタリアの法王庁に宛てたある報告は、指揮者のサン・ジョセッピは、グレイに騙されたとはいわなかったと、語っていた。生還したあるイタリア兵が、フランスにもたらした情報もまた、同じだった。ただ、イギリス人たちがグレイに不信感をいだいており、彼等はグレイが騙したといっている、とつけ加えた。スペイン本国にロンドン駐在のスペイン大使が行なった報告は、グレイが騙したといった。アイルランド側も声高にそう語り広めた。これら二国の反応は、二国に強かった反英感情の産物だった。当のイギリス側にも、フランスでイタリア兵が語ったように、グレイが騙したという受け取り方があった。グレイは批判の矢面に立つことが多く、グレイの敵たちがグレイを陥れるためにその話をでっちあげたという見方がある。[39] グレイに雇われていたあのスペンサーがグレイを弁護している。有名な『アイルランドの現状についての見解（*A View of the Present State of Ireland*）』のなかで、分身の一人アイリニーアスに、私はそのとき近くにいたから間違いない、グレイは二回の会談で生命を保証したことは金輪際ない、といわせている。[40] グレイへの中傷だったという説をとったうえで、なぜ中傷したかについて、騙して殺したとなると、虐殺したグレイの手柄が割引かれるからだ、という見方がある。[41]

グレイへの中傷だったろうという説を離れて、別の角度から見てみよう。仮に万一騙したとしても、同じような戦術は、アイルランドでの戦いに限っても、数多くとられた。以下に四つの例を選んでおきたい。第一の例として、コークの東を支配していたロゥチ（Roche）公（後出）は、叛徒になったバリ（Barry）公（後出）を助けたことがあって、イギリス側に危険な存在になっていた。ローリーはこの公を拘束にかかった。城の門で会見を申し込んだローリーは、お付きの兵士が六人だけならと許可されて内に入った。一度入ってしまうと、連れてきた兵士を計画通り一人、二人と門から中に入れて、兵の全員を城の中に入れてしまった。危険を察知してもなお、ロゥチ夫妻はローリーに食事を饗した。コークまでご同行願いますと突然いいだしたローリーに、公は従うほかなく、ローリーは公の好意を仇にして返してしまった。この史話を語るフッカーは、騎士にあるまじきこのローリーの行動を褒めている。[42] フッカーはホリンシェッドの後を受けて、『年代記』のアイルランド篇を担当した、宮廷のおかかえ作者だった。以下にとりあげる第二、第三の例は、ローリーの謀略ではないが、イギリス側が騙して殺した、有名な例である。初代タイロン伯、巨漢のシェーン・オニール（Shane O'Neill）は、謀殺された。イギリス側につかず離れずだったが、最後はイギリスに敵対して、助けを求めてスコットランドに上ったとき、酒宴の最中に刺殺された（一五六七年）。イギリス側が手を廻したと見られている。[43] もう一人の大族長だったヒュー・オドネル（Hugh O'Donnell）は、こんどはスペインで毒殺された（一六〇二年）。ローリーに近かったカルー（George Carew）は、追っていったイギリスの刺客がヒューを「毒殺した」と明言している。[44] チューダー朝の国内で多く行なわれた要人の暗殺が、アイルランドでも、巧妙なアイルランドの族長に対する有効な戦術として、実行されていた。[45] 四番目の例、有名な「マラーマストの虐殺」については、第二章の「リーシュ・オファリー植民」で説明している。

いわゆる「グレイの約束（the Faith of Grey）」は、ローリー研究にはとりあげられても、アイルランド史研究でとりあげられることは殆どない。しかしながら、二一世紀の反帝国主義の風潮の中で、ジャーナリズムは、謀殺はあったとみて、指揮者はグレイであったにもかかわらず、大英帝国への貢献がグレイよりも大きかった、ローリーに、現代の批難を向けている。[46]

起　因

大虐殺こそ、スマリックの出来事に含まれている、より大きなポイントである。スマリックの大虐殺もまた、単独では、アイルランド史のなかで大きな事件にはされていない。しかし、いくつもの事例が集積された大虐殺こそ、チューダー朝イギリスがとったアイルランド政策の、顕著な特徴をなした。いいかえれば、殲滅戦術が顕著な特徴をなした。そもそもなぜその戦術がとられなければならなかったのか。ここからはスマリック事件の背景を、ローリー研究としては詳しくみてゆきたい。いわゆる背景を、これまでのローリー伝がみてこなかったわけではない。古くはステビング[47]（William Stebbing）、新しくはトレヴェリアン[48]（Raleigh Trevelyan）が著した伝記がそれをみてきた。しかし、全生涯を書いた一冊の本の中で、虐殺という事件史にスペースをとらせることはできなかった。

なぜイギリス側は殲滅戦術をとったのか。この分野の研究の基礎を作ったクインによると、チューダー朝イギリスのアイルランド政策には、二つの大原則があった。[49] 第一は、主君を持たずに放浪する無籍者を社会からなくす(eliminate)ことであった。無籍者は社会制度のイギリス化を妨げ、またいつ叛乱に加わるか分からなかった(potential rebels)。筆者がつけ加えると、これは予備拘束に続く予備殺人であり、一つの階層全体をなくそうとするものであった。マンスター地方長官ペラト(John Perrot)が行なった例を後に記す。第二の原則は、叛逆者を支える層への弾圧を含めて、おきた叛逆を妥協することなく弾圧し尽くすことであった。以下を筆者がつけ加えると、この原則によって一般人と自然の殲滅が試みられた。イギリス側はゲリラに悩まされていた。執拗に抵抗するゲリラを除くためには、これからゲリラになる子供を、ゲリラを産む母親を、今ゲリラを支えている家族と村びとを、ゲリラを養う糧食を、糧食を作る畑を、ゲリラたちを隠す森を、全滅させなければならなかった。

イギリス側は思うように勝てないので苛立ちを増していった。主に社会制度のイギリス化によった、武力によらない「改革(Reformation)」も、思うようには浸透しなかった。戦局の不利と「改革」の不成功、この二つがイギリス側を大虐殺に向かわせた。出口がなくなったところで虐殺が行なわれた。[50] 虐殺が自己満足をもたらしたのは、彼等にできることが他になくなっていたからという面があった。重点が「ソフト」から「ハード」へ、[51]「改革」から「征服(conquest)」へと移されていった。重点が「征服」[52] に移ったあと、「改革」への試みがすっかり捨てられたかどうかについて、学者の間で議論がなされた。[53] この議論は、イギリス側がしたことがはたして殲滅戦だけだったのか、といいかえられる。

大虐殺が行なわれた、今までとは別の原因をあげて背景を補足しておきたい。大虐殺は即物的な原因があって行なわれたといわれている。チューダー朝を通して、エリザベス朝の最後は別として、政府はアイルランド派兵に金をかけるのを惜しんだ。「女王はスコットランドを静かにしておかなければならなかった。

スペインには艦隊をあちらの港から出ないように、フランスともなんとかやってゆくように、しなければならなかった。女王はアイルランドでなすべきことを知っていながら、出せる金がなかったのだった。[54]」スマリックのときの派兵に際しても、エリザベスがローリーに金をだしたのは、コークに着くまでの赴任手当と帰るときの帰国手当だけだった。その赴任手当が少ないと、ローリーは首相兼財務大臣バーリー公に手紙で訴えていた。[55] 着任後の給料はダブリンの総督府（ダブリン政府）が払った。その日当は更に低く、しかも不払いになることが多く、政府と総督府が植民事業を興した理由の一つは、未払いの給料を、土地で支給するためであった。スマリック遠征は財力がある法王庁の挙であったから、イギリス側が述べたところによると、デズモンド側に渡したとされる樽入りの銀貨は、砦にまだ三〇〇ポンドから四〇〇ポンド分残されていたとされている。途中でフランス漁船から奪った五万六〇〇〇匹の乾鱈もあったという。その鱈も入っていたら しい彼等の備蓄は、六〇〇人を六ヶ月養うだけの量があったらしい。[56] 実際にそれほどの量があったかどうかは別にして、彼等の糧食をイギリス軍は欲しがったのであろう。それに、やってきたのが貧しいアイルランド人ではなくてイタリア人、スペイン人だった。外国人の着物、持ち物もまた、イギリス軍兵士にとって大きな獲物だった。キャムデンによると、「イギリス軍は糧食も着衣も不十分だったから、もし敵から略奪せずに砦から離れるようなことになれば、兵士たちは暴動をおこしていたはずだった[57]」。

糧食、着衣を略奪するには、殺害が至便だった。浜に並べられた屍体は衣類がはぎとられて裸体だった、と書かれている。[58] 海軍を指揮したウィンター将軍の前歴をみて、この部分を補足しておきたい。ウィリアム・ウィンターの身辺には略奪の臭いが強かった。ホーキンズ（John Horkins）が行なった一回目の、人狩りと略奪の航海（一五六二年）に出資していた。海賊フロビシャーが行なった、三度にわたった航海（一五七〇年代）にも出資していた。殺してから身ぐるみはぐのに慣れていたのは、陸軍兵よりも海軍兵だった。スマリックの砦でも、海軍兵は直ぐに陸に上って、殺害と略奪に加わったとされている。ウィンターにしてみれば、部下たちが殺して奪うのをみても、自分がそのために生きてきた世界を、そこでみただけだったにちがいない。たまたまウィンターだったからではなく、当時の船長は誰でもそうだったであろう。ウィンターの場合は経歴がはっきりしていた。

系譜

いよいよ最大の背景に往き着いた。ローリーの身辺で行なわれたそのときの大虐殺は、虐殺の系譜、通史のなかでどのように位置づけられ、性格づけられるのか。多くのローリー伝のなかでは衝撃をあたえて突出しているこの大虐殺は、通史のなかに置くと相対化されてその性格が把握できる。系譜をスマリックの事件から遡って一〇〇年前からに限りたい。

始めにくるのは、ハンフリー・ギルバートとジョン・ペラトが行なった虐殺である。チューダー朝イングランドのもとにあったアイルランドで、最も衝撃を与えたのが、この二人が行なった虐殺であった。前者はマンスター地方の守護隊長（colonel）、後者は同地方の地方長官であった(59)。ギルバートは行軍中にであう人間の全員を、アイリッシュ、アングロ・アイリッシュの区別なく殺し、兵士を餓死させるためだといっていた(60)。彼は焦土作戦も行なったが、人々に有名になったのは、チャーチヤード（Churchyard）が報告した次のような場面であった。その日に殺したアイルランド人の生首を、門から兵舎の戸口までの道の両側に並べておいて、降伏してくる敵にその道を通らせ、「父親の、兄弟の、親戚の、友人の首をみてゆかせた(61)」。ギルバートのやり方をローリーは尊敬していて、オーモンドが一〇〇〇人の軍勢で二年かけてかたづけられない叛乱を、ギルバートなら三分の一の軍勢で二ケ月でかたづけたろう、といった(62)。

ギルバートのサディスティックな蛮行から一年後、スマリックの虐殺の九年前に、ペラトが、クインがいう第一の原則を実行していた。道であう無籍者を誰かれとなく無差別にとらえてコークの絞首台にかけ、屍体をそのまま晒しておいた。無籍者とは、歌い手（は反体制の歌をよく歌った）、僧侶（はカトリック）、博徒、職人、渡り鳥の浪人兵士であった。市民の裁判、軍法裁判の両方を使って直ちに処刑し、その数は「およそ八〇〇人に近かった」。ペラトが首相のバーリーに宛てた手紙にそのように書いていた。[63] 八〇〇という人数は、バーリーが残酷行為が嫌いであったことと、その掃討が二年間にわたったのとを念頭におくと、さほど過大に語ったものではなかろう。ペラトの別種の残酷は、これもバーリーに宛てた手紙のなかに次のように語られている——「私はこの地方のアイルランド人の、おしゃべりぐせをやめさせました。もっとあぶないことでしたが、婦人、紳士、町の人、誰もが着ている、あのだらしない、ブクブクふくれている着物を禁止しました。そんなことを強制したので、私がこの地で妻をめとれる心配は絶対にありませんな。[64]」虐殺は文化、習慣にまで及んでいた。「ペラトとギルバートが制作した、二本の恐怖映画ほど怖しい映画はめったになかった」と、クインはいっている。[65] そういっているが、スマリックで制作された映画ほど、とはいっていない。一つには、ギルバートとペラトの虐殺からおよそ一〇年という時間の経過が慣れを作ったからであろう。それに、スマリックへは武器をもった外人部隊が攻めてきたのであった。なお、無籍者への虐殺は、新しい地方長官によっても行なわれた。ペラトがそれを行なってから五年後、スマリックの虐殺の四年前に、サー・ウィリアム・ドルーリー（Sir William Drury）がそれを行なって、二年足らずのうちに四〇〇人を殺していた。

次に比較する大虐殺は、スマリックの事件よりも今度は五年前に行なわれていた。一五七五年に北端のロスリン（Rothlin）島（図30）で大虐殺があった。初代エセックス伯ウォルター・デヴァルー（Walter Devereux）

の部下に、女性、子供を含めた島の全員が殺された。エセックス軍を船で運んだのは、外洋湾岸での殺人のプロ、あのフランシス・ドレイクであった。殺された人数は約五〇〇、または六〇〇といわれた。同伯は私費による植民事業を試み、この島からスコットランド兵を追い出し、軍事目的の植民地をつくるはずであった。政府はこの虐殺を承認せず、こんなことになる前に政府が前もって入植しやすいように準備しておくべきだったと後悔した。[66] スマリックの場合は国家の存亡がかかっているという認識が政府側にあった。五年前に国家意識はありはしたが、より個人の裁量によった大虐殺が行なわれていた。

スマリックの事件と同じ年に、三つの虐殺があり、いずれもローリーと親しかった三人の仲間たちが報告していた。[67] そのうちの、スマリックでウィンター将軍とともに艦隊を指揮した、前出のビンガムの報告によると、[68] カノト（Connaught）地方（図30）のアードナリー（Ardnary）という町の城を攻めたとき、「その日に殺したり溺死させたりした兵士の数は、一四〇〇人か、いや一五〇〇人だった。別に少年、女性、農民、子供を殺した。こちらの方の数は先の人数ほど少なくはない、もっともっと多かった。いやそのもっと上だ」と、不正確な自慢話になっている。同じ傾向が他の二人の友人たちの報告にもみられる。実際の虐殺行為とそれを語る行為とが分離しはじめ、語る行為が、独立して虚言になりはじめている。それほどに虐殺が良心から離れはじめている。この分離が進むと後で見るような童話が生まれてくる。スマリックの事件と同じ年にこのような傾向が生まれていた。

翻って、スマリック事件の下手人たちに対して批難がなかったのかといえば、それはまだあった。指揮官のグレイにそれは向けられていた。女王がグレイに宛てた第二の手紙のなかで、[69] 女王は「あなたは［あなたに不利な］報告で大いに悲しみ、弱っておられると聞いておりますが」、と述べている。強い批難が、ヨーロッパのカトリック国からあがった。ベイコンなどの宮廷筋が釈明にまわって、女王は虐殺を悲しんでいるという情報を流し、[70] キャムデンが年代記のなかで宮廷筋に従った。[71] そのキャムデンは、別の釈明も案出していた。すなわち、遠征軍の兵士を釈放すると、周辺に四散してデズモンド軍に加わる、またそのときの状況（then present posture of Affairs）ではやむをえなかった、と書いた。[72] 一方女王は、ベイコンなどが流した情報とは逆に、グレイを庇って、以下のように述べた――「あなたがなされたことは神様の摂理の次に、二番目に正しい手段だったと認めなければなりません。その手段がなかったら全アイルランドが非常事態と危機からまぬがれなかったのです。」また、第一の手紙[73]のなかで、処刑について「勇気があった（courage in execution）」、「大いに私が好むところでした（greatly to our liking）」、と明言していた。主だった敵将たちを、身代金目当てで生きて捕獲したことに対して、「なぜ私に決めさせてくれなかったか（We would have wished that the principal persons ... had been reserved for us）」と述べて、自分なら処刑したとにおわせていた。にもかかわらず、女王は悲しんでいたと、一部ではかなり長い間受けとられていたが、一八八〇年代に入って、前出の二通の手紙が発掘されて事柄は終結した。その決着を待たないでも、女王のそのときの判断は推測できたはずである。女王はこの手紙を書くまでにギルバートに「サー」の称号を与え、当時地方長官だったペラトを手紙を書いた後に総督に任命し（一五八四―八年）、ローリーの強行一本槍の提案に耳を傾けていった。

最後は別の性質の虐殺からローリーが行なった虐殺をみておこう。スマリックの虐殺の一年前から二度目の「デズモンドの乱」がはじまっていた（一五七九―八三年）。この「五年戦争」のとき、イギリス側はとりわけ激しい焦土作戦で応じた。それがその頃その地方を襲っていた飢餓に輪をかけたのだった。焦土作戦がもたらした状況をスペンサーが熱を込めて語った、次は有名な文章である。

彼等が追いやられた悲惨な姿をみると、石の心をもった人でも涙を流すだろう。森と谷のあちこちの隅から、四つん這いになって彼等は這い出してきた。脚では立てないからだ。まるで死神の骸骨のようで、墓から幽霊がだしているような声をあげた。食べていたのは死者の肉だった。見つけたときは大喜びしたものだ。各々が次々と墓に入っては、たくさんの屍体を一体残さずに墓から掻き出した。水草かシャムロックが生えているところをみつけると、ご馳走にあずかるようにしてそこに群がってきて当座はしのいでいたが、いつまでもそんなところがあるわけがなく、その結果、またたくまに、植物がわずかでも残っている場所もほとんど皆無になった。かつて人が多く、稔りが豊かだったこの地方から、突然、人の姿、動物の姿が消えてしまった。ただし、確かに、その戦いは多数を剣で殺したのではなく、全員を飢餓で殺したものではあったが、それは彼等の自業自得だった。(74)

前出のクインは、この文章そのものに対してでなく、同種の別の文章に対して、それは作品化された文章だといった。その地方全体がこのようになったわけではない、誰もかれもが墓からでてきた幽霊のような声をだしていたわけではない、このように描いたスペンサーの感情を読み取らなければならない、そのようにクインはいっていた。(75) ここにあるスペンサーの感情は、「自業自得」で死にかけている人々への憎しみであった。軍人ではなかったスペンサーは、人々の様子をこのように描いて、軍人が剣でやった虐殺を筆でやった。スペンサーのそのような情動を重くみる人がいる。なお、バランスがとれた学者だったクインは、この文章から誇張を除いたうえで、アイルランド人たちがいかに根無し草だといっても、遊牧民族ではない彼等には、土地を追われた生活がこたえて、その四年間のうちに彼等の人口は徐々にではあるが、確実に著しく減少していったと、誇張に注意を促した一方で、史実をおさえている。(76) スペンサーがこのように描いた焦土作戦は、いうまでもなくクインがいう第二の原則が生んだ、別種の大虐殺であった。スマリックでも、虐殺があったあとの周囲では、農民と家畜が残らずに殺されて、人々は人肉を食べるようになっていたと語られた。(77) グレイがデズモンドの援軍隊を餓死させようとしていた。四〇〇〇人の援軍隊は皆が黒旗を掲げて急を伝えたにもかかわらず、周辺にいたままだった。(78) ただし、彼等が本当に「人肉を食べていた」かどうかは分からない。彼等は生きのびていた。ローリーは焦土作戦を、効果がある制圧ができないと、そんなことまでしなくてはならなくなる、とみていた。ローリーがその作戦を指揮したという記述を、筆者はまだ知らない。ローリーの念頭には、結果が早くでる、眼前でことが決まる作戦があった。

スマリック事件から二〇年が過ぎて、人気は高かった第二代エセックス伯（Robert Devereux）が総督になり、ヒュー・オニール（Hugh O'Neill）と戦うという無謀な珍事が起きた（一六〇一年）。エセックスはそれまでイギリス側が払った高い犠牲を灰燼に帰するような、ヒューが出した停戦案を、自分では受け入れて、無断でロンドンに帰り、政府筋を仰天させた。ついに出費を惜しまなくなっていたイギリス政府は、マウントジョイ（Mountjoy）を送ってヒューにいどみ、チューダー朝の長い紛争を、女王の死の翌日に終結させた。エセックスの頃から、戦いの性格は近代戦に近づき、虐殺は戦いのなかで常套化され、誰彼の方針で、どこで何人が殺されたという、特別な事柄ではなくなった。

焦土作戦というかたちの大虐殺の方は、マウントジョイも結局それしかないと悟らされて、(79) それを行なった。一六〇一年から三年までに、三人の年代記作者が、その時期の焦土作戦のことを書いている。(80) 三人による同じような記述のうち、以下はファーマー（William Farmer）という年代記作者による。その頃、マウントジョイの片腕になって焦土作戦を行なっていた

……サー・アーサー・チチスター（Chichester）閣下が、森の中を行かれているとき……いいにおいがし

てきて、なにかの肉を焼いているか煮ているかのようだった。閣下は部下に見に行かせたところ、小屋があって女が一人死んでいた。そばに子供が五人いて、焚き火を使って股と腕と横腹を炙って、それを食べていた。閣下自身がそこに行ってみられ、なぜそんなことになったかを聞かれると、ほかの肉はないからと答えた。牛はどうしたかと聞かれると、イギリス人がとっていったと答えた。食べ物がほしいかお金がほしいかと聞かれると、両方ほしいと答えた。そこで閣下は兵士たちのザックから食べ物を集められて、食べ物をそこに置いて、帰ってゆかれた（一六〇一年）[81]。

このホラー・ストーリーの話の作り方は童話である。読者はこれはお話であるとして、話のなかの事柄の善悪を問わずに受け入れる。虐殺を述べるとき自賛があればそこになお罪悪感が含まれるが、寓話化されるとき作者の、また読者の、そのような意識は停止している。虐殺という蛮行の受けとり方が、末期の段階をむかえている。スマリック事件のとき、批難がイギリス側とヨーロッパ諸国側からおこっていた。

およそ三〇年間（一五六九―一六〇三年）のあいだに、以上のような虐殺が行なわれ、以上のような異なった受けとり方がなされてきた。スマリックの事件は、三〇年の間の一〇年目に起きていた。国家の意識が最も高く、外国人による重大な侵略と、受けとったところが特殊であった。それ以外は一〇年目という時点がもちえた性質を、この事件はもっていた。一般的性質において、アイルランド史のなかでは突出した事件ではなかった[82]。

バリ公の城と島

土地欲

二六歳から二七歳にかけての滞在、すなわち一五八〇年八月からの一年半のあいだに、ローリーは早くも土地を自分のものにしようとした。いわゆる land hunger と、英国ではひと言でいいあらわしてしまう行動だった。コークの港に、グレート・アイランドと呼ばれている島が陸地を塞いでいる。島の北すぐにある陸地の、今のキャリントンヒル（Carringtonhill）村の南に、「古いイギリス人」の氏族（クラン）、バリ公（James FitzRichard Barry）の城があった（図40）。この島と城を手に入れようとローリーは色めき立った。横槍が入って失敗したが、イギリスのアイルランド政策の上でも、ローリー自身の上でも、スマリックなどの軍人としての働きと、重要度のうえで並んでいる。

イギリス側は「新しいイギリス人」を入植させて、アイルランドのイギリス化を試みようとした。ローリーはやがてコークの港町ヨール（Youghal）を含んだ、「マンスター植民（Munster Plantation）」に参加することになるが、バリ公の城と島を手に入れようとして失敗したことが、参加する引き金になったとみられている。[83] 他方、この城と島への執着は、ローリー個人にとっても大きな意味があった。土地欲というものが、当時の宮廷人とそれへの予備軍を動かせていた。ジェントルマンの二、三男は土地を相続できなかった。中世の騎士制度と、同じ仕組をもっていた。ローリーは二男、父親と先妻との間に生まれた二子から数えれば四男だったから、土地は零から増やしてゆかなければならなかった。アイルランドにいたこの時から、すでに

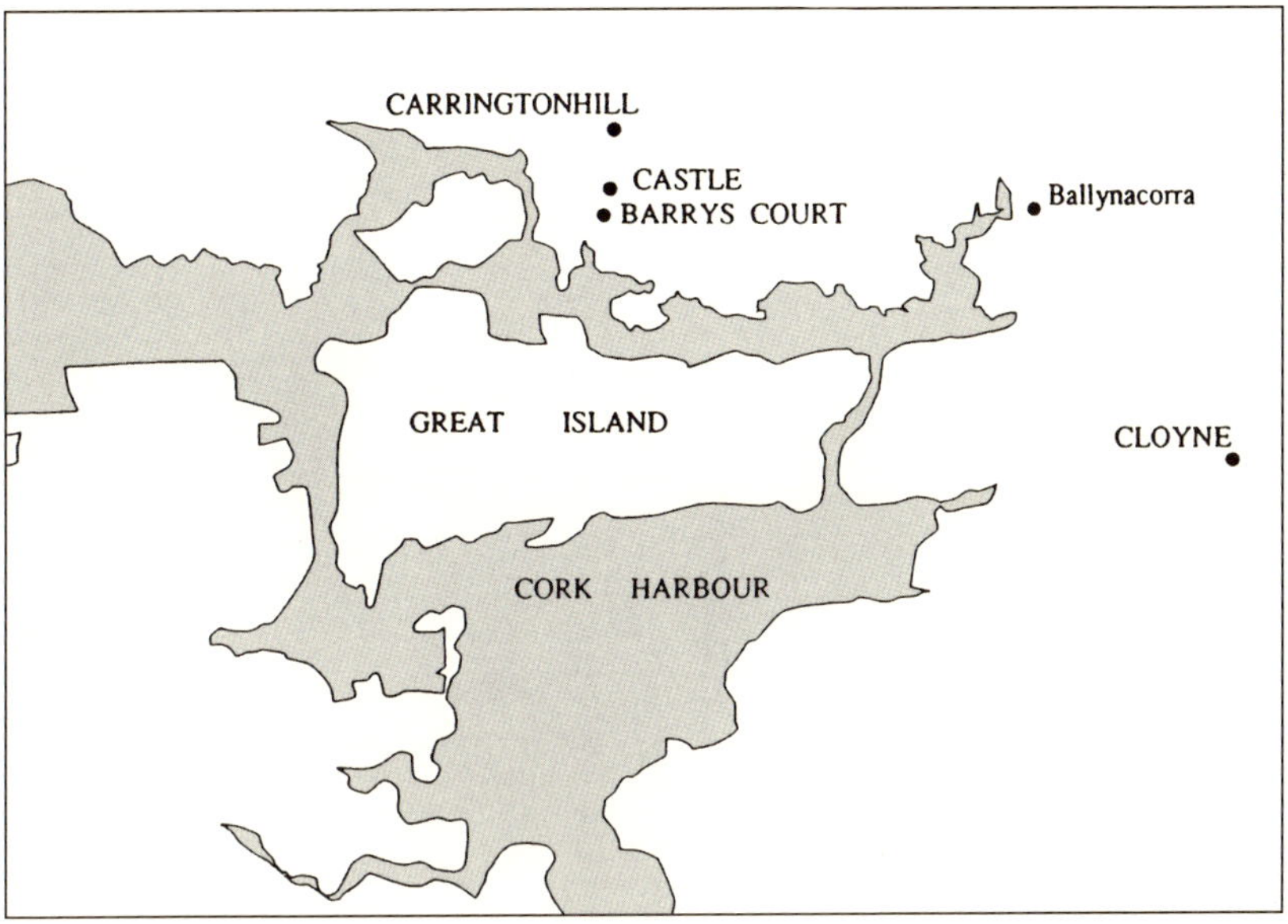

図40　バリ城とバリ宮廷の跡など．左外にコークの町．

そのことが頭にあった。本国に帰ってからも土地を求めつづけたが、概して不十分なままに、地位だけをえていった。サーの称号を貰い宮廷で重用されるようになってから、女王が所有するドーセット州シャーボン（Sherborne）の美しい領地と美しい館（図22、23、24）に住む権利を、遅まきながら（一五九二年）与えられた。この領地と館に満足して、権利の保持に強い執念を燃やした。しばしば地位を得るための運動は、土地を得るための運動であった。

ローリーに土地をとられそうになったバリ公またはBarrymoreは、現地に古くから住む多くの氏族がそうであったように、時にイギリス政府につき、時にデズモンド族について、巧妙に生きていた。一五六一年には、反英のデズモンド伯に服従を求められて従ったあとに、六五年には、女王の勧誘を受けて、親英のオーモンドに近づいた。しかし、三転してイギリス側の本拠地の一つヨールの町（図30）を襲ったので、バリ公は捕らえられてダブリンに拘留された。主がいなくなった、まず城を、ローリーがねらって、城は公が不正に取得したとしてダブリンに訴え、総督グレイから城と島の管理を任された。地方長官だったオーモンドがこれに反対して、手続きを遅らせているうちに、総督グレイが到着する直前に、バリの夫人と息子が城を焼いた。当時のヨーロッパでは、船にせよ城にせよ、敵の手に渡ると分かったときこれをよく行なった。城の部分がそのような状態になったあと、ローリーは私費を投じて修復するから管理させてくれと願い出たが、オーモンドはなおも許さなかった。ローリーはロンドンのウォルシンガム卿に手紙を書いて(一五八一年二月二五日付)[84]、オーモンドについて讒言し、あなたの力で、管理できるようにしていただくか、そうでなければ、私に管理させるとすでに決まっている決定の確認《コンファメイション》を、グレイからとってほしいと頼んだ。ウォルシンガムから言われた総督グレイは、話を女王にまで持ちこんだが、女王筋はローリーに管理させるのを拒否した[85]。そのうちにバリ公が赦されて城への復帰を保証されたこともあって[86]、いずれにしてもローリーは万事窮した。ローリーの渇望が、このあとすぐに見る、ウォルシンガムとグレイに宛てた手紙のなかにみなぎっているので、ローリーが深く失望した様子が目に見えるような気がする。

野心

オーモンドと宮廷筋はなぜ反対したのだろうか。宮廷の判断には理由はしきたりとして述べられない。他方のオーモンドがなぜ反対したかについて、ローリー自身が理由はこれにちがいないと訴えていた。ウォルシンガムに頼みこんだ前出の手紙で、次の二つの理由のいずれかだと決めつけている。「オーモンド公にとってはとるに足らぬ領地なのに、ご自分のものにしたがっておられるのか、それとも、[新しい]イギリス人にはこの城を絶対にとらせないと思っておられるからです」、それにちがいありません、と。「自分のものにしたがって」いるのは、実はローリー自身の方であった。ローリーはしばしば他人を槍玉にあげて、わざわざそうするのでかえって自分のことを語ってしまった。オーモンド公はイギリスから渡ったが現地人化している、いわゆる「古いイギリス人」であった。今入ってきた「新しいイギリス人」からは、概して狡猾で貪欲な困り者とみられていた。ローリーは城の管理の問題を、「二つの」イギリス人の問題にすりかえている。ウォルシンガムに向かって、あなたは「古いイギリス人」の狡智にいつも悩まされておられるのに、城を私に任せずに、その「古いイギリス人」（オーモンド）に任すのですか、と訴えている。二つのうちのいずれかだと決めつけたあとは、次のように続けられている――「オーモンドは接収をいつまでもしないままに、城のなかに自分で勝手に雇ったガードマン（a guard of his own）を一人入れておきながら、実際に起こっていることは、なんと、焼け残った部分が壊され（defaced）、なかの物が略奪され（spoiled）ています。」

グレイに宛てた手紙（一五八一年五月一日付）[87]でも同じことを訴えて、「何度も壊され、別のときには略奪され、むさぼり食われ（preyed）ています」と、こちらは描写がしつこくなっている。さらに、「早く接収してしまわないから、バリ夫人と息子が所持品をコークに、同盟者のところに、あるいはもっと安全なところに、運び出しているではありませんか（抄訳）」、とも訴えている。欲しいものを人にとられて泣いている子供にさえローリーはみえる。オーモンドは、宮廷もまた、ローリーはまだこの城と土地を領有できる身分ではないとみていた、これは殆ど確実である。

グレイに宛てた同じ手紙のなかで、今度は島の現状について、次のように訴えている――オーモンドが厳しくしないから、「この島で、ワインや塩を、鉄やほかの補給品を、裏切り者たち［バリの部下のこと］は十分に手に入れている。それに、誰もが自由に島に入国できるから、事を謀ろうとすれば、スペインや他の国からの宣伝も、簡単に彼等の手に渡る」とも訴えている。ワインは輸入品、鉄も塩も輸入品だった。ローリーはこの島を交易の基地にしようと夢みていたのだろうと、ある学者は推測した[88]。この推測を支持できる、以下のような事実があった。ハンフリー・ギルバートが八年前に近くで交易ビジネス事業を興そうと計画していた。ローリーはこの計画のことを知っていたであろう。ギルバートはその頃、アイルランドから帰国し、ペラトがマンスター地方長官に就いてから、ペラトとはかり、ローリーの母方の叔父サー・アーサー・シャンパナゥンを引き込んで、コーク州の西南端はボルティモア（Baltimore）（図30）を含む海岸に、植民地を作る計画を再燃させた（一五七二年）（初めの計画は一五六九年）。事業は沙汰止みになったが、計画の中心は農業ではなくて交易ビジネスだった。スペインの漁船が入るときに関税をとり、この付近の交易事業を独占し、アイルランドから輸出する全鉱物をここに集めてから輸出しよう、というものであった[89]。そういった個人事業への思惑を、ローリーはグレイへの手紙のなかで当然隠している。ローリーはイギリスの戦術について意見をもっていて、イギリス軍は各地で叛乱軍を追いまわしているだけだから駄目なのだ、兵団を計画にもとづいて重要な地点にあらかじめ配置しておく方がよいと考えていて、具体的な配置案まで出していた[90]。同じ手紙は、［グレイ］閣下が命令してくだされば、このあたりにさらに百人の軍勢を宿営させられます」、といって結んでいる。ところが、地形が似ていてごく近いヨールに入植したローリーが、そこで国家のために宿営地を設けようと動いた事実はなかった。

いくら公的な理由をあげても、隠していた私的な思惑が見破られて、ローリーは城と島を断られたのだろう。そのことに加えて、以下のような理由があったのだろうと筆者は推測する。土地は地位のことであって、アイルランドの中貴族だったバリ公の領地を、大貴族だったオーモンド伯なら引き受けられただろうが、二六歳の軍人であったローリーに宮廷が引き受けさせることはありえなかった。引き受けさせてくださいと願い出ること自体が異様であった。この時期のローリーは、過剰な自信といったものでさえ説明できない、常識外の行動をしていた。次のような行動もあった。この時期に宮廷人に向けた手紙五通のうち、一通をバーリー公に、二通をウォルシンガム卿に宛てている。例えばローリーと一緒にスマリックの砦を攻めた同格のマクワスが、彼はアイルランド人の復讐にあって惨殺されたが、そのマクワスが生きていたとして、これら二人の高官に宛てて手紙を書いていたであろうか。首相バーリー公は財務担当だったから、手紙の内容だけならば赴任手当が少ないと訴えられる相手ではある。ウォルシンガム卿は情報(intelligence)担当だったから、オーモンドについて、バリ宮廷の管理について、内容だけならば書ける相手ではある。だが、ローリーからは自然に書ける相手ではない。後出のように、これら二人の高官はすでにローリーを知っていたかもしれないと分かってきたが、それにしても土地を自分に任せよという要求を、公然と書ける相手ではない。

このことについて、ローリー伝の筆者たちが殆ど黙っているなかで、筆者の知る限りではフィリップ・エドワーズ(Philip Edwards)が、「一軍人にすぎないのにこのように書くのはまったくもって奇異(strange indeed)である」[91]と発言した。この果敢な発言は、ローリーが書いた手紙一般の性質を説明するだけでなく、当時の行動全体の性質をも説明していた。宮廷も多分オーモンドも、ローリーの snobbery が理由で、城と島を渡さなかったのではあろう。なお、「一軍人にすぎないのに」というエドワーズの発言は、趣意として適正、事実として多少の修正が要る。ローリーは他の二人の軍人とともに、マンスター地方長官代理をつとめた。オーモンドが更迭されてズッチに交代するまでの短期間にその任にあった。なった時期は一五八一年の春であったから(Hooker, 445)、レスター伯に手紙を出したときにはすでに代理職を経験していた。また、一五八一年の二月頃に、イギリス政府から「臨時の宮廷内エスクワィア(esquire of the body extraordinary)という身分をあたえられた。スマリックで法王軍から押収した機密文書を、ロンドンに運んだときにこの身分があたえられた。あたえられても、宮廷には片足を入れただけで、女王に近づけるような身分ではなかった。

この身分はしかし、枢密院が動かないとあたえられなかったから、ローリーはロンドンで、アイルランドに帰ってから手紙を宛てたバーリー公に、またウォルシンガム伯に、会っていたかもしれない。[92] エドワーズは先の発言を続けて、「ローリーは、以前に会ったことがある宮廷の要人たちに手紙を書いて、彼等の注意をたえず自分に向けておこうとした」、と述べていた。

バリの領地を求めたローリーの行動には、次の二つの意味があった。一つは、ローリーが国家にとって重要な「マンスター植民」に参加する引き金になった。この見解はすでに紹介した。第二は、当時のジェントルマンの願望を、極端なかたちで顕わしていた。一五八四年から、国内の西部地方に土地を増やしはじめるが、[93] その行動に先立った、記録に残っているものとしてははじめての真剣勝負でもあった。留意すべきことは、ローリーの土地願望の果たしかたは略奪であった。この点が同じ願望をもっていたほかのジェントルマンとは違っていた。そもそも植民事業は、叛徒であるとアイルランドの法廷で裁かれた氏族から、領地を政府が没収してはじめられた。その没収も一種の略奪であろうが、没収から登記までは政府が行なっていた。ローリーの場合は、ダブリンに出かけて総督グレイの許可を得てきたが、その許可だけで先の司法と行政の手順をすませようとした。植民事業では略奪は隠れるが、ローリーの行動ではそれが隠れなかった。あからさまの略奪に近かった。一軍人が強い土地欲からバリ公の領地を略奪する、寸前であった。土地をえるための強引な方法は、その後のローリーに常習となっていった。

その他の行動

武勇伝

数多くのローリー伝は、この期間のローリーを描くために、三つの手柄話を必ずといっていいほど伝に収めている。一つには、軍人としての働きを具体的に語っているからであり、また一つには、話がおもしろいからであろう。ただ、三つの話から史実を知ろうとするときは注意して読まなければならない。といっても、誰が書いた話と分かれば、それですべて終わってしまう問題ではある。以下はただ、この史実を読むときの原点に帰っておこうとする。

第一の話によると——ローリーはバリ公から城をとりあげようとして、自分が管理できるようにダブリンにいって話をつけた。ここまではすでに説明した。ダブリンからコークのその城に向かう途中に待ち伏せにあった。待ち伏せたのはアイモキリーのセニシャル（The Seneschal of Imokilly）、John FitzEdmund Fitzgerald であった。バリの息子デイヴィド（David）がセニシャルに、ローリーが帰る道を教えていた。場所はバリナコーラ（Ballynacorra）河が同名の町で湾口に出るあたり、真西にあるバリ宮廷にあと七キロのところだった（図40）。ローリーは馬で川を渡りきったが、ヘンリー・モイル（Henry Moyle）という部下が川の中で落馬したので、助けに引き返しているうちに敵に囲まれた。しかし部下を乗せた馬の背から、片手に棍棒を、片手にピストルをもって、眼光鋭くあたりを睥睨すると、大将セニシャルはその気迫におされて、毒づいただけで撃ちかかれなかった。[94]

第二の話によると——無事にコークに戻ったあと、今度はデイヴィド本人から攻撃された。引いたとみせかけて向かってきた敵の矢をローリーの馬が受け、馬が暴れて「とても戦えない様子にみえた」ローリーを、忠臣のニコラス・ライト（Nicholas Wright）とアイルランド人パトリック・ファーゴー（Patrike Fagaw）が、機転をきかせながら勇敢に戦って助けだした。(95)

第三の話によると——ロッチ公をうまく城から連れ出した話はすでに書いた。話は続きがあって、セニシャルに見つからないようにと、雨嵐の闇のなかを夜通しかけて公を引きたて、「立ち木、倒れ木、畝、岩」を乗り越えて行軍したので、早朝コークでよくぞ無事に着いたものだと賞賛された。ただしジョン・フェイリム（John Phelium）という兵士が死んだ。何度も石と岩につまずいて片足を傷つけ、足はそのうち「膿んで腐ってなくなってしまった（did consume and rot away）」。(96)

三つの話はいずれも、最初から危ないと分かっている状況に立ち向かった勇気が語られている。そのような軍人だったと印象づけようとしている。いずれも人名と場所がいやに几帳面に書かれている。これは話を本当らしくみせるために普通に行なわれる。本筋の方が潤色されていた証拠であろう。川でセニシャルがローリーを見送ってしまったのは別の理由があったからにちがいない。川のこのあたりは潮の干満が大きく、見る間に潮が満ちてきたので、セニシャルは渡ろうにも渡れなかったのだろう、と推測する人もいる。(97)そもそも二人が本当に対峙したのかどうか、多くのローリー伝はこのことを問うてはいない。二つの隊が衝突したことと、双方の大将が対峙したこととは、別物である。対峙しなかったという確証になるわけではないが、興味深いことに、双方の大将が川をへだてて対峙したという話が、フッカーにはほかに二度でている。

時代は少し下って、アイルランドに総督として赴任したエセックス伯が、アイルランドの知将タイロンと、さしで、休戦の交渉をした時には、川をへだててそれを行なったと語っている。そのタイロンは、エセックスと川をへだてて対峙する前にも、イギリス側に与していたオーモンドを呼び出して、この時もまた川をへだてて、オーモンドと相まみえ、オーモンドに向かって、不満の数々を大声で叫んだと、語られている。川をへだてては、定まった舞台仕立てになっていて、フッカーがローリーとセニシャルを、同じ舞台に立たせただけだったのではなかろうか。隊の前に出てきてローリーと対峙したという、この大将は、名前こそ「アイモキリーのセニシャル」だった。「アイモキリー」はコーク港とヨールの中間にあった、今は正式な地名として残っていない小地方、セニシャルは「軍師」であった。ところが、名前とはうってかわって、フィッツジェラルドの死（一五八三年）後は、叛乱軍の総大将になったほどの人物であった。話としては、ローリーはこの人物とどうしても顔を見合わせて相まみえなければならない。この出来事を、ローリーはウォルシンガム宛の手紙でふれて、[98]「仔細は別の人々が書いた報告に委ねます」と口をつぐんだあとすぐ、追伸のかたちで、「しかし、逃れられたのは誰がみても不思議（strange）でした」とつけ加えている。こう書かれればウォルシンガムは「報告」を読んでみたくなったであろう。ローリーが満足できるほどに、話が潤色されていたからなのであろう。

転じて、部下たちに助けられた第二の話と助けた話とは、うまく対になっている。助けたのではなく助けられた話でも、ローリーの勇敢を語る効果があり、対になった話を本当だと聞こえさせる効果がある。対になった話とは次元が異なるが、ローリーを危なくさせたアイルランド軍は強かった。バリ族やロゥチ族が加勢したデズモンド連合軍は、イギリス統治での拠点、ヨールにすら入って、そこで大略奪を行なった。隣りあっているバリ族とロゥチ族[99]は、助け合って氏族を維持していたが、時には争いあうこともあって[100]、アイルランドの氏族社会の複雑なありかたを示していた。ローリーが馬から落ちそうになって誰と誰に助けられた、この話はそれだけの話でしかない。

三話とも筆者はフッカーで、官製の史話による、ローリーを讃えるプロパギャンダであった。三話をはじめるにあたってフッカーはこういっていた――「ローリーがコークにいるときにはいろいろな仕事をしたものだが、大成功した仕事は書き残して後世にいつまでも知らしめる値打ちがある。[101]」エリザベス女王付の年代記作者だったフッカーは、ローリーと個人的な繋がりがあり、ローリーが一四歳までいたエクセター時代にローリーを知った。二六歳年上だったのでローリーから相談を受けていた。フッカーのローリー賞賛は、根源に事実としてのローリーの武勇と統率力がありはした。ただ、この時代は特に、事実に風評が加わらなければならなかった。

フッカーの年代記は三つの事件が起きてから五年後に出版された（一五八六―八七年）。女王筋でローリーの評判は高まっていたから、賞賛一方の武勇伝を、その筋は求め、迎えいれたであろう。五年後でなく、事が起こってから間もなくに、事柄が自分で満足できるように語られていたのを、ローリーは前出のようにほのめかしていた。このことに、刮目しつつ注意を向けたい。賞賛の生成にローリー自身が関わっていた可能性がある。ちなみにフッカーは、一五六八年にアイルランド議会の議員に選ばれてから、エクセター、ロンドンとアイルランドとの間を往復した。下請けのいわゆるゴースト・ライターが、ジョン・ストウ（John Stow）を含めて三人いた。アイルランドで、またロンドンでも、すでにでき上がっていた武勇伝が、彼等の耳に入りやすかったであろう。フッカーがしてくれた賞賛は、ローリーと女王筋には強い援護射撃になった。そのような役割をローリーに果たした史話は、当然ではあるが、ローリーの猟官運動というコンテキストのなかに置いて、性質が理解される。ローリーが作者に入っていただろうという、そういう性質のことである。

狡智

アイルランド行を成功させたものに、見事にことを運んだ知力があった。誰もが舌を巻くような狡智が、次に読む短い手紙[102]のなかに凝縮されている。部分は全体を語るときがあり、この短い手紙だけから、ローリーのこの時期の活動全体を再現することができる。この手紙は八月二六日に書かれている。帰ったのは年末だったが、八月からもう帰るための運動をし始めている。手紙を宛てたレスター伯ロバート・ダドリー（一五三二―八八年）は、初代エセックス伯の未亡人ペネロッピ（Penelope）と結婚して女王の不興を一時かったが、帰国後のパトロンとして、なおこれほどの人はいなかった。清書は秘書によらず自筆である。端倪すべからざる狡智が含まれているこの手紙を読んでみよう。（原文を註に掲げた。[103] 訳文と原文に数字を入れて、訳文に段落をつける。）

（1）「あなた様への私の想いを分かっていてくださるようにと、たえずお願いするつもりですからお許しください。世間に向かって私の想いを、告白し公言してきた、ことでもございます。」

「告白し公言する（professed and protested）」と、pを揃える洒落を使えるほどの、二人の間柄である。この手紙は概して生き生きした文体で書かれている。この頃の他の要人に宛てた手紙はそうではない。

（2）「あなた様は私のようなしがない人間はお使いにならないので、私をすっかり忘れていらっしゃる。」

「すっかり（utterly）」「忘れていらっしゃる（has forgotten）」で、忘れていると決めつけている。ほんとうに忘れていればこういう言い方は失礼になる。文体は会話体に近く、話していればローリーは大声で、「忘れていらっしゃる」といい、言い終わったときほほ笑んでレスターの笑いを誘うだろう。こうしてローリーは相手に一挙に近づいている。

（3）「それでも、私を従僕にしようともし思ってくださったら、もう勝手に従僕のつもりでいるくらいですから、これまで誰もやれなかったほど、すぐに仕事を引き受け、たくさんの仕事をいたします。なんとかやって、たくさん努めることができますれば、努めた分だけたくさん後悔するようなことは、断じてありません。」

用向きをいいだしている。まだ序部であるから内容は陳腐、文章は硬い一方である。

（4）「私は当地でしばらくの間、グレイ総督のもとで過ごして参りましたが、場所も任務も惨憺たるものでしたから、総督とあなた様とのつながりを存じ上げていなければ、羊を飼うのと同じくらい、この任務を馬鹿にしているでしょう。」

だから帰りたいといって、帰ってからの助力を求めはじめている。グレイの悪口をいえば共感されると分かっていた。グレイはすでに春に更迭されていた。

（5）「といっても、この地獄の地での任務のことで、あなた様のお耳を今ここで悩ませるつもりはありません。なぜなら、ウォラム・サンレジァ卿（Sir Warham St. Leger）がそれをあなたに言ってくださいます。卿は全土に福ゆきわたるこの連邦、いやむしろ、全土これ嘆きのこの連邦の、良いところ、悪いところ、害毒、矯正する方法、その他全般を、洗いざらいあなた様に奏上するのに最適の人物です。」

アイルランドの現状について、悪い状態が強調されている。良い状態を僅かに含ませているのは、良い状態を捨象したときに招く相手の警戒を避けたのであろう。ちょうど中ほどからの 'the good, the bad' 以下の文章を、得意になって書いている。このように舞い上がった文章は相手を知っているから書けるのではなかろうか。ウォラム・サンレジァ卿は長い期間にわたって統治で功績があった。ローリーがアイルランドにいた頃はマンスター地方憲兵隊長だった。この手紙からすでにロンドンに帰っていたと分かる。ウォラムからアイルランドの状況を聞いてくれといって、ウォラムに会ってもらおうとする。ウォラムの弟はローリーの父方の義理のいとこにあたり、遠くはあるが、同族の結束は当時強く、ローリーを必ずレスター伯に推挙しただろう。この手紙の本当の目的は、ここにあった。

（6）「卿はあなたを安心できる主君にと望んでいます。あなた様も、卿なら最も安心して命令なされます。卿はあなた様に近づく気でおりますし、あなた様も良くしてやってくだされば得をなされます。賢い、忠実な、勇敢なジェントルマンで、言葉と行為が一致していると、いつまでもお思いになりましょう。」

ウォラムはこのように信用できるからといって、会ってくれるように誘っている。それが本当の目的だから、ウォラムのために書いている推薦は人となりの説明が陳腐である。「賢い、忠実な、勇敢な」といった言い方は、ジェントルマンを言いあらわすときの決まり文句である。レスターはローリーになにほどかの学問があると思っても、こう言われただけでウォラムに飛びつきはしなかったであろう。

（7）「以上にて、擱筆させていただきます。ごひいきの継続をお願いすることだけが、この手紙の目的でございますから。アイルランド、リズモアの兵営にて、八月二六日、敬具　W・ローリー」

ここで本当の「目的」が語られているではないか。「継続」とあるので伯はローリーを前から知っていたと分かる。

（8）「追伸」僭越ですが、私の良心にうながされて、閣下にどうしてもご高配をお願いしたいことがあります。クロイン（Cloyne）のジョン・フィッツエドマンド（John Fittes Edmondes）の領地のひどい状態についてであります。ジェントルマンで、今と前の叛乱を通して彼だけが［デズモンド側から］身を離し、女王陛下への忠節を一貫させました。彼の勤務ぶり、人となり、相応しい地位については、ウォラム卿がお話するでしょう」。

ジョン・フィッツエドマンド・フィッツジェラルドの領地クロイン（図40）では、デズモンド軍に襲われて一九二〇人の領民が殺され、グレイの方針で焦土作戦が行なわれて、羊などが餌場を失った。[104] この惨状をレスター伯が知っていたにせよ知らなかったにせよ、伯は当然惨状に興味をいだくと読んで、興味を餌にしてウォラム卿に会ってもらおうとしている。こういう「追伸」を書いて、会ってもらおうという作戦に餌を押している。ローリーが私利を求めるときの執拗さとはこのようなものであった。しかも、他方では、忠臣だったクロイン領主の窮状を伝えると、自分の株も上がることになる。

粗削りなレスター伯の知力を見抜いて、レスター伯を手玉にとろうとしている。不遜を含んだこれほどの知力があった。やがてこの知力は、当代屈指の頭脳の持ち主といわれていたフランシス・ベイコンと渡り合うことになる。

僅か一年半のアイルランド滞在のあいだにローリーは大きく頭角をあらわした。一二月から一月にかけて、機密文書を運んでロンドンに滞在し、政府の要人たちに会ったらしい。春にはマンスター地方長官の代理になった。頭角をあらわしたのは、軍人としての資質のせいだと、これまで十分いわれてきた。しかし、このような知力のせいでもあった。この知力は、頭角をあらわした素因として、軍人としての資質、すなわち勇敢と統率力の、下にくるものだったとは思われない。ただし、そのようなローリーに対して反発も強かった。グレイはローリーについて、ウォルシンガムから意見を聞かれて、「彼の身のこなしも、一緒にいる連中も嫌いだ」[105] と返答した。「身のこなし（carriage）」には、身に着けるものや、この手紙にみられるような身の立て方が、奥に含まれていたであろう。グレイの嫌悪はそういったもの全体に向かっていたにちがいない。この種の嫌悪、蔑視を、ローリーはこの後長く多くの人々から身に受けることになる。

帰国してからは対アイルランド政策で意見を聞かれた。現在の政策をなまぬるいと批判した強行策だった。

自分よりも地位の高いグレイ、オーモンドらのやり方を槍玉にあげていた。出した経費が思ったような成果をあげないので、困りぬいていた女王の耳にも、強行策は入りやすかった。一五八一年四月、すなわちローリーが帰国して四ヶ月目に、女王が書いた手紙に、[106]ローリーの名前が早くも登場している。「早くも」に留意しておきたい。その後女王はローリーを強く引き立てた。レスター伯と一緒に外交使節としてアントワープ（Antwerp）に派遣され（一五八二年）、ギルバートのニューファウンドランドへの遠征に参加して、ナイトの爵位を受け（一五八四年）、北米ヴァージニアの、不在だったが統治者に、コンワルの錫鉱山の管理者（一五八四年）に、女王つきの近衛隊長（一五八七年）に、それぞれ登用された。この頃女王は“our well beloved Sir Walter Rawley”と呼んで、ローリーは寵臣になった。近衛隊長になった頃、マンスター地方に土地を得ていた。

少なくともローリー伝のなかでは、最初のアイルランド行は成功した。宮廷人予備軍のなかの、出自が劣っていた若者が、全力をあげて機会をものにしようとした、俊敏、凄絶な行動、グレイが嫌悪した行動を、再現しようとする、「バリ公の城と島」と「その他の行動」は、その試みであった。

註

（1） David B. Quinn, *Raleigh and the British Empire* (Hodder & Stoughton, 1947), 143.

（2） 本書一四五頁。

（3） Steven May, 3-4.

（4） John Hooker, 'Chronicle of Ireland', 1586, in R. Holinshed, *Chronicles*, reprinted in 1965 by AMS, 406, 437. St Mary の由来は不詳。ただし、wick が道を示すことがあり、ディングルの町に St Mary's Roman Church があった。また、ディングル半島には、中世から Saints' road があり、聖なる山ブランドンに達していた、僧侶、信者の巡礼

の道であった。その道は、大西洋岸をアイスランドまで達する大規模な巡礼の道の一部だったとする見方もある。以上は Steve Donogh, *The Dingle Peninsula* (Brandon, 2000), 114-115, 231ff. また、Camden, *Britannia*（後出註72）には、'St Mary-wic, a road for ship' (p. 1333) とある。

（5）筆者は確かめられなかった。書物は Richard Bagwell, *Ireland under the Tudors*, vol. III, 1885-1890, reprinted in 1963 by P. R. Hillman & Sons, 78.

（6）Bagwell, III, 13-17.

（7）Bagwell, III, 32.

（8）Bagwell, III, 78.

（9）以上のジェイムズ・フィッツモーリスについての記述は、フッカー『前掲書』四〇五―四一二からも。

（10）William Camden, *The History of the Most Renowned and Victorious Princess Elizabeth, Later Queen of England*;... the fourth edition, 1688, reprinted 1970, AMS, 242; Bagwell, III, 69.

（11）フッカー『前掲書』四三七―四三九とキャムデン『前掲書』二四二―二四三が基本。バグウェル、Ⅲ巻、七四―七七も詳しい。Sir John Pope Hennessy, *Sir Walter Ralegh in Ireland* (Kegan Paul, 1883) は、一九世紀の歴史家フルード（Froude）の記述を多くとり入れ、Raleigh Trevelyan, *Sir Walter Raleigh* (Allen Lane, 2002) は、詳しいが典拠を示さない引用が含まれている。グレイの公式の手紙（the Privy Council 宛）（*S.P. Ir.* 78.28 として Public Record Office に収蔵されている）は、抄録なら各書に引用されている。後出 Spenser, *View*, ed. Renwick, 214-215 には長文が引用されている。政府の公式文書（Official Report of Proceedings at Smerwicke: Women hanged and two Men mutilated）（*S.P. Ir.* 78.29）は、Pope Hennessy の二〇七―二一一に転載されている。

（12）William Camden, *The Britannia* の記述を Trevelyan, 39 が引用している。

（13）各書に。ただしフッカーとキャムデンは妊娠していたとはいっていない。

（14）多かったとみたのは海軍副指揮官ビンガム、しかしグレイはそう言っていなかった (Bagwell, III, 77)。イタリア兵の出身地として、Bagwell, III, 76 は Rome, Florence, Milan, Bologne, Genoa, Bolsena をあげている。はたして犯罪人が多かったかどうかを判断するときに参考になる。

（15）Bagwell, III, 76.

(16) トレヴェリアン39はキャムデン（後出註72）の記述に拠っているであろう。政府の公式文書には「手足を砕いた」とだけある（Pope Hennessy, 211）。フッカーは「処刑」したとだけ、キャムデンは僧侶について語っていない。

(17) トレヴェリアン39は '400 were as galland and goodly personages, as any. . . I ever beheld.' というグレイが書いた公式文書のなかの一文に基づいている。

(18) Rev. A. B. Rowan, 'Historic Doubts respecting the Massacre at Fort del Oro', *Gentleman's Magazine*, June 1849, 583-92.

(19) 'Sir Richard Byngham to Mr. Ralph Lane', *Cotton* MS., Titus B, XIII, 324, quoted in full in T. N. Brushfield, M. D., F. S. A., *Ralegh Miscellanea*, reprinted from the Transactions of the Devonshire Association for the Advancement of Science, Literature, and Art, 1910, Part II, 41-43.

(20) The Earl of Leicester に宛てた手紙も、上記 Ralph Lane に宛てた手紙と同文。Brushfield, *Miscellanea*, 43.

(21) Brushfield, *Miscellanea*, 46-50.

(22) 第二章「マンスター植民」二二四頁。

(23) W・ペティ、『アイアランドの政治的解剖』（岩波文庫、一九五一）六九―七〇。

(24) *S. P., Ire.*, Elizabeth, Vol. 78, No. 29, quoted in Brushfield, *Miscellanea*, 44-45 : *Calendar*, *Ireland*, 1574-1585, 267.

(25) 'Then put I in certain bandes who straight fell to execution', *Miscellanea*, 44.

(26) *Miscellanea*, 45.

(27) Hooker, 436.

(28) Bagwell, III, 78.

(29) *Miscellanea*, 44.

(30) *Cal. Ire.*, 1574-85, 267.

(31) *Cal. Ire.*, 1574-85, 267.

(32) *Cal.*, *Foreign.*, 1519-58 : 477.

(1) "The examination of Petro Mendia, a Spaniard born in Bilbowe, taken this last of October."…

(6) Out of the four ships were landed 400 soldiers, of whom 50 were Italians who are brave and lusty, and 350

Spaniards, very poor and miserable, and most of them sick and diseased.
(9) …They have 300 calvivers and 200 pikes.
(10) The Irish have desired to be furnished by the colonel of the Spaniards, but he would never give them credit with any of his munition, as this Spaniard confesses,
(11) Their bread is scarce, for much of it had 'taken wet'. They have 59 jars of oil, and of wine but one butt. …

(33) Pope Hennessy, 211.

(34) Hooker, 436.

(35) Pope Hennessy, 211 : 'Grey to the Queen', Brushfield, 44.

(36) Hooker, 439.

(37) 法王軍が武器四〇〇〇組、または五〇〇〇組をもってきた、という記述も、疑われずに通用してきた。この武器の数は、前出のエドワード・ビーシュがウォルシンガム伯に宛てた報告のなかに、「デズモンド伯とサー・ジョン・デズモンド伯は、小山に四〇〇〇人の兵士をひかえさせ、砦が危うくなったら助けにゆくといっていたが、助けには行かなかった（大意）」とあるなかの、兵士の数に照応させただけだったのではかなろうか（*Cal.Ire.*, 1574-85, p. 267）。

(38) W. L. Renwick (ed.), *A View of the Present State of Ireland by Edmund Spenser* (Oxford at the Clarendon Press, 1970), 215-216.

(39) *View*, Renwick (ed.), 109.

(40) *View*, Renwick (ed.), 107-108.

(41) *View*, Renwick (ed.), 109.

(42) Hooker, 443-444.

(43) Pope Hennessy, 44-45l.

(44) Pope Hennessy, 37,

(45) Pope Hennessy, 35-39.

(46) *Times*, 13 Apr. 2004 は、スマリックから骸骨が次々に出るから手厚く保存せよ、と報じた．その記事の大見出しと小見出しは次のようである――'Massacre victims from Raleigh's time return to haunt Irish shore' ; 'Most of those

captured had their heads lopped off in an act of butchery led by Raleigh'.

(47) William Stebbing, *Sir Walter Ralegh, a Biography* (Oxford at the Clarendon Press, 1891).

(48) Trevelyan, *op. cit.*, 32-36.

(49) Quinn, *The Elizabethan and the Irish* (Cornell Univ. Press, 1966), 123.

(50) Quinn, 131.

(51) クインの立場と用語による。Quinn, 'Ireland in the Sixteenth Century European Expansion', *Historical Studies I* (1958), 20-32.

(52) 'reformation' と 'conquest' は近年のアイルランド研究者たちの常用語になっている。

(53) 移行した時期として Sir Henry Sidney が総督だった頃とみる人が多い。ただし、その説をとるクインも、別の基準によってなのか、「デズモンドの乱」（一五六九―七二、七九―八三）のころをあげている（*The Elizabethan and the Irish*, 132）。また、Sassex が総督だった頃をあげる学者もいる（Brendan Bradshaw）。はっきり移行したことはなかったという学者がいる（Ciarán Brady）。論争が Brady と Nicholsa Canny の間であった。Canny が Brady の立場を批判して自説を主張した 'Introduction: Spenser and the Reformation of Ireland', (Patricia Coughlan (ed.), *Spenser and Ireland*, Cork Univ. Press, 1989) は、論争のポイントを明解に示している。

(54) Bagwell, I, 'Preface', ix.

(55) 22 Feb. 1581, in Agnes Latham and Joyce Youings (eds.), *The Letters of Sir Walter Ralegh* (University of Exeter Press, 1999), 1-2.

(56) Bagwell, III, 69.

(57) Trevelyan, 39.

(58) Trevelyan, 39. は Camden を引いている。

(59) 任期はギルバートが一五六九年九月からの五ヶ月間、ペラトは一五七一年からの二年間であった。

(60) David B. Quinn, *The Voyages and Colonising Enterprises of Sir Humphrey Gilbert*, vol. I, (Hukluyt Society, 1940), 17.

(61) 有名なこの話は多数のローリー伝とアイルランド関係書に収められている。原本の *Generall rehearsall of warres* は入手しにくい。長い部分が次の書物に引用されている——William Gosling, *The Life of Sir Humphrey Gilbert* (Constable, 1911), 49-51. チャーチヤードは「ギルバートがこうやったからこそマンスター地方は六ヶ月の間に平和になった」と結んでいる。

(62) 'To Sir Francis Walsingham from Cork', Latham and Youings, 6.

(63) Quinn, *The Elizabethan and the Irish*, 126, 184.

(64) Quinn, 126.

(65) Quinn, 126.

(66) Nicholas P. Canny, *The Elizabethan Conquest of Ireland : A Pattern Established 1565-76* (The Harvester Press, 1976), 55-59 : Harry Kelsey, *Sir Francis Drake, The Queen's Pirate* (Yale University Press, 1998), 72-73.

(67) Pope Hennessy, 51.

(68) Pope Hennessy, 50-51.

(69) Pope Hennessy の前掲書はこの手紙を日付不詳のまま Appendix に収めている。該当部分は二二五—二二六頁。

(70) Stebbing, 17-18.

(71) Camden, Book II, 243 : 'yet the Queen wished it had not been done, detesting from her Heart such Cruelty... against persons who had yielded themselves.'.

(72) *Britannia : or A chorographical description of great Britain and Ireland, together with the adjacent islands, written in Latin by William Camden, and translated into English,... 2nd ed., by Edmund Gibson. 2v.*, vol. 2, 'The Division of Ireland', 'Momonia, or Mounster', 'The County of Kerry', 1333-1334. キャムデンはこれとは別の弁護もしていた。すなわち、捕虜にするには英国軍の人数に近い多勢である、すでに一五〇〇人以上に達するデズモンドの叛乱軍からの脅威がせまっていた、こちらの兵士は糧食と衣服が不足していたから、敵から略奪しないと叛乱をおこしただろう、本国に送還するには当方の船舶が不足していた、と—— *The History*, Book II, 243. このような諸理由は、本文に引用した 'then present posture of Affairs' (*Britannia*) への注解になっている。

(73) 一五八〇年一一月一二日付。Pope Hennesey は二二二—四頁に全部を収めている。この手紙の女王のものらしい文体に較べると、注(69)の手紙の文体は異なっている。

(74) *View*, Renwick (ed.), 104.

(75) Quinn, *The Elizabethan and the Irish*, 124.

(76) Quinn, 131-132.

(77) Quinn, 132.

(78) Bagwell, III, 73.

(79) 'I presumed that man's wit could hardly find out any other course to overcome them but by famine.' (Quinn, 139).

(80) Quinn, 139-140.

(81) Quinn, 139-140.

(82) 以下の書物ですらこの事件をとりあげていない――Steven G. Ellis, *Tudor Ireland* (Longmans, 1985).

(83) Michael MacCarthy-Morrogh, *The Munster Plantation, English Immigration to South Ireland 1583-1640* (Oxford at the Clarendon Press, 1986), 42.

(84) Latham and Youings, 5-7.

(85) バーリー卿が女王にそう進言したという説は Stebbing, I, 20.

(86) Latham and Youings, 7.

(87) Latham and Youings, 8-9.

(88) Pope Hennessy, 61.

(89) Gilbert, *The discourse of Ireland*, in Quinn, *Gilbert*, 127-128.

(90) Pope Hennessy, Appendix VI, 'Lord Burghley's Notes of Ralegh's Opinions as to the Forces to be kept in Munster', 227-32.

(91) Philip Edwards, *Sir Walter Raleigh* (Longmans, 1953), 5.

(92) Latham, 'Birth-date', 245 ; May, 4.

(93) 'To Edward Seymour from the Court', Latham and Youings, 15-16.

(94) Hooker, 441-442.

(95) Hooker, 442-443.

(96) Hooker, 425-426.

(97) Trevelyan, 41.

(98) 一五八一年二月二三日付。(Latham and Youings, 3-5).

(99) バリ宮廷から真北に約二五キロの Fermoy（図30）はロッチ公の領地であり、ロッチ公は代々 Viscount Fermoy の爵位があたえられていた。(Camden, *Britannia*, vol. 2, 1339)

(100) Bagwell, III, 46.

(101) Hooker, 443.

(102) Latham and Youings, 10-11.

(103) (1) I may not forgett continually to put your honor in mind of my affection unto your lordshipe, havinge to the world both professed and protested the same. (2) Your honor havinge no use of suche poore followers hathe utterly forgotten mee. (3) Notwithstandinge if your lordshipe shall please to thinke mee yours, and I am, I wilbe found as redy, and dare do as miche in your service as any man you may cummande, and do nether so miche dispaire of my self but that I may be someway able to performe as miche. (4) I have spent some tyme here under the Deputy [Grey] in suche poore place and charge as were it not for that I knew hyme to be on of yours I would disdeyn it as miche as to keap sheepe. (5) I will not trouble your honor with the bussnes of this loste lande for that Sir Warram Sentleger can best of any man deliver unto your lordshipe the good, the badd, the misheiffes, the meanes to amend and all in all of this common welth, or rather common woo. (6) He hopeth to finde your honor his assured good lords,and your honor may most assuredly commande hyme. He is lovingly inclyned towards your honor and your lordshipe shall win by your favor towards hyme, a wise, faythfull and valient gentleman whos worde and deade your honor wshall wver find to be on[e]. (7) Thus, having no other matter but only I desire the continuance of your honors favorm I humble take my leve. From the camy at Leishmore in Irland, August the 26, Your honors faithfull and obedient W Rauley (8) [postscript] I am bold being bond by very conscience to commend unto your honors consideration the pitifull estate of John Fittes Edmondes of Cloyne, a gentleman and the only man untucht and proved tru to the Queen bothe in this and the last rebellion. Sir Warram can declare his servise, what he is and what

he deservethe.

(104) Bagwell, III, 98.

(105) ‘For mine own part, I must be plain : I neither like his carriage nor his company.’ 女王が帰国したローリーを再びアイルランドにいかせようとした。女王は要職を用意していた。ウォルシンガム卿がグレイの意見を聞き、グレイが答えた手紙のなかに、上の引用文は含まれている。(Edward Edwards, *The Life of Sir Walter Ralegh*, vol. II [Letters], [Macmillan, 1868], 5.)

(106) Pope Hennessy, 31.

(107) Pope Hennessy, 32.

第二章　マンスター植民

序　前史

ローリーがアイルランドと関わった時期は三回あった。一回目の時期になにをしたか、前章「虐殺と領地」はそれをとりあげた。二回目と三回目になにをしたか、それをとりあげるのが本章である。二回目には、「マンスター植民（Munster Plantation）」に一五年にわたって関与した。ずっと在住していたわけではない、不在地主としてであった。「マンスター植民」については、北米への植民に較べて、大きな規模ではじめられていたのに、研究が立ち遅れていた。しかし、二〇世紀の後半近くになって研究は挽回して、[1]植民の全体像が見えてきた。それにつれてローリーの行動の特徴も分かるようになった。三回目の時期には、ギアナに向かった最後の航海の、往きと帰りに、アイルランドに立ち寄っていた。このとき植民事業を引き上げてから一四年が経っていたが、一四年前の地縁に頼った訪問であった。往きと帰りに寄った、目的はちがっていたが、いずれも大きく見れば、ギアナ遠征につながり、また、断首台での死につながっていた。帰りの逗留は直接死につながっていた。この逗留だけは本章ではとりあげていない。

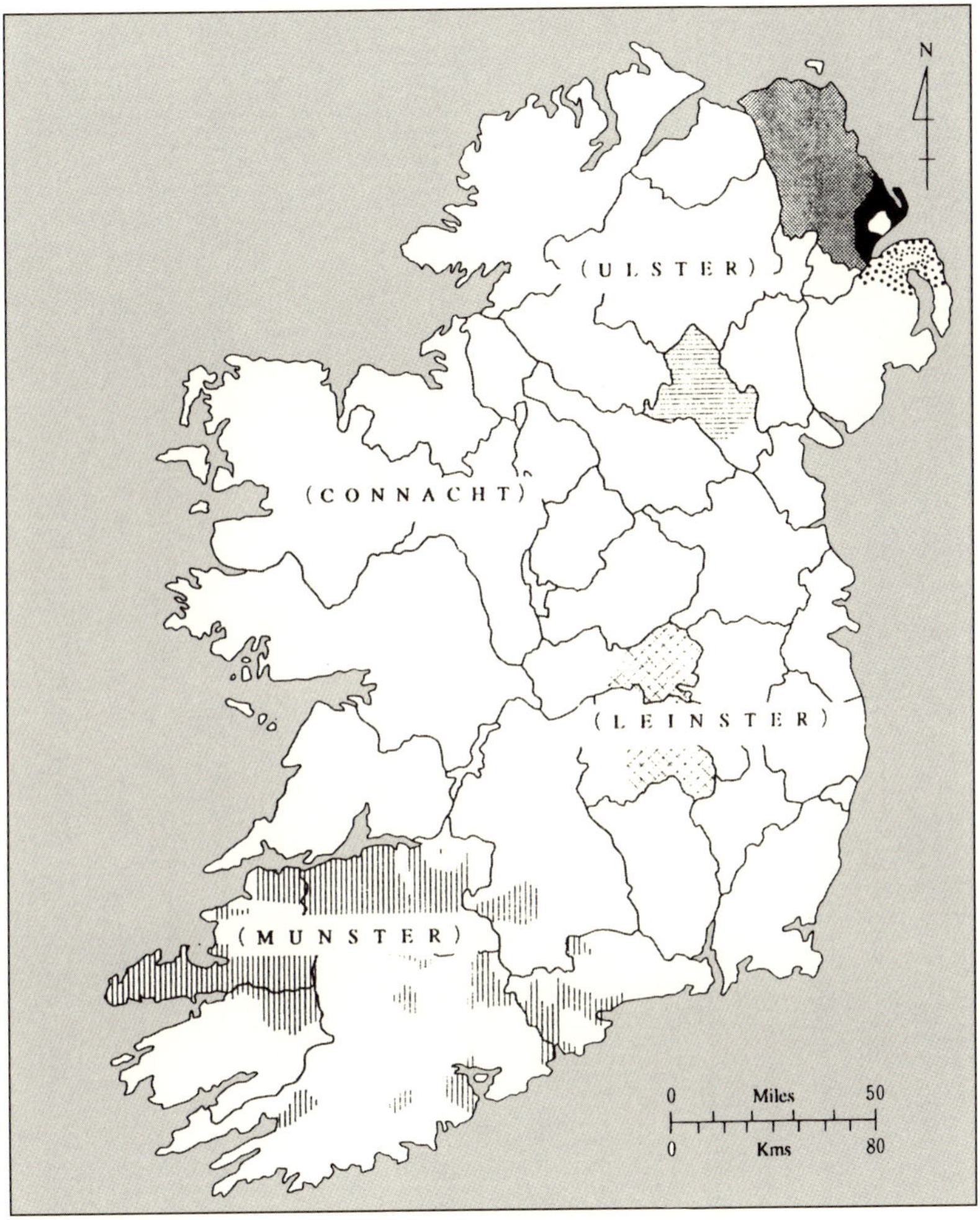

Leix-Offaly plantion, 1557-

Sir Thomas Smith's plantation in the Ards, 1572

Essex's projected plantion, 1575-6

Area planted

Desmond plantation, 1587

'Native plantation' in Monaghan, 1592

図41 テューダー朝の諸植民（県境は1603年のもの．*A New History of Ireland* (Oxford), Ⅲ, 77 より，K. W. Nicholls による図とキャプションを変更して作成.）

「マンスター植民」とは、大きく見てどのようなものであったのか。アイルランドへの植民といえば、南西部に渡った「マンスター植民」(図41では 'Desmond Plantation')と、北部に渡った「アルスター植民」である。前者の方が早く始まり、人数も前者の方が多かったが、一世紀の後に人数は後者の方が多くなった。[2] 一五八〇年代から一六八〇年代までの一世紀の間に、イングランドからアイルランドに渡った人間の人数は、通算して一〇万人にのぼったといわれている。[3] そのうちのイングランド人と少数のウェールズ人が、マンスター地方に渡った。スコットランド人の全員とイングランド人の多数が、アルスター(Ulster)地方に渡った(図41)。

イギリスは北米に向かっていた。ローリーのように、マンスターと北米のロアノーク(Roanoke)で殆ど同時に活動した人もいれば、ローリーの義兄ハンフリー・ギルバートのように、マンスターから帰ってからニューファウンドランド(Newfoundland)に向かった人もいた。また、ローリーの部下だったトマス・ハリオットのように、ロアノークを引き上げてからマンスターに定住した人々もいた。このような環境の中で、ローリーはマンスターに向かったのであった。

このような環境に対しては二つの見方がある。まず、アイルランドの植民を、イギリスと近代ヨーロッパの諸国が植民地を作ろうとした動きの、一環であったとみる(クイン、キャニ)。他方では、イングランドは、スコットランドとウェールズに向かったようにして、アイルランドに向かったとする見方がある(エリス、ブレイディ)。ことにマンスター地方への進出は、イングランドの国内の移動(migration)に近かったとみる人がいる。イングランドの南西部の人々は、海を隔ててはいるがマンスター地方に行くのは、国内の北、例えばノーサンバランド(Northumberland)地方に行くよりも、何ほどかは簡単だった。それに、マンスター地方の法も文化も、一七世紀に入るとイングランドのそれに近くなっていた(マカーシー=モロウ)。[4] ローリーはいったいどのようなつもりで、マンスターの方を向いていたのだろうか。「マンスター植民」に参加したときの、ローリーの行動を知ろうとするのが本章の主眼である。この主眼を念頭に置きながら、「マンスター植民」にいたる前史を辿ることから始めたい。前史は三〇年にわたっていた。

リーシュ・オファリー植民

アイルランドをイギリス化しようとする試みは、本式の植民を必要とした場合としなかった場合があった。例えばカノト(Connacht)[5]地方は、ジェイムズ一世のときに小さな試みがあったとはいえ、本式の植民を必要としなかった。マンスターやアルスター地方は、それを必要としたのであった。一四八〇年から計画されていた植民が[6]、ようやく実行されたのは、一五五〇年代からであった。その年代とそれ以降に実現した入植地が、図41に示されている。図に一五五七とある、最も古い年代はメアリー一世の治世、ほかはすべてエリザベス一世の治世である。図に示されている植民には、二種類があった。政府の関与が強く、アイルランド議会が承認した条令(articles)を伴った、公的な植民と、王の勅許状(letters patent)は要ったが、私費で行なわれた、私的な植民とであった。「リーシュ・オファリー植民」は前者であった。政府が出資し、四代にもわたって総督たち(Lords Deputy)がプランを作った。図では「デズモンド植民」と記されている「マンスター植民」は、政府の関与が更に強かった。立案したのはロンドンの枢密院(Privy Council)であった。モナハン地方の「現地人による植民」だけは、「マンスター植民」よりも後で行なわれたので、本章の範囲には入らない[7]。

リーシュ(Leiz, Laise)地方とオファリー(Offaly)地方の東には、「ペイル(Pale)」があった。「ペイル」(柵、堡塁で囲まれた場所)は、English Pale の名が示すように、英国政府の直轄地であった。四つの州(Dublin,

Meath, Louth, Kildare）からなり、総督、アイルランド評議会、および議会が、ここに拠をもっていた。その「ペイル」は、安全な地域とはほど遠く、「外」からの攻撃を受けてたえず防衛しなければならない地域、という意味あいを強くしていた。リーシュ地方のオモア族（O'Mores）とオファリー地方のオコナ族（O'Conors）も、「ペイル」を脅かしていた。過去に、エドワード六世とメアリー一世の頃、総督ベリンガム（Sir Edward Bellingham）が、「ペイル」の南のウィクロウ（Wicklow）地方に、英国軍人に土地を与えて住まわせた。ここを拠点にして、フランスと結ぶかもしれない叛族の動きを封じようとした。三つの氏族の土地を取り上げて、一人の軍人に一つの領地をまかせ、領地の力で自給自足させようとした。(8) この一種の植民が、「リーシュ・オファリー植民」の原型になった。

「リーシュ・オファリー植民」(9) はまず、あらゆる植民がそうであるように、要塞を建てることから始められた。リーシュに一つ、オファリーに一つの、大要塞（'uniquely formidable'）(10) が、エドワード六世の頃ベリンガム総督によって、一五四八年秋までに完成した。この植民ではまだ、建てる費用は政府が出した。要塞のほかに家屋、酒造場を加えた建築費は、一五四八年の一年だけで、八三〇〇ポンドの巨額、要塞だけの維持に、その後毎年七〇〇〇ポンドの、これまた巨額を要した。(11) しかし時代が進むと、要塞は入植者に建てさせるようになり、「マンスター植民」に及ぶと、新たに築かせずに、中世からの古い塔を入植者に補修させた。その古塔の祖先が、リーシュ・オファリー地方の大要塞だった。さて、リーシュとオファリーに建てられた城砦の周辺に、軍人兼開拓民（soldier-cultivators）がまず入った。軍人たちが自らを養うためであった。このような既成事実が先にあってから、構想と条令は後に作られていった。構想は四代の総督によって立てられた。ベリンガムからアンソニー・サンレジァ卿（Sir Anthony St Leger）（一五五〇年〔再任〕）へ、ジェイムズ・クロフト卿（Sir James Croft）（一五五一年）へと引き継がれ、サセックス伯（Earl of Sussex）、すなわち就任時

（一五五六年）のラドクリフ卿（Sir Thomas Radcliff）によって、構想は確定された。[12] 確定された条令には、ウィクロウ植民という原型にあった軍事的な性格が、次のようにそのまま継続されていた――

（一）二つの地方を丸ごと封土にして、一つの Shire を作る。（マンスター植民は封土を分散、点在させた。）

（二）最も西に、すなわち、「ペイル」から離して、三分の一の土地に、投降したアイルランド人を封じこめる。（「マンスター植民」ではこの処置はとられず、アイルランド人は条令に違反するかたちで各領地に吸収された。）

（三）残りの三分の二の土地に、「新しいイギリス人」と、アイルランドで生まれた「古いイギリス人」を入れる。（マンスターでは、「古いイギリス人」は、やむをえず入れられた。）

（四）一耕地毎に、「新しいイギリス人」が一人以上いなければならない。「現地生まれ」の「古いイギリス人」は一人で、射手でなければならない。アイルランド人は一人以上いてはいけない。また、イギリス人全員とアイルランド人一人だけが、戦闘用の「馬具」を備えなければならない。[13]

この条令は、マンスター植民の条令に較べると、アイルランド人に受け入れやすいものであったが、彼等は怒り、条令は空文（'legal fiction'）[14] でありつづけた。一五五八年の叛乱は二つの大城をとり囲んだ。しかし、エリザベスが即位して（一五五八年）、女王に拍車をかけられたサセックス伯は、土地調査（survey）をやり直し（一五六二年）、とうとう soldier cultivators が先に入っていた土地の、授封（grant）を実行した。一五六三年四月、条令ができてから五年がたっていた。授封者は八八名、半数が軍人、軍人の内訳はアイルランド人二九人、「ペイル」にいた「古いイギリス人」が一五人であった。[15] 人種よりも軍人であることが優先されて、八八名のうちアイルランド人が三分の一を占めていた。軍事がこの植民の目的であった。

叛乱は絶えることなく、この植民を研究したダンロップの論（一八九一年）は、中途から戦記物になっている。[16] 大叛乱が一五七一年、オモア族のロリ・オグ（Rory Ög）によっておこされた。ロリの死後、この時期のイギリス側の行き詰まりを象徴する、「マラーマスト（Mullaghamast）の虐殺」がおきた（一五七七年）。ロリの後継者候補全員を、休戦のために会談しようと騙して、キルデア近くのマラーマストに呼び出し、四〇人以上を殺した。この虐殺は、「平和な手段でアイルランドを改革しようとする、入植の目的が失敗したことを、明白に示していた」。[17] 虐殺は「マンスター植民」ではおきなかった。マンスターでは外部の叛乱が波及するだけだった。波及したとき、入植者は戦わずに撤退した。そこに「マンスター植民」の、軍事より営利という目的があらわれていた。ローリーは営利を果敢に追求し、それでいて早々と見切りをつけていた。さて、リーシュ、オファリー地方でイギリス側は、「改革」に失敗しただけではなかった。政府の財政が破綻した。サセックス伯が総督だった六〇年代にすでに、政府にこの地方から入ってくる地代の年間収入は三九二六ポンド、支出は一万八九七五ポンドに達していた。[18] 総督ヘンリー・シドニー卿（Sir Henry Sidney）によると（一五七五年）、「入ってくる全収入は出る支出の二〇分の一にも満たなく」[19] なっていた。二つの発言の間には約一〇年の期間があり、二つの発言にみられる収支の比率の差は、必ずしも修辞とは受けとれないであろう。「征服」の要素も強まっていった。安定期に入って、いまのうちに叛乱側をおさえておこうと、まず、周辺部に選住の土地を作ってそこに押し込もうとした（一五七九年）。叛乱側がそこには住まないと分かると、彼らをマンスター地方のケリー（Kerry）州に移住させようとした。その頃ケリーが入っているマンスターでは、植民が始まっていて、ここで二つの植民事業が接した。この案にも叛徒たちは従わず、しかしこの案はむし返されて、「タイロン（Tyron）の乱」（一五九八—一六〇三年）のあとの、もう一つの安定期に、総督アーサー・チチスター卿が強行した（一六〇八年）。行かせる先をケリー州以外にも拡げた。[20] 叛徒側は行かされたが、分散して次々に帰郷した。これらすべての強行案について、計画したのはアイルランド人だったと、イギリス側は強調した。ことに失敗に終った封じ込めについては、熱心だったアイルランド人が死んだので、それで実現しなかっただけだと強調していた[21]。

「タイロンの乱」が終わったあと、次の大叛乱がおこる(一六四一年)まで、この植民は安定した。一六二二年に行なわれた実態調査によると、「所有者(proprietor)」は六二人(初期の「授封者 grantée」は一一五名だったから、授封者の集約が行なわれていた[22])、総面積は二万二七八〇エーカーであった[23]。この植民の成果について、当初の軍事目的が果たせたかどうかに限って、二〇世紀になされたある評価によると、「成果があったが、限定的なものであった。……ペイルを脅かす圧力は確かに低下し、ダブリンとの連絡、[親英派]オーモンドの領土との連絡、ことに[英国が支配していた]マンスター南部との連絡が、以前よりも安全に行なえるようになった」(ヘイズ＝マッコイ[24])。

「リーシュ・オファリー植民」は、内陸の奥地にあって、農耕型であり、自給自足をめざした。そのために、「ペイル」で盛んだった産業、商業を妨げ[25]、新しい町を発生させなかった。一方の「マンスター植民」は、海に臨んで自然の良港が多く、農業のほかに漁業、木材業(運搬の便があった)、毛織物業(輸出ができた)、鉱山業を興した。従って事業型、起業型というべきものであった。ローリーも起業家の一人であった。このローリーは、たとえ機会が与えられても、自閉する「リーシュ・オファリー植民」に加わることはありえなかった。ロンドンの商人も、一方には加わり、他方には加わらなかった。

アルスター計画、マンスター計画

「リーシュ・オファリー植民」が始まったあと、「マンスター植民」に至るまでに、実現しなかった二つの計画と、実現した二つの植民があった。まず、「アルスター計画(Ulster Projects)[26]」が、一五五六年に政府に提出された。作者はシドニーだったろうとされている。[27] シェーン・オニール（Shane O'Neill）に対抗しよう、スコットランドからの援軍を追い出そう、というのが名目だった。女王に対して、二万ポンドをお借りしたい、五〇〇人の騎兵隊、一〇〇〇人の歩兵などを派遣していただきたい、と要求した。仮に「名目」ということばを用いておくが、名目をかかげても別の目的を遂行することが多かった。別の目的がなんであったかは、このあとすぐに示される。地域はシェーンとの衝突を避けて、東の海岸からバン（Bann）河までに限り、参加させたい人員は、デボンなど西部出身のイギリス人四〇〇〇人であった。ジェントリーの二、三男が土地を得ようとし、ロンドンの商人たちが、鱒、木材、鉱石を集めて交易しようとした。一二人の代表を立てて事業会社を作ろうとした。ところが女王は計画を拒否した。シェーンが敗退して、女王が出費を強いられる名目がなくなったからだった。名目がなくなるにつれて、起業型の植民も計画倒れとなった。

もう一つの実現しなかった計画が、マンスター地方南西部海岸に対して立てられた。[28] この計画には、母体になるはずだったある領地があった。デズモンド伯がロンドンで世話になったお礼にと、コークの南西部ケリカリー（Kerrycurrihy）の領地を、ウォラム・サンレジァ卿に譲渡していた。サンレジァと彼のいとこのグレンヴィル（Richard Grenville）が、譲られた領地を拠点にして、小さい植民地を作ろうとしていた。この二名にハンフリー・ギルバートらが加わって、大きい植民計画になっていった。合計三〇〇〇人のイギリス人を入植させる、内訳は、一五〇〇人の労働者、そのうち七五〇人は所帯持ち、相当数の商人も加わるはずだった。現地人との衝突をむしろこちらから求めては、[29] 領地を拡大しようと図った。また一方で、中心を南のボルティモア（Baltimore）に置いて、海岸一帯を支配し、漁業をスペイン人たちから取り上げ、交易権をスペイン人とアイルランド人からとり上げて独占し、全アイルランドにわたる鉱物採取権を握る、取り上げた土地はそのまま自分たちのものにする、[30] このようにしようと図った。交易権の独占については、ほぼ一世紀を経たイギリス革命の産物、「航海条令」を思い起こさせる。資金計画に進歩がみられ、ウォラム・サンレジァが、はじめて自分の土地を抵当にしたうえで、女王から一万ポンドを借りようとした。しかし女王は、それでも要塞は女王が建てなければならなかったので、そのための出費を嫌い、兵の増強も嫌って、この提案を拒否した。バーリー公も反対し、計画している土地を現地人からすっかり取り上げるようなことはできないとし、また、今は土地を持たないイギリスの若者たちに広大な土地を持たせようとするのは徳育上よろしくないとした。[31]ちなみにバーリー公は、植民計画についてイギリス政府のなかで指南役をつとめ、[32]社会正義を尊ぶ人文主義者であった。

本論に戻ると、政府の態度は総じて次のようなものであったと、キャニは総括している――「計画している連中は、アイルランド人たちにはすぐ叛逆する性質があるから、[その性質を利用すれば、]全土はすぐに女王陛下のものになると思っている。そうなると、自分たちがたっぷり蓄財できる好機がころがりこむと思っている、そんなことを目論んでいる連中を野放しにするよりも、アイルランド人の族長たちと妥協してやってゆく方がまだましである」[33]、政府の態度はそのようなものであった、と。現地人に対するこのようなフェアーな態度を、政府はマンスター地方でもとっていた。マンスター植民で、政府が送った調停委員会が土地訴訟を裁いたとき、入植者側の理不尽な主張に対しては、植民地の発展を妨げてまでも、頭を横にふって聞きいれなかった。

サー・トマス・スミス植民、エセックス植民

これから記す二つのプロジェクトは、前述の二つとは違ってとにかく実現した。共に大失敗に終わり、失敗が与えた教訓と、しかし作った新しい方式とが、「マンスター植民」に引き継がれるかたちになった。ま

ず、「サー・トマス・スミス（Sir Thomas Smith）植民」[34]があった。入植者たちが、ベルファストの南東に位置するアーズ（Ards）半島に、とにかく到着した（一五七二年）（図41）。期間が一年の、二年に延びるかもしれない、合資会社（joint stock company）を設立して、参加者と非参加者が、出資した額に応じた土地を取得するという、近代的な方式がとられようとしていた。バーリー公は三三三ポンド、スミス卿自身は四五〇ポンドを出資した。この方式は成功せず、後に大地主だけに出資を仰ぐことになった。もし新案が実現すれば、彼等が自費で要塞を建てるはずであった。この建設方式もまた、先の取得方式と並んで、植民の歴史の上の道標になるはずだった。しかし、このような方式が実現を待っていたにもかかわらず、スミス卿がフランス大使に任命され、また、総督ウィリアム・フィッツウィリアム（William FitzWilliam）が横槍を入れて、参加者は予定の七～八〇〇名が実際の一〇〇名に激減し、指揮をとっていた、スミス卿の息子が、現地で殺された。不屈のスミス卿は、それでもなお新たに二五〇名を送ったが、船は現地に到着しなかった。

もう一つの、開始された植民も惨事になった。ウェールズにいた初代エセックス伯が行なった植民[35]であった。「スミス植民」が上陸したアーズ半島より北に、同伯もまず入った（一五七五年）（図41）。その後は西に今度もバン河まで進むはずだった。エセックス伯が費用を負担して城砦を先に建て、前もって入植者に領地を割り当てておいてから、入植者をいれようとした。入植者に多かったジェントリーの二、三男に、父親の領地で働いている人々を連れてこさせた。同伯はウェールズとイングランドに広い土地を持っていたから、その一部を抵当にして、同伯を庇う女王から、まず、一〇〇〇ポンドを、後に追加を、今度は借りられた。しかし、この拠金方法だけは、スミス卿の方法から後退したのではなかろうか。この植民に対しても、現地人の抵抗は極めて強く、入植者は、植民よりも戦闘が事業[36]になり、揚句の果ては、現地人オニール族のブライアン・マクペリン（Brian McPelin）とその家来たちを、クリスマスの祝宴中に襲って殲滅した。さらに、北端のラスリン島では、侵入していたスコットランド人たちを城砦から追い出すだけでは足りずに、前出のように、女性と子供を含む島民全員を虐殺した。エセックスはこのあと三転して、逆になりふりかまわない融和策をとったが、すでに瀕死の植民計画は蘇生しなかった。エセックス本人は、赤痢にかかって、と説明されていた、[37]三週間後にあっけなく現地で没して（一五七六年）、事業の失敗にだめを押した。二万一二五〇ポンドをつぎ込んでエセックス伯を守ろうとした政府筋も、事業の終了をかえって喜んだと伝えられている。[38]

政府はスミス卿とエセックス伯の大失敗から教訓をえた。「アイルランドの地への植民を、個人に遂行してもらうには、政府が組織作りと指揮をしないと、とても行なえるものではない」（キャニ）[39]、という教訓だった。教訓はほかにもあった。次に行なわれた「マンスター植民」では、武力行使が不要な環境になったときはじめて、植民が開始された。

五〇年代に始まった初期の植民は以上のようなものであった。「エセックス植民」が一五七六年で事実上終わったあと、一〇年を経て、先例から学んだ「マンスター植民」が始められる機会が訪れた。ここで前史を中断して、「マンスター植民」をひとまず文字通り瞥見しておきたい。

第二次デズモンドの乱

マンスター地方の群雄の一人、「第二次デズモンドの乱」をおこしていたデズモンド伯が、殺害された（一五八三年）。法廷が同伯を朝敵だったと裁いて、デズモンド族の土地が没収された。土地を没収したときはすでに、大飢饉がまたしても襲って（一五八二年）、人口が激減していた。荒廃したこの地方を、「征服」するのでなくて人を送って救済するのだという、大義名分が、この植民事業にできあがっていた。土地を調査したときに、妨害らしいものがあったとはいえ、入植者たちが土地に入ったときには、イギリス側が武力を行使したことは一度もなかった。一〇年前までの諸植民は、アイルランド側の抵抗をおそれて、大丈夫だろうとたかをくくった小さい地域に向けられ、また立案された。しかし今度は、没収した土地の規模が、私的な植民ではカバーできないほど広大であった。自ずから、この植民は政府が計画して施行することになった。広い面積を、図41に赴いて確認しておきたい。マンスター地方の南半分は白い部分が多い。これは、そのなかの東半分で、植民地になった地域とならなかった地域が、隣接し混在していて、植民地になった地域だけを、地図の中に点で示すことができなかったからである。ただし、マカーシー(MacCarthy)族の領地だった西半分は、元から植民地にならなかった部分である。

植民地が点在したことにもあらわれているように、政府が「征服」した地方に、ローリーは征服者として入ったのではなかった。「マンスター植民」には「征服」の要素が少なかった。その原因の一つは、前述のように、飢饉による荒廃であった。原因はもう一つあったとみられる。「改革」を目的としていた「地方長官制度(Provincial Presidencies)」というものが、後述のように、マンスター地方に根付こうとしていたところに、植民が始められたからであった。ここで前史にもどらなければならない。「地方長官制」とはどのようなものであったか。「マンスター植民」が始まる一五八七年までに、その制度はマンスターで、どこまで進んでいたか。

地方長官制

総督サセックス伯がこの制度[40]を検討した頃は、軍事目的が主眼だった。総督がヘンリー・シドニーになって(就任[二回目]は一五六五年から)、長官の権限は裁判、財政、行政に広げられて、現地人が作っていたゲール封建社会の、構造「改革」が、この制度によって試みられた。英国のジェントリー階級に相当していた中小領主（lesser lords）と手を結び、農民がこれまで大領主（lords）に納めていた軍負担金と地代とを、まず中小領主に納めさせ、中小領主を迂回して、地方政府に納めさせた。そうしてえた財源でこれまでロンドンの政府が支出していた軍隊の維持費、および、地方政治の運営費、を賄った[41]。この制度のことをシドニーがさらに次のように説明していた――「この制度を作るための、政府の先行投資額は、長官一人、官吏たち［は長官を補佐する数人であろう］、兵士五〇人、の給料として、年に一一九四ポンドになりますが、漁業をスペイン、オランダから奪えますし、鉱山が開発でき、土地が女王陛下のものになります。イギリスから派遣した、兵士を含む人たちを養えるようになります。……いくつかの地方に、それぞれ長官を入れて（plant）こそ、また現地に在住させてこそ、今いったような利得がえられるのであります[42]。」イギリスからは裁判官二人も派遣されていた。法廷での決定が要るとはいえ、土地を女王のものにする（confiscate）権限が、地方長官にあった。漁業権をいっている部分は、ギルバートが書いた植民趣意書を思い出させる[43]。このように、長官制は植民制に近かった。姿を隠した植民制だったとみられている[44]。

この長官制はカノト地方で、成功をおさめつつあった。長官エドワード・フィトン（Sir Edward Fitton）の赴任が長期にわたった（一五六九―七四年）。さらに、総督に復帰（一五七四年）したシドニーの働きがあった。シドニーはまず、マンスター地方のコークに出向いて、六週間に及んだ模擬裁判までしてみせて、あなた方もイギリスのこのような公正な制度をとり入れられよ、と、集まった族長などを「説得」し[45]、彼等の土地の「譲渡（surrender）と再授封（grant）[46]」が行なわれた。「譲渡と再授封」こそ、ゲールの封建社会を改革する要をなしていた。シドニーは続いて、カノト地方のゴールウェイ（Galway）を訪れてここでも説得、ここでも「譲渡と再授封」が行なわれ、同地方のメイヨウ（Mayo）、スライゴウ（Sligo）、ロスカモン（Roscommon）がゴールウェイに続いた。この制度に反対する蜂起[47]が一度、蜂起への動きが一度[48]、あったけれども、カノト地方でこの制度を生成させたのは、「征服」よりも「説得」であったとみられている[49]。

しかし、マンスター地方では、この制度が生成されるまでには、更に大きな曲折をともなった。長官の就任が遅れているうちに、デズモンド族が、このときはオーモンド族も加わって、土地の没収と武装解除に強く抵抗した（一五五八年）。イギリス側は、ハンフリー・ギルバートを守護隊長（Colonel）として送りこみ（一五六九年）、ようやくペラトが長官に就いて（一五七一年）、二人は過激な手段を使って叛乱を弾圧、予防した。次代の有能な長官ドルーリー（一五七三年）が、封建制度の近代化を次々に推進した。それらのことが行なわれた結果、一五七六年のマンスター地方には、「武力を使うよりも、徐々に進められる方法によって、イギリスの市民の生き方（civility）をお手本にしている長官制度に、このままゆけばうまく順応してゆきそうな様子がみられた」（キャニ[50]）。「マンスター植民」が行われたときから一〇年前の、この地方の「様子」はそのようであったという。もっとも、不満を抑さえ込まれていたデズモンド族が再び叛乱にでた。前章でみたように、デズモンド伯のいとこ、ジェイムズ・フィッツモーリスが、ケリー州スマリックに上陸（一五七九年）、これに触発された「第二次デズモンドの乱」（一五七九―八三年）が、マンスター地方に波及したのであった。しかし、首領のデズモンド伯は殺害されて（一五八三年）、乱は終わった。デズモンド族の広大な領土が没収されて、「マンスター植民」が、いよいよ始められようとしている。

マンスター地方に「第二次デズモンドの乱」が及ばなければ、また、ドルーリーが一五七八年に去って長官の席に空白ができていなければ、この地方にも長官制が根付いていただろうとみられている[51]。「マンスター植民」の前身には、一つに、過去に他所で計画されたか行なわれた、植民があった。他の一つに、植民制を内に含みながら根付き始めていた、長官制があったのであった。

マンスター植民

入植まで

ローリーが「マンスター植民」にはじめて登場するのは、植民のやり方について多分意見を聞かれたときであろうとされている。この段階にくるまで、計画はすでに前から始まっていた。「第二次デズモンドの乱」（一五七九年から）の最中から、マンスター地方の土地は政府筋に目をつけられていた。いま占領したこの土地を売れば戦費を上回るだろうという期待があった。豊かな樹林が目をつけられて、ウェールズの製材業者を送り込みたいと、地方長官のペラトは想い描いていた。ウォルシンガムはといえば、鉱山業者を実際にヨールに送って、銅と錫が出るかもしれない鉱山を見つけている（一五八三―四年）[52]。一五八〇年七月になって、ウィリアム・ペラム公（Lord Justice William Pelham）は、いま戦っているマンスターのデズモンド族の領土がいくらになるかを見積もって、政府筋の食指を動かせた。「マンスター地方はよく馴染んだ蝋のようなもので、女王陛下がお望みの通りの姿、形になる」[53]という有名な喩えを、このペラムはいっていた。しかし、植民計画は一挙には進められなかった。まず、いま現地にいる人たちの間だけで土地を廻そうという動きがあった。[54]また、現地人を立ち退かせる武力行使を、女王陛下は嫌い、その考えは宮廷内に広くゆきわたっていたとされる。武力行使はできない、これが政府筋が過去の経験から学んだ教訓であった。

そのような政府側を、植民に踏みきらせた事態が生まれた。それはしかし、現地にとっては悲惨な事態であった。「第二次デズモンドの乱」の末期の一五八二年に、大飢饉と疫病が当地を襲った。同年四月、コークの南にいたサンレジァ卿の報告では、コークで一日に五〇人が死に、マンスター地方全体では半年に三万人が死んだ。[56] 飢饉は二年続いたが、死者数については、概算だが二年間には、三万人の四倍の人数になる。植民の盛時、一六二二年のマンスター地方に入植していた人々の人口が、家族を含んでおよそ一万四〇〇〇人と推定されている。[57] むろん住民たちはそれでも残っていたが、まったく人がいないところに人を送る、というい方をイギリス側はしていた。すなわち、'reinhabiting or repeopling of Munster'。[58] 植民に慎重だったバーリー公がゴーサインを出した動機は、ただこのことだけだったといわれている。[59] 植民を唱える人には、マンスター地方を救うために出かけるのだという、意識の高揚がみられ、自分で自分を騙す（self-deceptive）傾向が生まれていた（マカーシー）。[60]

一五八三年一一月、デズモンド伯は殺されて乱は終わり、叛乱側の兵力は皆滅し、現地人を武力によって立ち退かせることなく、植民が行なわれる状況が出来あがった。この植民に反対する要人は一人もいなくなったといわれている。[61] 一五八四年九月一日、デズモンド伯の没後約一年を経てから、この地方の土地に対する「調査」（'The Peyton Survey'）が開始された。方法は聞き取りで、デズモンド族の元官吏だった人たちが調査委員に協力した。[62] 調査の目的は、没収できる土地の確定、地価の算定、現所有者の確認であった。正式な調査の期間はわずかに一三週間、調査委員の多くは、冬季に入るからといって、ダブリンに帰ったが、それは口実で、実際には、低報酬と投石などの妨害によって、熱意を失くしたためだろうといわれている。[63] 調査は地方のメンバーが細々と続け、やっと行なわれた報告の提出（一五八五年六月）は、調査委員会の結成（一五八四年六月）から一年たっていた。この調査は粗雑であり、例えば、報告された土地の総面積は五七万七六四五エーカー、実際に再授封された土地は合計三〇万エーカーであった。[64] 調査の粗雑は「リーシュ・オファリー植民」に前例があった。この粗雑が後に、土地をめぐる訴法また訴訟という、「マンスター植民」の特徴を作っていった。

条　令

「条令（articles）」は、入植者が守るべき定めを述べた法令である。初案が一五八六年一月末にロンドンの枢密院のもとで作られ、同年六月二七日にアイルランド議会が承認して発令した。枢密院にできた委員会のメンバーは、起草したのが法務大臣トマス・エジャトン（Sir Thomas Egerton）、法律の顧問としてジョン・ポファム（John Popham）、総括は首相のバーリー、文案をヴァレンタイン・ブラウン（Sir Valentine Browne）が書いた。[65] 初案を作るときに、ブラウン卿が植民に参加するのが分かっている人々から意見を聞いた。その中にローリーがいたであろうと、クイン[66]とマカーシー＝モロウ[67]（MacCarthy-Morrogh）はみている。マカーシーによると、ブラウン卿が意見を聞いたらしいのは、ローリーのほかに、シェイクスピアのパトロンだったかもしれないウィリアム・ハーバート、父親がカノトで長く地方長官を勤めたエドワード・フィトンがいたであろうという。

ローリーと他の二人がどういう助言をして、どのように条令に反映されたかは、分かっていない。[68] ハーバートは植民の理念に関心をもち、ローマの植民に学べといっていた。フィトン卿は植民の世話をよくした。ローリーは助言はしただろうが、北米ロアノークへの植民のことがあったので、身を入れた助言はしなかっただろうと、マカーシーは推測して、[69] ローリーがどの程度に関わったのだろうかという、クインの問[70]に答えたかたちになっている。助言の内容は分かっていなくても、三人は条令が出来る前にすでに参加を決めていたのは分かっている。この植民は宮廷筋では華であった。

実務の停滞は、土地調査だけにあったのではなかった。いよいよ入植が始まって、後述の「請負人」が、入植者を引き連れてマンスターに着いたのに、案内する行政官がいないので、どの区域に入ってよいか分からない、入植者を待たせる間の費用ばかりがかかって、入植を止めてイギリスに帰るケースもあった。[71] 政府が行なったのは、地図の上でここは誰にと決めただけであった。[72] 各種の実務の、停滞よりも放棄が、この植民を特徴づけた。過去の植民の場合は、現地人の激しい抵抗が入植を妨げた。今度の場合は、土地調査にある程度の妨害があったらしいとはいえ、政府関係の記録には残っているほどのものではなかった。その代り、実務の欠落が自ら設けた妨害になった。クインはかつて、エリザベス朝の政治は、理念は高かったが、理念を実現する行政の組織を伴っていなかった、と述べたことがあった。[73] 植民の理念に、他の歴史家よりも増して強い関心をよせた、クインならではの所見であった。この植民は政府が企画したものであったけれども、政府はそれを主導せず、実行も成果も、植民を引き受けた個人次第のところが大きかった。そしてローリーこそ、行政の欠落に労されずに、自分の利益を求めて成果をあげた筆頭であった。

条令の内容を略述しておきたい。新しい地主を「請負人 (undertaker)」と呼んだ。条令が定める数の入植者を集めるのを、政府に対して「請負う」、という意味であった。[74] この言葉はこの植民で初めて用いられた。「リーシュ・オファリー植民」では「所有者 (propriator)」、または「授封者 (grantée)」と呼ばれていた。[75] 「請負人」が使われてからは、その頃も続いていた「リーシュ・オファリー植民」にも、この言葉が使われるようになった。[76] 授封された「領地」を「シーニョリ (seignory)」と呼んだ。中世の領主をあらわす seigneur が源であった。案として parish があった。[77] 以前の植民では manor と呼ばれていた。[78] 二つの新しい呼称、undertaker と seignory によって、この植民が新しい組織を持っているのを示そうとしたのであろう。一人の「請負人」に、標準として一万二〇〇〇エーカーの「シーニョリ」が割り当てられた。変則として、八〇〇〇、六〇〇〇、四〇〇〇エーカーも可とされた。「請負人」のもとには、(1) 地代を払うテナント(借地人)と、(2) 労役を提供するテナントが置かれた。一万二〇〇〇エーカーを持つ標準の「領地」に、置かなければならないテナントの身分と数は次のように定められた。(1) として、それぞれ六人の「自由土地保有権者 (free holders)」と「耕作者 (farmers)」、(2) として、四二名の「謄本土地保有権者 (copy holders)」と、三六名の「下位小作人 (base tenures)」および「小家屋住人 (cottagers)」。以上を合計して「請負人」本人を加えた九一名が、一シーニョリ当りに求められる入植者の人口であった。家族をもったテナントが奨励された。一人で来て、すぐに土地をアイルランド人に売って、当人はイギリスに帰ってしまうのを防ぐためであった。九一名のなかに、家族も人数に含ませて、イギリスから人を呼び寄せる困難を避け、また家族を呼びやすいようにした。以上の条件を満たすまで七年の猶予が置かれた(一五九三年の降霊節まで)[79]。

「請負人」

「請負人」の出身地と階層についてみておきたい。「請負人」はローリーのように先に決まっている人がいたが、正式には応募者を五つの州から求めた。五つに限られたのは、マンスターへの近さと、連帯のためだった。入植する前も後も、縁続きの連帯があてにされた。応募が多かった州から順に、サマセット、チェシァー (Cheshire)、デボン、ドーセット、コンワルであり、ローリーはデボンの四人の中にいた。一回目の応募者の合計は八六名、身分による内訳は、卿(ナイト)九名、卿の長男二名、息子七名、郷紳(エスクワィア)三九名、ジェントルマン二二名、不明七名は多分ジェントルマンだったろうとされる[80]。一般にそう思われているように、国内では土地を持たない、ジェントルマンの二、三男が、土地を求めて、「請負人」になったわけではなかった。政府は一シーニョリ当り、二五九七ポンド、別の試算では四二八六ポンドの納付金を求め、「請負人」はそのうちの二七八ポンドから五〇〇ポンドまでを負担しなければならなかった。テナントが割当てを払えない場合の代払いも要った。[81] 上の八六名の応募者のうち、実際になれたのは一五名であった。最終的には三五名になった。あらかじめ公募以外の枠をとっておいたからであった。後から加わったのは、退役軍人(servitors)、グレイなどのようにアイルランドで勤務した上級役人、フィトンとブラウンのように、プランや土地調査などでこの植民を立ち上げた中級役人、であった。グレイは以前から管理地(custodians)をもっており、給料の代りに土地を、スマリックで虐殺を指揮させたかもしれないエドワード・デニーや、私設秘書だったエドモンド・スペンサーにあたえていた。二人はそのまま「請負人」になった。中級役人たちはすでに下で働く実務担当者をもっていたから、入植をすぐに「請負う」ことができた。[82] 三五名のうちの二〇名が、いわば外郭団体に天下る、公務員によって占められた。決定した「請負人」三五名の、身分による内訳は、(イ)英国の地方ジェントルマン(一三名)、(ロ)軍人(一二名)、(ハ)アイルランド在住の役人(八名)、(ニ)宮廷人(四名)、(ホ)商人(四名)であった[83](合計の四一は重複による)。ローリーは(ニ)だが、拡げれば(ロ)と(ハ)にも入りえる。なんの不思議もなくローリーは「請負人」になった。

「請負人」が政府に払う地代(年単位)は、六六ポンドから二〇〇ポンドまで、地方によって異なった。一五九〇年までは不要、一五九三年までは半額ですんだ。「請負人」の金銭負担は、入植をしてからはこのように軽かった。関税については、生活用品をイギリスから持ちこむ場合と生産物をイギリスに輸出する場合は、七年間は無税であり、麦の輸出は期間を定めずに無税であった。[84] 生産と輸出が奨励されていた。軍務については、シーニョリ一つにつき、騎兵一五人、歩兵四八人が求められた。軍務は職業軍人でなく、freeholders のテナントたちがあたった。[85] 企業活動に重く軍備に軽いところが、かつての「リーシュ・オファ

アイルランドで生まれた「比較的新しいイギリス人」を入れるかで、政府とペイルの評議会との間で綱引きがあった。後者を入れることになり、便乗するかたちで、以前から在住していた「古いイギリス人」までが入ることになった。[86]入れても害をなさないとロンドンは判断した。「請負人」の側も、事情を知っている「古いイギリス人」にまかせておいて自分たちはイギリスに帰ることができた。この宥和によって、「古いイギリス人」に多いカトリック信者を入れることになった。[87]宗教の問題が事を決めたのではなかった。アイルランド人をテナントに入れることは禁止された。しかし実際には、アイルランド人はテナントが雇うアンダー・テナントとして領地に入った。イギリスから人を連れてこなくてもすみ、また荒れた耕地を復活し、ことに家屋に求められた諸条件を満たすための、重い労役をこなすには、彼等の労働力が必要であった。アイルランド人を七年以上雇った場合には「シーニョリ」を没収するという規定があったが、実際にこの罰則が適用されたことはなかった。[88]このようにアイルランド人たちは、領主が代っただけで以前の土地に住みつづけた。「リーシュ・オファリー植民」との違いは、アイルランド人の処遇に、著しかった。アイルランド人をリーシュ・オファリーでは、特定の地域に封じこめたり、ケリー州などに移住させようとした。マンスターでは、領地の中に事実上組みこまれていった。そうさせたのは軍備に対する意識だった。政府側は軍備をやはり軽視し、ことに「請負人」がそれを無視した。のちにリチャード・ボイルは、アイルランド人たちにイギリス人の名前を与えて公然とテナントにして、短期間のうちに大領主になっていった。[89]

翻って、誰がどの区域に入るかを、バーリー公がロンドンで決めた（一五八六年六月）。そのときローリーの分はあらかじめバーリー公のもとで予約されていた。[90]早くも一五八五年の夏には唾をつけ、女王から許すという「特認状（special letter）」をもらっていた。[91]ローリーがえた面積は四万二〇〇〇エーカー、これは法定の三・五倍にあたった。場所はといえば、後述のようにコークとウォタフォード（Waterford）にまたがった、極上地であった。[92] ローリーはフィトンやブラウンのように、条令の制定、募集、分割に際して世話をしなかったが、その反面このように執拗貪欲に自分の利を求めていた。ハトンも、ローリーの土地より東のウォタフォードに、極上地をえていた。ローリーとハトンが有利な分割を得たのは、敏捷さと、女王に話せるという地位であったとされている。[93] 下働きに精を出したブラウンは、人の世話をしているうちにケリー州の荒れた土地を与えられてしまった。「先に動いたものが勝つという法則（a first come, first served basis）」が働いていた。ローリーの一種の違反を、マンスター地方長官のペラトが注意した。ローリーは「無礼なことをいうな（raising impertinent objections）」といって、ペラトを一蹴した。そのペラトをバーリー公は諭して、「ローリーはこちらが一年かけてもやってあげられないものを、一時間でつぶしてしまう、そういう人間だ（Ralegh is able to do you more harm in one hour than we are all able to do you good in a year）」といっていた。[94] せっかくそこまで出世したのに、「首が飛ぶぞ」と警告したのであった。最も大きな違反は、ローリーにではなく、オーモンド公に対して行なわれた。ティペラリー（Tipperary）地域の殆どの封土を、土地調査をせずにオーモンドに授けた。[95] であるのに、地代が取れるのは三〇〇〇エーカーだけとして、政府は登記していた。[96] 親英的な現地の大貴族を温存するためであった。

ローリーの入植

ローリーが入植を始めただろうと推定される時期は一五八七年の五月、それ以後徐々に入植者を送って一五八九年の春には入植がゆきわたっただろうとみられている。[97] 入植ができるようになる手順をいえば、女王の勅許状（letters patent）がロンドンで発行され、Irish patent が次にダブリンで発行されて、完了したが、調査の粗雑に端を発して、二つの勅許状は発行が遅れ、政府は証明書を書いて先に入植させたり、またウィリアム・ハーバートやブラウンのように、なにも持たずにまず先に人を送ったりしていた[99]。ローリーに女王の勅許状が出たのは一五八六年六月二七日、アイルランドの勅許状が一五八七年一〇月一六日だったが、最初に来たのは代理人だったろうとされている[100]。入植はさみだれ式に行なわれたから、最初に来た時期は必ずしも重要ではないが、土地の「調査」がローリーとハトンの入植予定地に対して最初に行なわれていた。ローリーの入植が早めであったことは確かであった。特別なことはそれだけではなかった。女王はローリーには騎兵隊をつけてやった。隊が赴任するための費用は政府が出した。ローリーは騎兵隊員を入植者のなかから選んだ。片腕だったアンドルー・コゥルサースト（Andrew Colthurst）ら一七名はそのようにしてアイルランドに渡った[101]。入植に補助金を出さない政府が、ローリーにはそれを出したに等しかった。自分の仕事のために公費が使えたことになった。

ローリーが入植した地点を示している図42は[102]、二つの資料に基づいて作成した。一つは、一五八九年に政府が入植状況を調査したときに、ローリーが出した回答書のなかに、どこに誰が住んでいるかが、書かれていた。二つ目は、権利を買って土地を新たに増やしていったことを示す諸資料[103]に依っている。新しく買った領地は、政府に報告する必要はないから、回答書には書かれていない。ローリーは図42の全体の地域をとったわけではなかった。この地域にはアイルランド人の大地主コンドン（Patrick Condon）、別の「請負人」アーサー・ハイド（Arthur Hyde）らの土地があった。ローリーの領地はそれらの土地のなかにモザイク状になって入っていた。この図には、ローリーが「請負人」として割り当てられた地点は白丸で示した。自分の金で新しく権利を買っていった地点は黒丸で示した。二重丸の外円は塔か城があったのを示している。まず割り当てられた地点からみてゆこう。

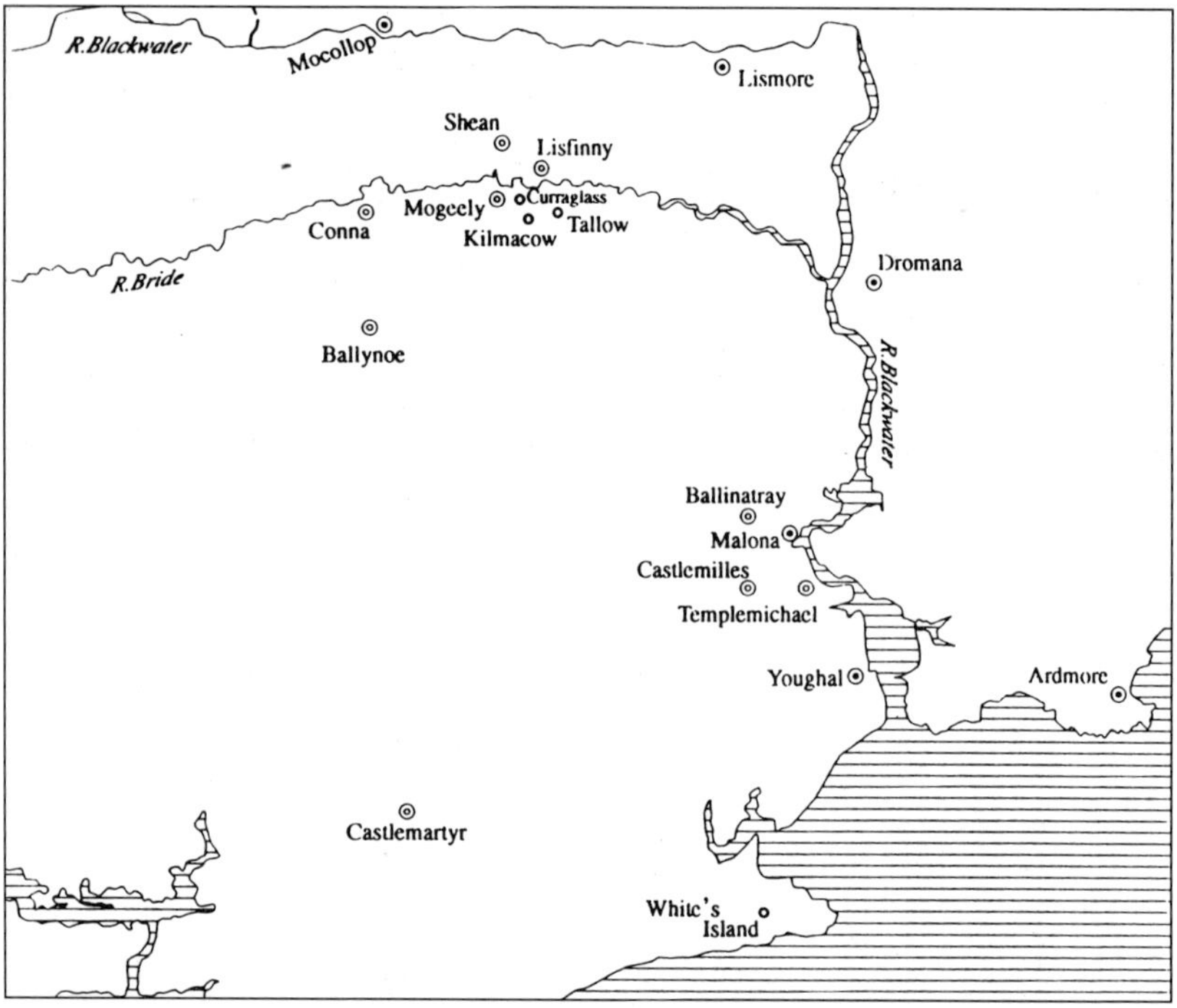

図42　ローリーの入植地（○は請負った地　◎は請負った，城か塔がある地　◎は買増した，城か塔がある地）．

北部に西から東に流れるブライド（Bride）川がみえる。この周辺に当時は森林が多かった。ローリーが入った地点がこの地域に最も多かったのが一目瞭然である。タロゥ（Tallow）に製材所を作っていた。ここにイギリスから製材機械を持ちこんでいた。木材をタロゥに集めるのと、タロゥからヨールの港に送り出すのに、ブライド川とブラックウォタ川が用いられた。

オーク材が'pipe stave'用に加工された。「パイプ」とは管であり、このパイプは太く、主に酒樽であった。酒樽を作る板にオーク材を製材したのであった。板のその他の用途は、断首台を作るために並べられる板用、また船の板用であった(105)。これも板にして運んだのであろうか、製鉄の溶鉱炉をたく燃料用としても需要があった。図43

では、伐採されたオーク材が山積みされている。場所はタロゥに南から入らんとするR634号線の道端であった。細い木材が含まれているので伐採のしかたが推定できる。木材こそ、過去に未遂に終わった二つの植民計画、一つはアルスター地方へ、一つはマンスター地方へ、の目当ての一つであった。木材はすでにあるものだったから直ぐに金になった。二つの計画にはロンドンの商人を参加させるはずであった。ローリーにとって木材といえばモギリ（Mogeely）だった。モギリには当時は森林があり、森林がコンドンが所有する土地とローリーが所有する土地に跨っていた。現地人のコンドンがイギリス人の「請負人」アーサー・ハイドと法廷で争ったとき、ローリーはコンドンの方の肩をもった（後述）。コンドンから森林がある土地を借りたからであった。植民において国家の利よりも個人の利を、ローリーは追ったことになる。モギリは農耕の中心地でもあった。今も土地は黒色で肥沃、麦とトウモロコシがよく育っている（図44）。ローリーはこのモギリで精密な測量をしていた。その記録'Mogeely Map'[106]（図45）からは重要なことが分かった。ローリーは土地をリースするときのためにこれだけ細部にわたる測量をしていた。この図面を測量したのはトマス・ハリオットで、ロアノークで測量したときのやり方で測量したらしい。図面に記されている文字は、ロアノークの生活を描き、付近の動植物を描いたジョン・ホワイトが、それらの絵に記入していた文字と同じであった。これらは在野の歴史家ウォレス（W. A. Wallace）が明らかにした。[107]後述するように、東に住んでいたハリオットと西に住んでいたホワイトが、モギリで会して、ローリーの土地を測量していたことになる。ローリーは親しい人たちには慕われた。'Mogeely Map'は人間の模様でもあった。モギリでは後にリチャード・ボイルが鉄を採る小さな精錬所を開いた。クインによると、ローリーの領地だった時に鉄をつきとめていたらしい。精錬所を開くと燃料に使う木材の値が上がって、高い木材を輸出するともうけが少なくなると、入植者たちが開所に反対したといわれている。[108]モギリには当時古城と塔があり、今も残っている（図46）。「九

図43 オーク材の集積（現在）．タロゥ郊外．遠方の木材は細い．

図44 モギリの畑作とブライド川．木材をこの川から船で運んだ．

図46 モギリの城と塔．ローリーの入植地の中心だった．

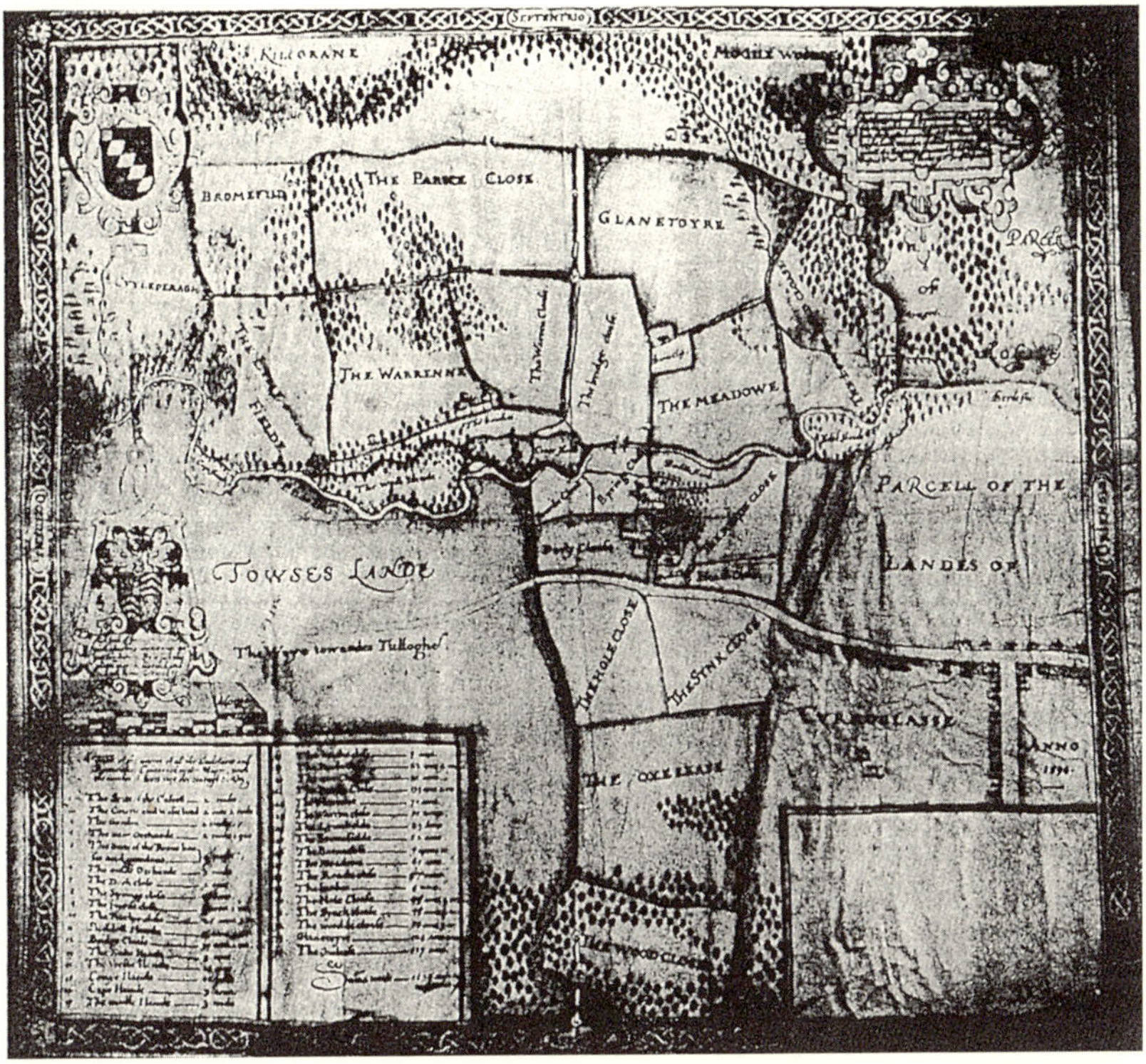

図45 'Mogeely Map', 1598年.

年戦争」がこの地方に及んだとき、僅かな人が踏みとどまった、その時に籠った塔の一つがモギリの塔であった。

　塔が多かったことも、ローリーがこの地方を政府に求めた理由の一つであったであろう。中世に建てられていた古塔は、中に床を二層つけ、屋根を補強すれば、現地人の攻撃に耐える要塞になった(109)。先述のように、あらゆる植民は要塞の建造から始まった。「リーシュ・オファーリー植民」がそうであった。いずれもギルバートが関与した二つの植民計画では、女王に借金して建てるはずであった。「マンスター植民」では、入植者が要塞の設置を「請負」わされていた。建設に時間をかけない要塞として、この植民では、散在する古塔が利用された。古塔はこの植民にとって、肝か腎であった。図46〜50は、ローリーの領地だった地点に現存しているそれらの古塔の姿である。塔は小塔を入れれば、リメリックだけで五二、コーク、ウォタフォード、ティペラリー地方では合計が一二二であった。塔によらずに木材で急造した要塞は、後述の「九年戦争」で焼かれ、[110]塔の方は破壊された部分はわずかだったという。ブライド川に沿ったリスフィニ（Lisfinny）は、製材所があったタロゥに最も近い。「リスフィニの塔」（図47）には、コゥルサーストがいた。彼はローリーがこの地に不在のとき、すなわち殆どのときに、入植者の世話をした。この塔は大きく、彼の任務が大きかったのを示していよう。リスフィニから東の、カナ（Conna）にある塔（図48）は、現在にいたるまで補修され続けて、原型をとどめている唯一の塔である。この塔も大きく、現地の今日の人々はこの塔とリスフィニの塔とを sister towers と呼んでいる。やや南のバリノ（Ballinoe）には、前述のジョン・ホワイトが住んでいただろうとウォレスが考証した。[111]ここの城は最も崩落が激しく（図49）、最も古かったのであろう。なお、「回答書」に書かれていた Strongeally（Ballyphilip の近くだったらしい）と Tillnaruanal は、地名が消えているのであろうか、筆者は発見できなかった。

買い増し

授封されたのではなく、買って新たに増やした（'rounding off'）地点は、図42で黒丸で示している。最北のモコロプ（Mocollop）（図50）を、一五九一年二月一〇日、スマリックに法王軍をつれてきてから殺された、あのジェイムズ・フィッツモーリスの遺族から五〇年契約で入手し、翌年の三月にはまた貸しした。[112]図50で釣人が釣っていたのは鱒であった。ローリーは川の入漁権をもっていた。鱒漁は現地の人々を養うものであり、ローリーや他の「請負人」たちは、現地の人々が生きるために鱒をとるのは黙認して金銭をとることはなかった。[113]

図47　リズフィニ塔（望遠レンズを使用）．図48カナ塔と姉妹と呼ばれている．ともに大きく堅固．

図48　カナ塔．最もよく保存されている．

図49　バリノ塔．ジョン・ホワイトが住んでいた．

ヨールの町では、そこにある屋敷を買った。町は城壁（図51）で囲まれており、教会と学校、すなわち St Mary's Collegiate Church と College of Our Lady があった。教会と学校の土地は没収の対象からはずされていた。往時の教会と学校は今の建物から偲ばれ、代々のデズモンド伯が宗教と教育に向けた熱意が偲ばれる（図53、54）。ローリーが買った四つの屋敷の中に、'Myrtle Grove'（図52）が含まれていた。この屋敷は一五世紀に建てられて、College of Our Lady の管理者（warden）が代々住んでいた。「デズモンドの乱」が終わってからはウォタフォードとリズモアの司教ウイザレッド（Thomas Wethered）が住み、同人の死後は「新しいイギリス人」で後に地方長官になったサー・トマス・ノリス（Sir Thomas Norris）が借りていた。(114)外観は英国デボン州にあるローリーの生家と似ていなくはないが、胴体は三倍にも及ぶかと思われて無気味でさえある。この屋敷を手に入れたときのローリーの権勢がこの建物から実感できる。ローリーはデズモンド一族から政府がとりあげたこの家を買ったわけだが、一族の宗教、文化活動を継承した記録は残っていない。前出の「回答書」の序文に奇妙なことが書かれていた。「ローリーの元には一つの古城とその領地（demenses）があるが、他の二つはデズモンド未亡人が寡婦権（jointure）によって占拠しつづけている」(115)とある。しかし、未亡人エレナ（Eleanor）によると、故人の領地と寡婦権があるはずの領地はローリーにとられて、「草一片すら私に残されていなかった」(116)。女王が年金二〇〇ポンドを寡婦にあたえていたから、(117)未亡人の訴えの方が事実に基づいていたとみられる。「城は一つしかない」というのも事実に反していた。「回答書」に 'Castle' と記されているのは確かに一つだけ、バリナトレイ（Ballynatray）にあった城であるが、(118)しかしヨールの城壁の中に、スペンサーの妻になったエリザベス・ボイルも住んでいた 'Tynte's Castle'（図55）が、今も残っている。それだけでなく、モギリにもリスティニにもカナにも、立派な城があった。この口上は事実を示さず、ローリーが「回答書」に臨んだときの、態度を示している。

図50　モコロプ塔とブラックウォーター川源流．鱒を釣っている．

図51　ヨールの町を囲む壁．壁は丘から下り町を囲んで海に至る．

図52　'Myrtle Grove' 邸．もとはデズモンド伯の屋敷だった．同伯の末亡人がローリーのものになったのを嘆いた．

図53　ヨールの町にある聖母マリア教徒教会．こちらに向いている一面の壁（教会の裏面）は往時のまま．

図54　ヨールの聖母マリア学校．建物全体が往時の輪郭を残す．教会に隣接している．

図55　ティント城．ヨールの城壁の中にある．詩人スペンサーの妻になるエリザベス・ボイルが住んだ．

図42の北東に位置しているリズモアには、コークとウォタフォードを所掌する司教が住む美城があった。この権利を買い取ったローリーは、城に愛着し、修理をほどこし、修理代を立て替えて支払ってくれと、ロンドンから頼んだ手紙が残っている。この権利については、取得するときローリーに違法行為があり、城は自分が借りているのだと、もう一人の契約者が法に訴えた。「自分には女王がついているから、女王がしかるべく処理してくれる」[119]と、ローリーは身内のサー・ジョージ・カルーに宛てて手紙を書き、結果はその通りになった。この城の権利は後に、ボイルに売られた。ウォリック城に似た現在のリズモア城には、ローリーの手に入った頃の建物が一部に残されている（図56）。ヨールの城壁の中とリズモアの城、この二つこそ、ローリーが請負った地域に鎮座していた、目抜きの拠点であった。かつてバリ公の宮殿を欲しがって得られなかった頃とはちがって、ローリーのこの頃の権勢では、取るべくしてとった、二つの大きな中心であった。

ドマナ（Dormana）とモラナ（Molana）も教会が持っていた領地であり、政府は没収しなかった。モラナにはロアノークから帰った科学者トマス・ハリオットが、一五八九年から一五九七年まで住んでいた。モラナ寺院は中世の建立で、残っている遺構（図57）からして当時は威容を誇ったであろう。ハリオットは寺院に付属する家に住んでいた。寺院があった場所は、西にそのあたりで大河になっているブラックウォタの本流が緩やかに流れ、東には潟が広がっていて、一見島になっている。この極上の土地を与えて、ローリーは友人のハリオットを遇していた。ハリオットはこの地を愛し、もしローリーがこの地を手放さなかったなら、ずっと住みつづけていただろうとみられている。[120]ジョン・ホワイトがいたとされるバリノ（Ballinoe）（図49）は、「請負」った土地であったが、英国のイースト・アングリア地方を思わせる田園地帯にあり、風光明媚では近くのモギリに劣らない。

図42で最も東のアドモア（Ardmore）の領地は、これも教会の領地から一部を新しく手に入れた。アドモ

図56　リズモァ城とエリザベス朝庭園．見えている小塔はティント城と較べられる．

図57　モラナ寺院．トマス・ハリオットが住んでいた．

図58　キルコルマン城の塔．遺構は周辺にたどれる．詩人スペンサーがいた．

アのあたりは、宮廷内でローリーに匹敵する地位をもっていたハトンが請負っていた。ハトンが請負ったのは主に威信のためで、植民には熱心でなかった。[121] 自分の領地が囲んでいるアドモアを、ハトンは買わずにローリーが買った。買ったのは安価だったらしい。「先代の大司教と、ローリーが直接交渉したとみられる司教とが、駄目な人たちだったので、安価で長期に貸してしまって、教会に損害をあたえてしまった、お蔭で今は逼塞しているので、なんとか税金をまけてほしい」と、新しい大司教がバーリー公に訴えていた（一五九二年二月二〇日）。[122] ローリーが買った領地には塔があって、かつてイギリス側がそこに立てこもったことがあった。本国からの補給物資をここに陸揚げして、ブラックウォタ川を使って内陸に運ぶことができた。[123] ただし、後述のように、この領地をローリーは不正に取得していたらしく、敗訴して取り上げられることになる。以上が新しく買い取った領地と家屋であった。モコロプを除けば、いずれも教会の領地を買っていた。教会の土地を九〇年代の後半から大量に買い占めていったのは、ボイルであった。もしローリーがアイルランドに腰を据えていれば、ボイルのようになっただろうといわれている。兄貴分のローリーが、ボイルのしたことをまずこのようにして行なっていた。

ローリーの「シーニョリ」

ローリーが公式に「請負った」「シーニョリ」の方はどのように展開していったか。条令が「シーニョリ」に求めるテナントの人数は、「請負人」を入れれば九一名であった。ローリーの「シーニョリ」には、三・五倍の三一五名が必要だった。猶予期限まであと五年あった一五八九年にバーリー公がいいだして実態調査が行なわれた。ローリーの回答によると、総数は一五三名、そのなかで、家族を連れて来ているテナントが三七名であった。[124] ただし、「このほかにまだ入植していない人が多数いる。それは家族を連れて来るために今イギリスに帰っているからだ」[125]とのべていた。ローリー自身が認めているように、ローリーのテナントには家族もちが少なかった。オートレッド（Oughtred）とウィリアム・ハーバートのテナントは全員家族もちだった。[126]もっともこのことだけでは、入植事業を長期にわたって維持する気が、ローリーになかったのかどうかは分からない。家族もちの人数の不足を除いた、入植者総数については、領地が三・五倍であるのを加味しても、他の請負人がもつ「シーニョリ」に較べると、良好な充足数であった。[127]

この「回答書」には、政府に上納する年間の地代が示されていた。[128]四万二〇〇〇エーカーにわたっていた領地に対して、ローリーが上納していた地代は、年に *66l.13s.4d.*（エルはポンド）であった。ローリーの「回答書」を転記した *Calender*、『国家関係文書一覧』には、ローリーが得ていた面積を、正しく、「三倍半の領地をもっていた」[129]と記していた。実態調査は三年後の一五九二年にも行なわれ、このときのローリーの回答を転記した *Calender* は、「面積は一万二〇〇〇エーカー」[130]と、過小に記している。オーモンド伯の領地面積に対しても同じような隠蔽が謀られていた。前述のように同伯は、ティペラリー地方全体の土地を授封したにもかかわらず、「オーモンド伯は地代が要る土地として三〇〇〇エーカーをもち、地代は一五九一年降霊節以後は年に *8l.6s.8d.*、一五九四年降霊節以後は永久に *16l.13s.4d.*」[131]と記されている。ローリーが納めていた地代を、ほかの「請負人」の地代と比較してみると、地代が極めて安かったのが分かる。約一万二〇〇〇エーカーをもっていたアーサー・ハイドは、*65l.2s.10d.* を収め、四〇〇〇エーカーをもっていたエドモンド・スペンサーは、二二ポンドを納めた。ローリーがもしハイドと同じ割合で払うとすれば、三・五倍を要し、スペンサーと同じ割合で払ったとすれば、約一〇倍を要した。ローリーがえていた処遇はそれほどのものであった。このような処遇を受けていた権力者のローリーは、調査に回答すること自体が不満だったらしい。不満があらわれている、興味深い事例がある。一五九二年に出した回答の一部が、「要約（Abstract）」

されて、一五九二年版の *Calendar* に掲載された。この要約者は、ローリーが出した筆稿の原報告書のなかから、引用符をつけて、二語だけをそのまま使って、以下のように「要約」している――「サー・ウォルター・ローリーは、勅許により、一万二〇〇〇エーカーを『いずれは所有（shall have）』するであろう、と回答している[132]」。「地代は 66*l*.13*s*.4*d*. だと『聞いている（must be）』と報告している」。「いずれ所有するであろう」、「聞いている」という、この種の回答書ではまれな表現を、この要約の筆者は、原本からそのまま転記せざるをえなかった。要約される以前の筆稿報告書を、遺憾ながら筆者は未見である。それを見ていたマカーシーは、次のように評している――「ローリーがした回答は、短く、意味がとりにくく（vague）、他人ごとのように語っているようなところがあり（detached）、そういった答え方は、このような調査を自分が受けなければならないことに対する、宮廷人らしくあらわした驚き（courtly surprise）と、かすかに示されている不快感（faint distaste）とを、見事に示威してみせている（perfectly demonstrate[133]）。」「回答書」から窺い知れたローリーの威勢と尊大はこのようなものであった。ついでながら、「要約」のなかに、わずか二語を引用するだけで、ローリーの威勢と尊大を冷静に転記してみせた、要約者の見識と才能に、筆者は感嘆する。*State Papers*（『国家関係文書』）を要約する *Calendar* は、国家の命を受けて作成され、一八八五年に刊行された。

さて、「請負人」が政府に納める地代は、自分たちが「シーニョリ」に投入する資金に較べれば、微々たるものであった。政府は「請負人」毎に、二五〇〇ポンドの投資を期待していた。これには輸送費、家屋の建築費などは含まれていなかった。最も高額を出資しただろうとされるのは、サンレジア卿とグレヴィル卿で、二人一緒に五年間（一五八六—一五九〇年）で八〇〇〇ポンドを使ったとされる。ハーバート卿は一五九一年までに一七三八ポンドを使っていた。一般に資金はイギリスの領土を売って捻出されていた。ローリーの投資額は一〇〇〇ポンドぐらいかと想定されている。[134] 額が少ないのは次のような理由があったらしい。彼は少なくとも一八人のロンドン商人に、土地を与えて出資させた。商人たちは土地を売って利ざやをかせいだのだった。マンスターでは土地市場の動きが激しく、商人の中には僅かな期間に利をあげる者もいた。買ったのは主に入植者たちであった。売買はロンドンでも行なわれ、一度も現地に行かなかった商人がいた。「多分、ローリーはそのような商行為を予期していながら、ロンドン商人に近づいて、土地投機をやらないかと話を持ち出し、その代わりに自分の出資に参加してくれるように、誘ったのであろう」(マカーシー)。[135] 規模はローリーより小さかったが、同じようにロンドンの商人を入れた例が、ビリングズリー (Billingsley) が入ったリメリックの「シーニョリ」にもあった。ビリングズリーは「請負」った入植者の数を条令通りに守ろうと努めた人であったので、投機筋をいれることが、さほど異常な方法ではなかったのだろうと、マカーシーは推測している。[136] 入れた人と入れなかった人がいて、ローリーの場合は入れた商人の数が多かったのであった。[137]

資金の使途は、どのようなものであったか。ウィリアム・ハーバート卿が投じた資金の「使途一覧」が残っていた。皿と宝石、タペストリー、リネン、寝具などが三〇八ポンドであった。その「一覧」には落ちていたが、当然もっていたであろう品目を、別の二人が船に積み込んだ品目から補うと、生鮮食料品、鉄と石炭、溶鉱炉 (furnace)、鉄の伸べ棒、四輪荷車、馬具、鋤を作る材木と釘。総合計三トン分が、四〇トンのハーバート卿の持ち船でケリー州に向かった。「使途一覧」には現金六六〇ポンドも含まれていた。これは主に家畜の購入と建築にあてられた。建築したのは、家屋の他に製粉場 (mill)、酒造場、窯、馬屋であり、庭園、ホップと果実を植える畑、散歩道の造成が含まれていた。古塔の補修費も六六〇ポンドのなかから出していたであろう。[138]

土地訴訟

リズモアの城をめぐって抗争があった。この城は、ローリーよりも前にウィリアム・スタンリー（Sir William Stanley）が借りていて、スタンリーからエジャトンにまた貸しされていた。このエジャトンがオランダで行方不明になってから、彼の妻が枢密院に貸借権はこちらにあると訴えた。ローリーと対立した当時の総督ウィリアム・フィッツウィリアム（Sir William Fitzwilliam）が、ローリーに不利になるように動いた。しかしローリーは、女王からもらった手紙を出してやる、それは女王の命令であるから自分が勝つ、と言い放ち、その通りにローリーが勝った。

前出のアドモアの土地をめぐっても抗争があった。このときはローリーが敗れた。ローリーは一五九一年一月一五日、司教のトマス・ウィザレッドから一〇一年間にわたる使用権を買ったが、彼よりも先にリチャード・ウィングフィールド（Richard Wingfield）が権利をとっていた。フィッツウィリアム総督の甥だったウィングフィールドは、一五九三年一月に勝訴した[139]。一年前の一五九二年にローリーは、秘密結婚によって女王の信頼と庇護を失っていた。後ろに女王がいるかいないかで、一つは勝ち、一つは敗れた。二つの訴訟の原因は、すでにあった貸借契約を無視して、ローリーが新しく契約したことにあった。

以上の二例は、ローリーが訴えられたが、以下はローリーが他人の訴訟に介入した場合である。アイルランド人のコンドンは、デズモンド伯と共に叛乱をおこし、ヨールを略奪して焼いた大事件にも加わった（一五八三年）。しかし結局親英のオーモンド側について、赦免（pardon）を約束されたが、ダブリンに入獄していたので、赦免の手続きが進まないうちに、この土地は「請負人」の英人ハイドに授封されてしまった。出獄したコンドンはロンドンの枢密院に直訴した。自分が反逆者に入れられたのはヨールを襲ったからではない、女王側に立って叛乱側と戦ったとき、たまたまある城を焼いたからである、と。この訴えを枢密院は認めて、土地はハイドから離れることになった。枢密院はこのように現地人の訴えをよく聞き、しばしば聞きすぎた。コンドンの訴えに対してもそうであった。ハイドはコークの県知事（sheriff）だったので、枢密院の決定を施行せず、逆にコンドンを投獄してしまった。コンドンは一五九〇年に出獄してからロンドンにゆき、再度枢密院に訴えて、ハイドはまた土地から追われそうになった。再度反撃に出たハイドは、ロンドンに上って、コンドンがオーモンド側に入った時期を問題にして、赦免は無効だと主張した。かくも目まぐるしい変転のあと、局面が袋小路に入ったところで、ローリーと仲間のパインとが、割って入った。コンドンが取り戻そうとしている土地には、モギリの森林の殆どが含まれていた、その部分の土地をコンドンが貸すのを条件にして、ローリーとパインはコンドンを助けにでたのであった。二人はハイドのテナントを脅して、自分たちは五〇〇ポンドを投入してもコンドンを守りとおすと宣言し、テナントをハイドから引き離そうとした。最後は枢密院が、土地はハイドとコンドンの間で折半するという、大岡裁きによって決着した（一五九八年）。ローリーとパインの加勢が、この決定にどれほど強い影響を与えたかは不明である。しかし、ローリーは現地人に加担して、植民の仲間であるハイドを敵にしていた。このことは不明ではない。事業と私利を、植民と国家の目的よりも優先させた行動がここにあった。枢密院が現地人コンドンの肩を持ったことがこの植民を特徴づけていた。現地人は一五八七年になってから訴状を出しはじめた。元の土地に戻ってきてから訴訟を始めた。訴訟を仲裁する委員会が二度結成された。一五八八年の委員会は、委員はロンドン出身で、裁判のプロから成っていた。方針はアイルランド人に強硬であり、アイルランド人から出された八一件の訴訟に対して八〇件を拒否した。拒否した方法は、訴えが正しいかどうかを聞くよりも、手続きの不備を指摘して、門前払いというかたちで訴状を拒否していった。[141] ところが、これからは枢密院に任すという言い残しが、その後の訴訟をめぐる状況を一変させた。コンドンとハイドの争いは、一変した状況のなかで繰りひろげられた。

枢密院はアイルランド人の言い分をよく聞いて、彼らに有利な裁決を下した。「正義が求めるものと植民政策が求めるものとは両立しなかった。とりわけ枢密院は、正義の方に合わせることによってもう一方を軽んじてしまった」（シーアン）[142]。といっても枢密院は、植民を遂行する強い意志があったうえで、それでもやはり正義を重んじたわけではなかった。意外にも枢密院は、それを遂行する強い意志をもたず、つまりは、植民の行方に強い関心をもたないまま、ただ、是非の判断を下せばそれでよい、という態度であった（シーアン）[143]。植民の状況に無知であったのもその態度と関係があった。また時には、現地人に不利な裁定をしたあと、現地人が裁定に従わなかったとき、裁定を執行しなかった。シーアンは次のようにいって論を結んでいる――「枢密院は土地訴訟に耳を傾けすぎ、訴訟の背景を知らなかったことが重なって、理由がない訴訟、あるいは不当な訴訟を何度も抱え込んでしまい、植民を遅らせ、また妨げ、事業から脱落してしまう請負人にお定まりの口実を与え、また、最初からやる気がない請負人を作ってしまった。一六世紀の英国政府に皮肉な見方をすることになるが、もし政府が、これまでとかく非難されてきたとおり、不当に入植者の肩を持ってさえいれば、植民そのものは、実際よりもはるかに大きな成功を収めていたであろう。[144]」このようにして、この植民の実態が明らかになりつつある。研究を先導したクインが、一九六六年に、新しい研究が興るのを望み、促して以来の研究の稔りであった。そのクインは、「一六世紀の英国政府は、持っていた理念を実行に移す行政能力を欠いていた。マンスター植民は、そのことを示した格好の例であった[145]」と述べていた。対するシーアンは、クインのこの所見を意識しながら、「一六世紀の英国政府に対する皮肉な見方[146]」と述べて、クインの所見を展開したかたちになっている。さらに、シーアンはクインの所見を次のようにも展開している。「政府は、アイルランドに住んでいる総督とアイルランド評議会を単なる執行機関にして方針の決定から除外してしまった。このことが、アイルランドの行政にもともとあった力不足と結びついてしまった。現地の政府が強力に直轄できていれば、奔流のように押し寄せる土地の訴訟に立ちはだかって、植民を保持できていたはずであった」（大意）[147]。クインが指摘したロンドンの行政の力不足を、シーアンはこのように分析したのであった。

なお、政府は訴訟を解決するために、一五八八年に続いて一五九二年にも調停委員会を開設した。現地人が勝ったのは二八・六％、他の組織に決定を移したのが一七・六％、敗れたのは四三・九％であった[148]。すなわち、この委員会でも枢密院と同じように、現地人の訴えを公平に取り扱った。告訴した現地人は、大量の証拠書類と証人を用意することができていた。また、弁護士をつけることができていた。社会の「改革」、すなわちアイルランド社会のイギリス化が、そこまで進んでいたのを示すものだと、シーアンは注意を促している[149]。なお、マカーシーによれば、公正だったこの委員会も、ローリーに敵対する訴訟に対しては、公正であったかどうか疑念をいだかせた[150]。個々の事例を検討したうえでのマカーシーの判断であった。

木材輸出

オーク材が輸出できなくなった時期があった。その輸出はローリーの金づるであった。木材は英国ではガラス生産、製鉄、造船に需要が多く、国内の森林を荒らしているので、本国への輸送費が安いマンスター地方の木材が求められていた。一五八九年、ローリーは製造組合（syndicate）を作ってこの事業に集中した[151]。組合への参加者は、パインを中心とし、ロンドン在のオランダ人企業家ベローニオ・マーティンズ（Veronio Martens）、ロンドン在の商人エドワード・ドッジ（Edward Dodge）、ドッジの死後にロバート・バサスト

(Robert Bathurst) であった。[152] ローリーは五〇〇〇ポンドを投資して製材工場をタロゥに設立し、三年たたずに三四万枚を一二艘の船を使って輸出したと豪語した。この事業は一五八九年から一〇年間にわたって常時二〇〇人の雇用を生み出した。[153] このビジネスが一五九二年に追いこまれた。総督フィッツウィリアムが、あらゆる国への輸出を禁じた。禁じられる前に、オークの板はワインの樽用にスペイン領のキャナリー諸島とマディアラに送られ、代りに英国にワインが入っていた。酒樽材をそれらの地方に送るだけならよいが、スペイン本国に直接、船用の厚材も送っているとフィッツウィリアムは断じた。同時にパインはスパイでもあると断じた。スペインは艦隊を再編してイギリス本土に再び襲来するといわれていた。パインはアイルランドとイングランドのカトリック教徒と、ヨーロッパのカトリック教徒の連絡係になっているのだ、と指弾された。[154] フィッツウィリアムの注意は、アイルランドの森林の乱伐にも向かっていた。

禁止令を覆そうと、在英していたローリーがバーリーに宛てた手紙（一五九三年八月二七日）と、[155] ロバート・セシルに宛てた手紙（六月一五日）[156] とが残っている。前者では、せめて英国だけに輸出させて欲しいと訴え、後者では、キャナリー諸島に輸出させてほしいと訴えている。相手によって頼み方を変えているだけであろう。前者のなかの以下の二点が注意される。キャナリー諸島に向けたから禁止された、と書かれていて、スペイン本国に軍船用に輸出したと疑われて禁止された、とは書かれていない。ローリーらが本当にスペイン本国に向けて輸出したかどうか、さらに、軍船用にと知って輸出していたかどうかは、いまだに分かっていない。「あらぬことを疑われて心外だ」と明言していないところからだけで、なにかを読みとろうとするのは、おそらく無理であろうが――。次に注意される点は、ローリーが自筆した次のような追記のなかにある。「木材業をアイルランドで興したことに対して、感謝されてしかるべきであるのに、苦労して訴訟をおこさなければならないのは心外です。」ローリーが書いたアイルランド関係の手紙のなかで、私の行いは国家のためだと述べている、これは唯一の個所である。しかし、もしローリーが国家のためだと強く思っていたのなら、バーリーへの、また、ロバート・セシルへの、訴えの中味は、様変わりしていたであろう。短いこの公益追求表明は、逆に、その意識がローリーに薄かったことを表明している。本当にスペインに向けて輸出していたかどうか、それを判断する一つの拠り所は、輸出したと断定した、なにかと横槍を入れることが多かった、[157]フィッツウィリアムへの信頼度にあろう。クインはフィッツウィリアムを正義漢（a man of principle）だとみて、フィッツウィリアムがローリーを毛嫌いしたことに理解を示した。[158]しかしこのフィッツウイリアムは、総督になってから六〇〇〇ポンドの公金を着服していた。そういう面があったとみられる人物であった。他人に対しては正義漢だったと、クインはみたのであろう。

なおまた、同じような問題が、約八年後にイギリス本国で起っていた。イギリスがスペインに向けて、戦艦に載せる大砲を輸出していたので、それを禁じようとする法案がイギリス議会で審議され、商人たちが動いて否決されていた（一六〇一年）。このときローリーは、議員として禁輸に賛成の演説をした。それはそれとして、八年前の禁輸令は、丸二年を経ていない一五九四年一月二一日に解かれた。オーク材の側板は、一六一一年になって英国海軍が大量に発注した。この頃乱伐は進み、一六一一年には二ヶ月の間に七五〇〇本のマンスター材が船用に伐採されていた。[159]英国海軍に対しては、西インド会社の鉄製品とマンスター地方の木材が、発注高を相い争った。[160]

一五八九年

不在地主だったローリーが、珍しくシーニョリとその周辺に比較的長く滞在した年が、一五八九年であった。その一年前の一五八八年には、訪問してはいたが、まだ滞在していなかった。その年の九月に、国内に流れ着いたアルマダの残党が国内で蜂起しないかと警戒して、英国の北西部の海岸を巡航していた。蜂起はないだろうと分かり、今度はアイルランドの守護隊を補強するために、アイルランドに向かった。そのついでにだけ、マンスターの自分の領地に寄ったらしい。このとき‘Myrtle Grove’などの屋敷を買い、リズモア城を補修していた。翌一五八九年の長逗留は異例であった。多分八月初めから逗留し、九月遅くには遠い親戚のカルーとリズモアにいた。一〇月に詩人スペンサーをつれてロンドンに帰った。ずっといたとは限らないものの、三ヶ月もの間、ローリーのように要職にある人物が、騙し騙される術策が横行する宮廷から遠ざかることは、普通はありえなかった。ローリーは当時、女王の身辺にいる近衛隊長の身分にあった。一五八九年八月一七日、ある宮廷人（Sir Francis Allen）が、これもある宮廷人（Anthony Bacon）に宛てた手紙で、「エセックスがローリーを宮廷から追い出してアイルランドに閉じこめた」[161]と書いていた。日の出の勢いだったローリーの前に、若くて毛並の良いエセックスが現れて、女王の関心をローリーから奪っていた。女王はローリーを遠ざけるようになっていた。ローリー自身の詩と、スペンサーが書いた詩が、その離反を書き、しばしば引用されている[162]。宮廷の居心地が悪くなってはじめてローリーはアイルランドに滞在した。アイルランド植民も、重臣にとってはそれだけのものであった。一五八八年からすでに、近い将来の疎開生活を準備していたのかどうかは分からない。

やってきたローリーには色々な面倒が待っていた。リズモアの城の借用権をめぐる抗争がおきていた。女王の手紙を持ち出したローリーに対して、「ローリーがみせた横暴のなかでも最たるものだった」（大意）[163]とクインが評した。さしもの横暴も、秘密結婚が分かって女王を怒らせた、一五九二年からは通用しなくなった。その機に乗じて、フィッツウィリアムがローリーを抑えこもうとしていた。当地にやってきていた一五八九年が、マンスターでの横暴の頂点だった。その年にローリーが書いたかもしれないとみられていたある手紙が、最近ではおそらく本当に書いたのだろうと受けとられるようになった。ローリーがある「古いイギリス人」の娘を妊娠させて、出産前に交換条件をもちだして、父親の口を封じようとした手紙である。[164] ローリーに隠し子の娘がいることは、一五九七年に書いていた遺言[165]で分かっていた。「今、アイルランドにいる、アリス・ゴールドから生まれ、私の子といわれている娘には、三三三ポンドをやってもらいたい[166]」と書かれていた。娘が今いる場所を示さなければならないから、「今アイルランドにいる」のは、母親ではなく娘であったはずであると、最新の伝記はいう（トレヴェリアン[167]）。

さて、アリス・ゴールドの父親のジェイムズ・ゴールドに、ローリーは次のように書いた。「娘さんを妊娠させているという噂を悪漢の Jewell から聞いておられるらしいが、彼は私のテナントの一人で、私からたくさん借金をしている男だ。彼に確かめたら、そんなことはありえない、その話は嘘だと明言している。全力を尽くしてその話を抑えて（supress）もらいたい。それはあなたご自身のためと、娘さんのためだ。娘さんは高貴で立派なお方だと、誓って申しあげる。ところで、私の領地にある城をもらいたいといっておられるようだが、この降霊節には契約書を作ってさしあげよう。それに、マコーマックに対しておこしておられる訴訟やその他の訴訟のことは、総督にいって、良い結果になるように取り計らっておこう。私は女王陛下と昵懇なので多忙を極めているから、アイルランドにはいけない。私のロンドンの居所を探さないでいただきたい。娘さんによろしくお伝え願う。」

父親ジェイムズ・ゴールドはコークに住み、マンスター地方の司法長官（Attorney General）であった。土地調査委員会の委員の一人であり、ローリーはコークの私宅に泊まったこともあっただろう（ユーイングズ[168]）。仮にもローリーが結婚を望めば、同じようなことはイギリスからやってきた「新しいイギリス人」に多くおこっていた。イギリスに帰って良い生活を送る望みがもてないとき、彼らは現地に長くいた「古いイギリス人」の娘と結婚して、植民地以外の土地を妻の側から得、または他所から買いとって、生涯をアイルランドで過ごした。アイルランドで働いている行政官のほとんどが、このような結婚をしていた。[169] 一方、「新しいイギリス人」のリチャード・ボイルは、二人の娘を「古いイギリス人」と結婚させた。[170] 長女のアリス（Alice）は豪族デイヴィッド・バリモア（David Barrymore）と、次女のジョアン（Joan）はこれも豪族のキルデア伯ジョージ（Earl of Kildare）と結婚させた。このような結婚は'intermarriage'と呼ばれ、政府側が嫌っていたにもかかわらず、一六〇三年頃からは、「社会の結合（Social Unity）」を作り、社会に安定をもたせた。

しかしローリーの場合は、そのような'intermarriage'はありえなかった。高い地位をもっていたローリーは、アイルランドに住みつくつもりは毛頭なかった。将来を見通したうえでの関係ではなかった。そのうえ、次のような一層微妙な事柄を伴っていたかもしれない。一五八九年か一五九〇年にローリーの娘が生まれて、ほぼ七年後に遺言が書かれたとき、娘を産んだ母親は、はたして生きていたのであろうか。財産をその母親にも残すという遺言ではない。ローリーのような重臣にとって、隠し子がいると極めて不利な立場になる。「もし遺言が書かれた一五九七年に母親が生きていたとすれば、余程気をつけて（discreet）生きていたにちがいない。……それとも産褥で死んだのだろうか、直後に死んだのだろうか」と、[171] 最新の伝記の作者は含みのある書き方をしている。[172] より確かなこととして、ローリーが父親に宛てた手紙は真実を語っていない。「自分は女王陛下と昵懇なので」というが、当時は女王から疎外されていた。「城をもらいたいといっておられるようだが」は、ローリーの方から話をもちだしているのであろう。ここはいかにもローリーらしいところである。しかし他方では、「ロンドンにやってくるな」といっているところは、絶対に来させてはならないにしても、いい方がローリーにしては直截すぎる。ローリーならば、次のような書き方をしたのではなかろうか――「ロンドンにやってきて、せっかく私から貰ったものを取り上げられるようなことは、賢明なる貴下のことであるから、まさかなさるまい。」文章全体に屈折がなさすぎることもあり、ローリーの真筆とは断定できないが、もし真筆であれば、この手紙は、一五八九年頃のローリーの行動、態度を明示するものである。

売　却

マンスター地方全体にわたって、「請負人」が「シーニョリ」を売却していった。一五九八年から一六一一年までに、一一の「シーニョリ」で所有者が代った。リメリックで五人、コークとウォタフォード四、ケリー二であった。ローリーはコークとウォタフォードの四人のうちの一人だった。[173] ローリーは直ぐに売却したのではなかった。一五九四年から、領地全部を人々に貸した。ノーフォークの友人トマス・サウスウェル(Thomas Southwell)らにであった。一五九四年も含まれる植民の初期は、入植者が来やすいように、地代は安く、期間は長期にわたらせるのが普通であった。ローリーがテナントに納めさせる地代の年額、二〇〇ポンドは高くなく、[174] ローリーがあたえた期間は、少数に対して一〇〇年、多数に対して平均は四一年、マンスター地方の平均は三一年であった。[175] 貸しはじめてから二年後の一五九六年、全領地を二〇〇〇ポンドで売ろうとした。この商談はまとまらなかったが、一六〇二年になって、例のリチャード・ボイルに、一五〇〇ポンドで売却した。マンスター地方で最大の売買になり、[176] また、売価をめぐって、後日に問題がおきる種を播いたことになった。ボイルに売却した誘因として、いわゆる「九年戦争」(一五八三―一六〇三年)がマンスター地方に波及して(一五九八年)、荒廃した領地から収益が回復するまでの期間を、ローリーは待てなかったのだろうとみられている。[177] この叛乱が植民にあたえた影響については、どうしてもみておかなければならない。

一五八三年に北で起きた「九年戦争」が、マンスター地方の植民地に及ぼした影響について、三つの時期に分けて説明したのが、マカーシーであった。第一期の一五八三年から一五八六年は、この地方は叛乱に無関心であった。第二期の一五八六年から一五九〇年代前半には、法と武力を使った現地人たちの抵抗が、組織化されずに散発した。第三期の一五九〇年代半ばからは、少なかったが起きた殺人が、政治的背景を帯びはじめて、一五九八年の蜂起の前駆になった。[178] 当地に波及したその蜂起の生因について、当時は次のようにみていたといわれる。すなわち、植民に対する憎悪、イギリス人に対する憎悪よりも、現在の身分がこれからどうなるかという不安の方が、主因であったという。この当時の見方に、マカーシーは注目している。[179] 九八年の蜂起は、一〇月の深夜に突然始まった。ヒュー・オニールは各地に、ゲリラを送って乱を拡げようとしていた。マンスター地方には、リーシュにいたオーウェン・マックロリィ・オモア（Owen MacRory O'More）を送りこんだ。「リーシュ・オファリー植民」と「マンスター植民」は、このようなかたちでも接した。乱の方法は、入植者の家屋、要塞への放火であった。このときスペンサーがいたキルコルマン（Kilcolman）の城（図58）も焼かれた。乱の結果は、土地をもっていない現地人が入植地を占領した。入植者たちはただ逃げただけであった。この植民で守護隊は、条令で定められていたとはいえ、条令は守られなかったから、隊として機能しなかった。守ろうとすれば守れたであろう地域でも、彼らは撤退した。「なぜ留らなかったか」と、女王は苦言を呈したほど、[180] 見事な撤退であった。

この撤退にこの植民の性質があらわれていた。政府筋にあった、この植民によってイギリス国家を防衛するというスローガンは、空念仏であり、入植者の私利の追求が、実態であった。ローリーにしても、守護隊を強化して範になればなれる立場にありながら、それをしなかった。ローリーにはかねてから持論があった。

叛乱を防ぐには、叛乱が起きてから後追いするのではなく、あらかじめ強い守護隊を要所に設置しておくのがよいと、政府に助言していた。そのはずのローリーであった。一般の入植者はなお一層、領地を国家のために死守するつもりもなく、また、さほどに利益をあげなかった領地を守るつもりもなく、領地を放棄することが、この場合には最大の利益になるとみたのだった。ローリーの領地にいた入植者たちは、モギリ（図46）、リスフィニ（図47）の塔に残った少数を除いて、ヨールの城壁の中に避難し、そこから船で本国に帰った。他の地域でもおなじであった。[181] モギリ城に残ったパインは、他の入植者たちとはちがって、ことさらに私利を追求して成果をあげていた人物であった。リスフィニの塔に残ったコゥルサーストは、ローリーの代理人を勤めた植民の責任者であった。彼らだけは覚悟をして残ったとみられる。他の地方では、逃げてくる入植者をバークリィ隊長（Captain Francis Barkley）が選別して、一二〇人をリメリックのアスキートン城（Askeaton Castle）に追い返したところ、この城はなにごとも起らずに保全された。[182] 短期間に叛乱が成功したのは、入植者側がそのようにさせたところがあった。従って復旧も早く、一〇月に始まった蜂起は、一二月にイギリス本国から到着した二〇〇〇人の兵士によって、翌年初めに鎮火した。一六〇〇年初めに到着した新しい地方長官ジョージ・カルーの強硬策がだめを押して、一六〇一年には復旧といえる状態に戻った。入植者たちは決して、直ちに喜び勇んでではなかったが、ダブリン行政府が復帰命令を出したこともあって、徐々に戻ってきた。[183] その後は、他の植民地と同じように、安定期に入って、この植民の人口は一六四一年に頂点に達する。

さて、ローリーが領地を売却した理由について、ある見解によると、一五九八年の蜂起による領地の荒廃を悲観しすぎたからであるとされている。[184] その見解は正当であっても、蜂起の二年前から売ろうとしていたいきさつがあった。蜂起の前から事業としての収益力を見限っていたのであろう。別種の原因として以下のことが指摘できるであろう。ローリーは何事においても先駆者で、自身は素早く退場し、完成は後継者たちが行なった。北米ロアノークの植民がそうであった。ローリー自身はジェイムズタウンへの植民までは行なえなかった。南米ギアナへの金鉱がからんだ関心も、残した実績は皆無であったが、後代に影響を残して、後代が西インド諸島、ジャマイカ島の植民地化を実現した。退きが早かったのを性格のせいにするのは簡単である。多方面に活動を拡げた冒険的先駆者の、一類型と受けとれるであろう。マンスターからの早い退場も、そのようなコンテクストのなかに置いてみたい。ローリーの行動はすぐにボイル（図59）によって受け継がれた。

図59　リチャード・ボイル，初代コーク伯.

一六〇二年にボイルに売却した領地は、教会から新しく獲得した領地の権利を含み、売価は一五〇〇ポンドであった。支払いは三回に分割され、一回目の五〇〇ポンドの支払いは終わった。ところが、一六〇三年、ローリーは叛逆罪で有罪となり、公権を喪失したために、法の定めでは領地は政府に没収される筈であった。ボイルは敏捷にこの事態に対応した。あとの二回分を、ローリーに急いで支払って、裁判官に賄賂を贈り、うまく登記を成立させてしまった。[185] 一五〇〇ポンドの売価は安かった。なによりの証拠に、後にローリーがボイルを訪ねて無心したところ、後述のようにボイルが折れて一〇〇〇ポンドを贈っていた。安価について、ボイルの敵たちが一六三〇年代に、ボイルの抜け目のなさについて悪口をたたいていた。[186]

安価のことで注意を引くのは、この売買を周旋したジョージ・カルーの腹づもりである。カルーはどちらのためを思ってこの安価の売買をまとめたのであろうか。カルーの伯母（Catherine）がローリーの母方の祖母であった。血縁は薄いとはいえ、当時の社会では、とにかく同族の結束が強かった。このカルーの世話をローリーがやいて、アイルランド評議会のメンバーにしてもらえないかと、総督フィッツウィリアムに頼んでいた（一五八九年一一月一二日付の手紙）[187]。前述のように、「リズモアの城は女王の手紙があるから自分のものになる」と、ローリーがきわどいことを手紙に書けた、相手がカルーであった。「建築業者が求めれば修理費を立て替えておいてほしい」とも、頼める間柄であった。あたかもローリーが伯父で、カルーが甥であるような間柄であった。このカルーは、アイルランドで砲兵隊長（Master of the Ordinace in Ireland）を勤めた（一五八八—一五九二年）、のち、帰英してから、珍しくそれより格上の地位、すなわちイングランド砲兵隊準将（Lieutenant General of the Ordinace in England）につき（一五九二年—）、マンスター地方長官（Lord President of Munster）（一五九九年—）になってアイルランドに復帰した。一方のボイルは、不正取引で投獄されていたところをカルーに救われたのち、カルーにさらに近づいて、地方評議会書記官（a clerk of Provincial Council）の地位をさらに与えられた（一六〇〇年）。カルーがやり手のボイルの将来を見こんだとみられる。ちなみに、ボイルが得たこの身分は、ボイルを水をえた魚にした。この身分にあったので、どこの土地がどのような性質のもので、どのように登記されているかが分かった。このようなボイルにこのようなカルーが売買を仲介したのだった。カルーの役目を'a broker'としたマカーシーは、「カルーはこの安値なら絶好のチャンス（'a supreme chance'）」だと、ボイルに耳打ちしたにちがいない」[188]と、そのときのカルーの仕草を目に浮かべている。「仲買人」は双方の利益を考慮するとはいえ、明らかな安価をローリーにのませたという事実は残っている。かつて自分を腹心にしてくれたローリーよりも、将来が見込めるボイルの側に立った、これはそのような「仲買」であったとみられる。このときのカルーの行動は、植民の成功を省みずに私利を求めて、アイルランド人コンドンの肩をもったときの、ローリーの行動と一脈通ずるのではなかろうか。

顛末

ローリーは一三年間、ロンドン塔を出る機会を待っていた。金鉱があるといってギアナ行をいいだし、遂に一六一七年にロンドン塔を出た。ギアナ行の船団がプリマスから出港したあと、コークに寄って、(1)ボイルから餞別に一〇〇〇ポンドをもらった。(2)もらったときローリーはボイルに向けて証文を書いた。自分はヘンリー・パインに、長い期間にわたる借地契約をした覚えはない、契約書はパインが偽造したのだ、という証文だった。この証文をローリーは死の直前に撤回した。ギアナ遠征に失敗して、一六一八年に断首される前日に、それを撤回していた。(3)ローリーの死後に、夫がボイルに売った土地の売価は不当に安すぎたと、未亡人エリザベスが補償を要求して食い下がった。(4)今度はチャールズ一世がでてきて、ボイルの土地買収は無効だ、土地は王に来るべきものだったと主張した。(1)、(2)、(3)、(4)について以下に記述する。それぞれには、ローリー個人とスチュアート朝の機微が含まれている。

プリマスをやっと六月一二日に出港したローリーの船団は、直ぐに嵐にあって、とローリーはいった、分散して港に避難した。プリマス、ファーマス、遠いところでブリストルの諸港だった。ところがローリーの船だけは、更に遠く、アイルランドのコークに入った。逗留期間は諸説があるが、ローリー自身は『日記』のなかで、七週間だったといった。[189]そんなに長くなった理由を、船が出られない逆風のためだった、その間にせっせと食料などを集めていたのだと、殺される前に『弁明』していた。[190]七週間をローリーは、故里に帰ったような気持になって、コーク、ウォタフォード地方の各地を訪れていたであろう。

しかしその他に、はっきりした世知辛い目的があった。これをローリーは伏せていたが、相手が語ってしまった。目的とは、土地を安価で売ったボイルから、金を無心することだった。コークの或る港に着いてから、ボイルにまず貸し馬車を寄越してくれと手紙(191)を書いた。この頃ボイルはコーク伯(Earl of Cork)になっていた。「嵐を避けて八艘がこの港に入ったが、食料などを積んだ補給船がまだ着かない。自分に馬があればすぐにお尋ねしたいが、今はそれが不如意であるので、貸し馬車(hackney)を数台寄越してくださらぬか。それがあればこちらは、〔ロステランの領主〕トマス・フィッツジェラルド、三、四人のジェントルマン、二人の兵士を連れて、クロイン(Cloyne)まで、火曜の午前中には出ていける。あなたが助けて下さらなければここで消滅(perish)してしまうだけです」(大意)。この手紙を書いてから、五、六週間後の八月、初旬か中旬に、ローリーは次のようなお礼の手紙(192)をボイルに宛てた——「あなたから受けた恩恵は実に多大なものがあります。あなたはアイルランド王国のこの地方を強固にして国家に貢献しておられます。それを私の友人たちに書いて知らしめました」といった後、「友人としての作法に適って、やって下さったすべてのほかの事柄においても、受けた恩恵は多大なるものがあります」と付け加えていた。付け加えた部分は、必ず書かなければならなかった。このときボイルから一〇〇〇ポンドをもらっていた。この寄付を、売った土地が安価だったから、といって無心していた。このように初めから目論見があって、コークをめざし、嵐をさけた、逆風で出港できなかったと、隠蔽していた。一〇〇〇ポンドと一緒にもらった土産物は、「スペイン製の鉄の伸べ板六本、鱒一樽」であった(193)。

瑣末なことがらではあるが、上記の手紙を書いた場所、すなわちローリーたちが上陸した場所は、これまで受けとられていたキンセイル(Kinsale)ではなく、コーク港の中のロステラン(Rostellan)だったらしい。『リズモア関係資料集』(Lismore Papers)を編んだグロサート(Grosart)が、転写するときに誤記していたといわれる。[194] 手紙は六月二八日（日）に出し、ボイルのところに二九日（月）に到着、その翌日の火曜にクロインまで出てゆきたい、貸し馬車を手配してくれと書いた。ロステラン、クロイン、ヨールなどの位置は図60が示す。ボイルはこのときヨールにいた。ロステランからクロインの町までは二・五マイルの近さである。貸し馬車をローリーがいるロステランまで直接届けても大差はなかった。それなのにわざわざ、クロインまで出てゆくからとローリーがいったのは、自分の用向きが火急で切実なのを、ボイルに分からせようとしたからであった。ただ分からせようとしただけではなかった。「うまくメイナス・マクシー（Manus Macshihy）に会えた、その男を連れていく」とも書いている。マクシーはローリーが領地をボイルに売ったとき公証人を務めた人物だった。ボイルにしてみれば、この男を連れてゆくといわれれば、ローリーが来る用向きが分かるだけでなく、いいか、分かっているな、と脅されているような気持になったであろう。

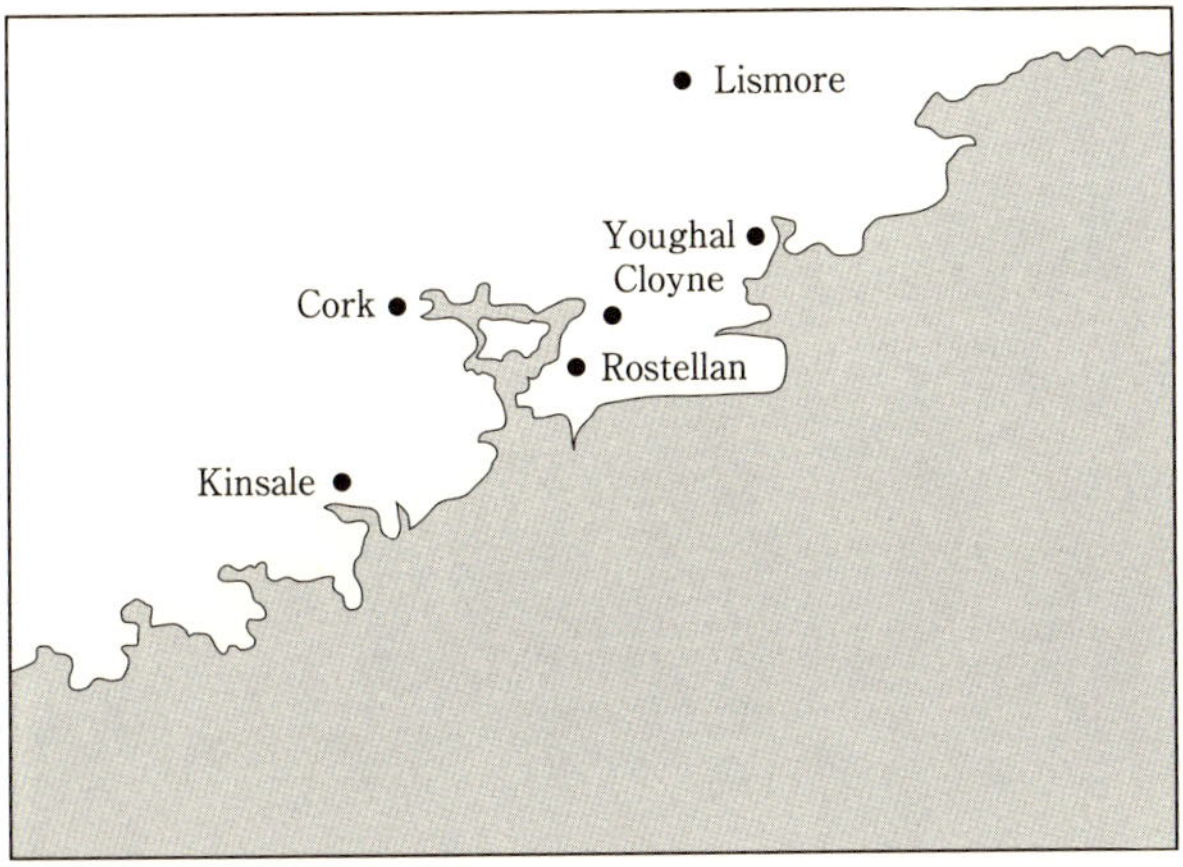

図60　ロステラン，クロイン，ヨールなど.

　ローリーがローリーであればボイルもボイルであった。ボイルはこのとき、交換条件にローリーに証文を書かせた。ローリーの領地をボイルが買いとってから、ボイルはローリーがした借地契約の期間が長いのに悩まされていた。そのために土地が思うように自分のものにならなかった。先述のように近辺の平均は三一年、ローリーはパインに良地モギリを四一年で貸していたが、後に八〇年に延長していた。この長い期間が特にボイルを悩ましていた。一〇〇〇ポンドを贈る代りに、八〇年に延長した契約書はパインの偽造であるという証文を書かせた。目先に大金を出されて、ローリーは証文をいわれた通りに書いた[195]。

しかし、一六一八年一一月、処刑の前日に、この証文の内容を撤回した。すなわち、「私はアイルランドからギアナに行くときに、パインに対する貸借契約について、パインを陥しめたことになった証文を書いたが、良く考え直したところを言い遺しておきたい。パインへの貸与について私が言った意見は、パインを罰する法律上の証拠にはしないでほしい。そうしないで、パインとボイル双方がもっている他の証拠物に基づくようにしていただきたい」。なぜこのように撤回したのだろうか。撤回したのは、死の前日、神様に向き合う日を前にして、「良心の咎めをなくしておこう（'for discharge of his conscience'）」としたからだといった人がいた。この言い遺し文を預かって、死後に公表した特任看守サー・トマス・ウィルスン（Sir Thomas Wilson）がそういっていた。ウィルスンはローリーを監視するために、政府からロンドン塔に送られていた。しかしながら、良くみても真実を明らかにしておくためであって、それ以上の心、宗教心をこの遺文に読むことはできない。同じ遺文のなかに、ジョン・メア（John Meere）とサー・ルイス・スタックリ（Sir Lewis Stucley）についての項がある。前者の項は、シャーボンの領地の所有権をめぐっている。公証人メアの遺漏によって、ローリー家はシャーボンを失った。後者の項は、ローリーがギアナから持ちかえったタバコを、スタックリが余分にとるのを許さないというものであった。スタックリはスパイになって、ギアナからロンドンに帰る途中のローリーを政府に捕らえさせた。二人についての項は、両者への非難であった。もう一つの項目は、妻に宛てて、夫がギアナで死んだ、二人の未亡人を世話してやってほしいと頼んでいる。この項においても、人が生きるのは「物」だという考えによっている。全体[196]の記述が淡白であるために、全体が与える印象は潔いが、死の前日のローリーの心は、現世の「物」に向かっていて、魂に向かっていたのではなかった。ウィルスンが良心の咎めをいいだしたのは、死後急激に高まったローリー賞賛に合わせるためであった。

ローリーの死後二年以上たった一六二〇年代前半に、未亡人エリザベスが、土地の売価は不当に安かったと、賠償を要求した。要求には、長男のウォルターはギアナで死んでいたので、次男のカルーが加わったが、主役はエリザベスだった。エリザベスは、カルーの将来のために金を作ろうとしていた。エリザベスは、救済処置の一つである「衡平裁定（equity）」をもちだしていた。今までボイルがえた利益を考えると、売価は安すぎたから、法的正義によってでなく社会正義によって、売主にゆくべきだった金額を売主に補償せよ、というものであった。この要求をボイルは真剣に聞いた。故人ローリーの人気は高く、ローリーの家族と対立するのは得策でないという賢明な判断があった。ボイルはしかし、補償は終わっていると事柄を公表して対抗した。ボイルはこういった――「金は全部払った。買ったとき土地は荒廃していて利益をもたらせなかった。ローリーはロンドン塔から出るために、私が払った金がありがたかったはずだ。私が払ったのは売価の一五〇〇ポンドどころではなかった。テナントたちに立退き料として二七〇〇ポンド払い、このお荷物の土地を買うのに、女王に一〇〇〇ポンド払った。……無駄遣いはそれで終わらなかった。地主の資格が足りないからといわれて、女王から勅許状をもらうのにまた金が要った。揚句の果ては、最後のギアナ航海ができるようにと、ローリーに一〇〇〇ポンドを餞別にやらなければならなかった。ローリーはこれに間違いなく大満足していた。なぜなら、私がコークのランダル・クレイトン（Sir Randal Cleyton）の家で、フランス銀貨を一〇〇ポンドやろうとしたら、それには及ばぬ、今までので十分だといって受け取らなかった。もっとも、そのときやりとりを見ていてまだ生き残っている人々は、みなローリーに親しい人ばかりだから、本当のことを証言してくれるかどうかは分からない。ローリーはそのとき金を断ると、よく聞いておけよとばかりに、息子のウォルターの手をとって、次のように言い渡した。――『ワットよ、いいか、ボイル様は私と友人たちをもてなして贈物を下さったのだから、……私がボイル様に売った土地のことには、なにも疑問をいだくなよ。もし売買のことで妻とおまえが疑問をいだくようなことをすれば、私は二人を呪うぞ。もしボイル様が買ってくださらなかったら、土地は私の有罪によって国家にもっていかれただろうから。……[197]』」。ローリーが息子に言って聞かせたという部分がボイルの口上のポイントである。ローリーがこういったといえば、夫人はローリーを信頼しているから、夫人の行動は封じられる。世間もローリーを讃えているから、世間に事柄の終了を認めさせられる。立退き料として必要だった金額は、一五〇〇ポンドぐらいであったろうと、マカーシーは推定する[198]。ボイルは彼らに二七〇〇ポンドを払ったといった。これらの点を含めて、ボイルの弁明がどこまで真実であったかは分からない。筆者の直感にすぎないが、効果を最もあてにした、ローリーがこういって息子を諭したといっている部分が、創作であったかもしれない。「私のいっていることに証言はとれないかもしれない」と、自分でもいっていた。親が子に諭す訓告が、当時文学のジャンルとしてあった。

ボイルがいくら黙らそうとしても、妻エリザベスは黙らなかった。一六二五年七月七日付、「アイルランド法律調査部から、ローリー夫人の訴えに関して、アイルランド評議会に宛てた念書」は、次のように勧告した――「ローリー夫人から出された申請書は、ローリー夫人とコーク伯との間の事例につき、公正な裁判を要求している。夫人によれば、コーク伯は尊大ぶって、普通裁判所に出頭せず、寡婦財産証明書を送っても返事をしない。……この件は総督とアイルランド評議会の判断にゆだねるべきだと申し上げる……[199]。」ところが、この勧告を受けても、受けた当事者の総督と評議会は動かなかった。政府筋の利益に繋がらなかったからであろう。以後夫人は、土地をめぐる争いの舞台からは消えている。

代って登場したのは国王チャールズ一世（図61）であった。チャールズに大金が入るかも知れなかった。ローリーが公権を剥奪された瞬間から、土地は国王のものになっていたはずであった。その瞬間には、ボイルはまだ金を払いきっていなかった。しかしボイルはうまく処理して、未払いの金をすでに払いきっているようにしてしまった。その手続きの不正を追求すれば、土地の権利は国王に戻る。ただし土地を戻すのではなく、土地はボイルのものになったままで、金銭をボイルから獲ろうと王は目論んだ。どうなったかを先に見ておくと、一攫千金を狙って大騒動を起こしたが、茶番劇に終わった。ただそれだけのことであった。茶番劇の一部始終が幸い記録に残されている。チャールズ一世と当時の政界の内側が、その記録を辿ると分かる。

図61　チャールズＩ世

ボイルのエリザベス夫人に向けた訴えを仄聞した国王は、「ボイルがいっていることは本当かどうか調べて報告せよ」（一六二七年四月七日）[200]と、アイルランド総督に命令した。総督の意を受けた評議会のハドザァが、ロンドンの政府筋に報告した。相手は国務大臣官房長官（Secretary of the State）、カンウェイ公（Lord Conway）であった（一六二七年八月一三日）。

「陛下は、サー・ウォルター・ローリーの公権喪失によって、マンスター地方の四万二〇〇〇エーカーの土地に、疑問の余地のない要求権（‘undoubted claims’）をもっておられる。また、……教会の領地に対する所有権も、もっておられる。以上の土地は、現在不当にコーク伯が所有している。同伯は、イングランドの法廷に出てきて権利を証明せよと我々が求めても、いまだに行なわないばかりか、土地の一部を勅許状をかざして他人に売ろうとして、陛下の土地の価値を減らそうとしている。彼の動きを陛下の命令書をだして停止させなければならない。幸いにもバッキンガム公は、ご自分の不在中にはコーク伯にいかなる活動もさせないといっておられるので、停止は容易に行なわれるであろう。[201]」事柄はローリー夫人が望んだ「衡平裁定」をこえた領域に進んでいった。ローリー夫人の訴えが梨のつぶてになってから二年が経っていた。同じハドザァが同じカンウェイに、今度は国王が法廷に出てくださるようにと促した（一六二八年五月一九日）――「ローリーの公権喪失で没収されていた、今はコーク伯が持っている、四万二〇〇〇エーカーについて、同伯から出ている訴訟を、陛下に明日午前、法廷においで願って、聴取していただくように……。……同伯が不法に土地を持っているので、火砲と鉄の伸べ板の製造から生まれている、本来は陛下の収入が、陛下に入らなくなっているのです。[202]」こう促すまでに九ヶ月が経っている。内部で異論があったからであろう。なにしろボイルのことであった、きっと内部に向けて工作していたからであろう。ローリーの土地は王にすでに「没収されていた」と、一歩進んだ判断が書かれている。異論が強かったからこそ、こう書かれたのではなかろうか。今の状態がいけないのは、「王に金が入らないから」だといって、「正義に反するから」だとはいっていない。

さて、王は間髪を入れずに、総督に宛てて「出てゆく」といった（五月二七日）――「コーク伯が、不当に所有していると私は理解している、四万二〇〇〇エーカーの土地と教会の土地とを、同伯に弁償させる（satisfaction）ために、六月二二日までに、この件に関わるすべての文書を提出してくれるように望む。」コーク伯が書類を出さないときに対処する、細かい指示をしたうえで、もし書類が見つかれば「写しをリチャード・ハドザァに渡すように、見つからなければ見つからないと述べた念書を同氏に渡すように」[203]、と念をおしている。訳出を省略した個所では、誰々に探させよと細かい指示がある。王の胸中には金銭がすでに収まっている。このあと、後述するような重要な出来事が起こった。その出来事は決して王を有利に立たせたものではなかった。にもかかわらず、王側は依然として、同じような皮算用を、次のようにしつづけていた。やはりハドザァからカンウェイに宛てたこの文書には、争いの内幕がのぞいている（七月二三日）――「司法長官（Mr Attorney）は私を騙そうとした。王からの依頼を私が長官に渡したところ、長官はコーク伯に事前にそれを見せて、二人で謀って私を騙そうとしたのです。土地を回復する方法について、同僚達の意見をまとめたうえで、私がここにはっきり申しあげます。そうすることで生じてくる複雑な法律上の事柄については、お伝えしてお心を煩わせません。王は五万ポンド以上を得られます……。」「同封の文書にサインをして、直ちに総督にお送りになれば、もっと金がとれるでしょう（大意）。」「陛下には決然たる態度で臨んでいただきたいのです。陛下はコーク伯に対してはたして正義を執行されるかと、今やアイルランドの眼が陛下に向かっているからです……。[204]」コーク伯が暗躍したと、語られるべきものが語られている。王の利得行為を、正義を行使するのだといって正当化している。さらにまた、皮算用が昂じている。

ところが、この手紙よりも四週間前に、一つの劇的な展開が生まれていた。一六二八年六月一五日、ウェストミンスターの議会は、ウォルター・ローリーの公権喪失は息子には及ばない、という議案を承認した。息子カルーは父が戸籍を消された後に生まれたからというのが理由だった。[205]この議会の決定を、チャールズ一世はサインをして承認した。この議決はしかし、ウォルター・ローリー自身の公権を復活させたものではなかった。それによって土地の帰属は宙に浮いた。父ローリーの土地でないと決まったから、土地は国王にくるのか、息子にくるのか、それとも今まで通りボイルが持ちつづけるのか。国王側は、翌年（一六二九年）、税関に担保をさしだすためという名目を作って、ボイルから一万五〇〇〇ポンドを借りた[206]。ボイルはこの金は返ってこないものとして、これで手を打とうとした。前出のように、ボイルは司法長官にも働きかけていた。

元は教会がもっていた土地の帰属については、どうなったかがはっきり分かっている。アドモアの土地は今の司教に返す、リズモアなどその他の土地はほぼそのままボイルが所持してよい[207]、という、ボイルに極めて有利な決定であった。僅かだったボイルの損失は、その時のアドモアの司教の窮状を救うためで、司法上の判断からでたものではなかった。この決定の基になったのは、デリーの司教（the Bishop of Derry）とサー・ウィリアム・パースンズ（Sir William Parsons）が、総督と評議会にあてた答申であった[208]。パースンズはボイルと共に、総督ウェントワス（Wentworth）を支持していた[209]。すなわち、ボイル、パースンズ、ウェントワスは仲間だった。

ところが、教会の土地ではなく、ローリーが「請負って」ボイルのものになった、面積では大半を占めた土地については、不思議なことに、どう帰属したかを直接いっている一次資料に出会わなかった。出会った二次資料は、それについて十分に記述してはいなかった。この不思議は、筆者の調査不足によるのであろうか[210]、それとも、裏に何かがあったのであろうか。状況証拠というべきものはある。それらによると、この土地もまた、そのままボイルが所持しつづけた。一六二七年と二八年に、国王側が土地はこちらに来ると胸算用した文書が、ほぼそのままのかたちで、二〇数年後に再提出されていた[211]。一六四七年—一六六〇年間に公表された、政府関係文書のなかに、二個所にわたってそれらの文書が再録されていた。国王側の主張が通らなかったことへの抗議として、国王側から再提出されたものであり、土地が国王に来なかったことを語っている。ちなみに、ローリーが買収したとき、すでに民間人が借りていた、教会の土地については、一切不問に付せられてボイルのものになった。ましてや、ローリーに政府が請け負わせた土地については、問題なくボイルのものになったのであろう。もう一つの状況証拠は、次のような金の動きのなかにある。国王がボイルから借りた、前出の一万五〇〇〇ポンドについてである。国王はボイルから贈られたその金をとって、代りに土地をボイルにそのまま持たせるつもりだった。ところが、教会の土地の帰属が決まったあと、王はボイルに、その金を二年間で返却させられてしまった。ボイルと連動していた前出のウェントワスが、王にそうさせたのだった。[212] 土地がボイルに帰属すると決まったからであった。最後に、次のような二つの二次資料が、ボイルに土地がいったと語っている。まず、マカーシーはただ、「ボイルが一六〇四年にえた勅許状にあった条件を、暗黙のうちに繰り返していた」と、「再授与」(subsequent regrants) は、ローリーが最初にえた勅許状にリーのかつての土地の授与と、その後の再授与と、「再授与」をなに気なく記している。[213] 次に、ビアによると、「ボイルは金を使いきり、ディグビィは証拠書類一式を出して、両人は領地をそのまま保持した。『息子は公権を喪失した父が持っていた有利な条件を継承できない』という規則があったからである」[214]。もっともビアは、土地はローリー家に行かずにボイルに行ったというだけで、国王との経緯については述べていない。

一攫千金を狙った王の捕物は、このように騒動だけで終わった。エリザベスの時代とはちがって、この時代は国王の威信が低下した時代であった。チャールズはボイルから大金を獲り損ない、重臣バッキンガム公の凋落を防ぎきれなかった。同公は刺殺され、自身もやがて、ホワイト・ホールの迎賓館の前で断首された。断首されるときの王のさまを、かつて詩人のマーヴェルは滑稽とみた。[215] 一攫千金を夢みて失敗した、このときの王のさまも同じようにみえる。チャールズに残った金銭は、すぐ後に述べるように、ローリー夫人からえた、利子を払ってゆく三〇〇〇ポンドと、後にボイルから、スコットランドに出てゆくときにもらった、一〇〇〇ポンドの餞別金だけであった。[216]

王がカルーの公権回復を承認する直前に、王はローリー夫人から四〇〇〇ポンドを借りていた（一六二八年六月初旬）。不足する軍資金にあてるためであった。王は回復を承認したあと、一〇〇〇ポンドだけは返し、残りの三〇〇〇ポンドについては、年に八パーセントの利子を夫人の存命中に払うだけで、元金は返さなかった。[217] それは夫人が狙ったことであった。このようにして夫人は、息子の公権回復を金銭で買った。このような使途のために、夫人はボイルから金を獲ろうと食い下がってきた。戦う母の力によって公権をえた息子カルー、彼はその後、チャールズ一世のもとで、宮廷私室付（Gentleman of the Privy Chamber）の地位をえた。革命後には議員になって、今度はクロムウェルのもとで、議会派の地固めをした。ローリー家に土地は戻らなかったが、カルーはそれなりに出世して、ローリー家は再興された。カルーの公権は、父ローリーがそれを失ってから二四年目、死後の一〇年目に回復された。ローリー家再興という夫人の宿願が叶えられてゆく、それは起点になった。

不義をなした国王は必ず神様に罰せられると繰り返したのが、ローリーが書いた『世界の歴史』であった。不義は滅びる、正義は生きかえる、とその書は繰り返していた。父ウォルターの公権を、ジェイムズ一世が不当に剥奪した。その公権を、息子のチャールズ一世が息子カルーに、回復させた。ウォルターの土地を、ジェイムズが没収すべきだったと、チャールズが重ねて主張したが、チャールズの貪欲は満たされず、土地はボイルの手に渡った。しかしながら、公権の回復と、土地獲得の失敗という、二つの劇的な展開に、ウォルター・ローリーが『世界の歴史』で説いた、神の摂理が実現したと、みなすことはできない。神の摂理から遠いものによって、これらの人々は動かされていた。

総括

「請負人」ローリーの営為をふり返っておきたい。政府側はこの植民に次のようなことを期待していたとみられている。期待していた時期は一五八五年一月頃、すなわち入植者が現地に入りはじめるよりもおよそ二年前であった。マカーシーによると、[218]植民をすれば――

1 現地にいるイギリス人を、手綱で動かすようにコントロールできるようになる。

2 それによって、防衛するときの戦略が樹てやすくなるので、防衛上の安全が強まる。

3 苦労して「古いイギリス人」を動かさずにすむので、現地を英国化するスピードがあがる。

4 イングランドに生じているとみられる余った人口が、収容できる。

5 開発で様変わりし(transformed)、富裕になった(prosperous)地域は、最終的には(eventually)、イギリス王室の財政にプラスになる。

以上は政府筋が直接書いたものではない。これを書いたマカーシーは、資料を常に『国家関係文書(State Papers)』に求めているので、この記述は信頼できる。さて、マンスター植民に特殊なのは、1、2、3、である。1については、すでに古くから入っていたイギリス人が現地人化して、「コントロール」するのが困難になっていた。2については、スペイン軍がマンスター地方に上陸する危険性が続いていた。一五七九年、一五八〇年、一六〇一年にその怖れは現実のものになっていた。3は1と照応し、チューダー朝の政策が絵に描きつづけていた「改革」を、この植民によって実現しようと期待している。4は、すべての植民のスローガンに含まれる。5については、多くの植民がこれをめざしたが、国家財政のために政府がこの植民によせる期待は大きかった。

実際の植民は政府筋の期待通りにはならなかった。まず政府が、実現させる意志を持たなかった。次に入植者が、政府の期待を念頭におかなかった。前者についていえば、政府が実際に行なったことは少なかった。すなわち、一五八四年に土地の調査を行なった。一五八九年にバーリー公が実態調査を行なった。一五八九年と一五九二年に、土地の紛争を解決するために、調停委員会（Commission）を送った。一五九八年の叛乱に際して、二〇〇〇人の鎮圧隊を送った。しかし、植民の開始と保持は入植者たちに任した。条令に従った守備隊の形成も強制しなかった。上記の五項目のうち、1、2の期待は特に、実現されなかった。3については、この植民によってこそ「イギリス化」が進んだという見解に、筆者は出会わなかった。評価はまだこれから試みられるのであろうか。明らかになったのは、産業の成立であった。4については、当時のイングランドの人口問題が本当に植民を必要としていたかについて、必要ではなかったという見解がある（ユーイングズ）[219]。植民が成功したかどうかを、入植者の人口だけに依ろうとする立場があり（マカーシー）、マンスター地方の入植者人口を、一六二二年に一万四〇〇〇人、一六四一年に二万二〇〇〇人と算定している[220]。4が達成されたかどうかは、一概にきめられないであろう。5については、政府はマンスター地方で、クインの算定[221]によると、六万ポンドを投入、当時の国家の収入は年に三〇万ポンドであった。財政がこれによって潤うという期待は幻想であった。

入植者は上述のような政府の期待をまったく共有しなかった。ことに1、2についてそうであった。一五九八年に乱が波及したときの撤退のしかたがそれをよく物語った。入植者たちの関心は私利の追求であった。この地方の民間活力による生産物と年間生産額は、額が多い順に、（1）真鰯の漁で、年間輸出額二万九〇〇〇ポンド、最盛期の一六三〇年頃には、本国から来た二〇〇〇人のイギリス人が携わった。（2）木材は三〇〇〇ポンド、携わったのはこれも本国から来たイギリス人だった。ローリーはこの業種で活躍し、常時二〇〇〇人の雇用を生み出した。（3）の、鉄の産出から精錬までに従事した「新しいイギリス人」は、炉の燃料に木を使ったので、(2)に従事した人々と重複し、生産額は不明である。ローリーは着手したかどうかは分からないが、製鉄でも中心人物になったボイルの、活躍を準備した。その他の生産物として、羊毛と牛(食肉が輸出にも廻された)があった。それらの輸出港は、ヨールが、ダブリンに抜かれるまでは扱い高が全国一であった。羊毛も牛も従来からあった牧畜業(pastoralism)の産物であり、牧畜業を近代産業に変えようという、政府筋の目的には反していた。従来から作られていた大麦、小麦、燕麦などが、続けて作られた。輸出を政府が保護したが、それによって生産量は高まらず、「静かな継続と、変わらないやり方(calm succession and uninterupted patterns)」が続けられた。以上のような産業の実態は、マカーシーの調査によって判明した[222]。

このような産業をすすめたのは、私利を追求した民間の活力であった。政界にいたローリーも、政府の人としてではなく、民間人の一人としてその地に対した。木材業でずば抜けて先駆し、鉱山業を準備した。このローリーについて、「ローリーは北米で何年もかけて実現したものを、マンスターで僅か二年のうちに実現してしまった[223]」と、クインは感嘆した。後世がローリーを評価するに際しては、クインが内心でそうしていたであろうように、ローリーが加わらなかった諸産業の隆盛をも、視界に入れておくべきであろう。「マンスター植民」を概括していると、皮肉な事態に気づく。植民事業を発展させたのは、ローリーのような、後継者ボイルのような、露骨に私利を追求した人たちであった。イギリス政府が発展にはたした役割と、それは皮肉な対照をなしている。政府は植民の促進に目の色を変えず、現地人にフェアーな態度で接したので、促進、発展という面だけをとらえれば、ブレーキになった。

ローリーを植民に向かわせた動機は、土地所有欲(land hunger)であった。特にアイルランドに向かわせたのは、一五八一年に、バリ公の城と領地を獲得しそこねた失敗が、ばねになったとみられている。アイルランド滞在から帰ったローリーが、マンスターで「請負人」になるまでに、国内で土地をえようとしていた。えようとした意志が強烈であった証拠が残っている。オックスフォード大学オール・ソウルズ・カレッジの土地を、巧妙な方法で横取りしている。その土地はケント州のリド（Lydd）とロムニ・マーシュ（Romney Marsh）にあった（一五八三年四月一〇日付、Thomas Egerton 宛ての手紙[224]）。一五八四年から、西部地方の各所に土地をえていた。生地に近いコラトン・ローリーに土地を買い、さらに各所に広くはないが土地をえていた。そのときの交渉が手紙に書かれている（Edward Seymour 宛、一五八四年から一五九七年まで[225]）。土地売買にからんで困っているある寡婦を、ローリーが助けに出た、本当の目的は、寡婦から土地を有利な条件で買い取るためであったろう（Dr Valentine Dale 宛、一五八四年あるいは八五年の手紙[226]）。これらの手紙に示されている、旺盛な土地欲、それはマンスター植民に参加した動機の根本であり、また、そこでの隆盛な活動を説明している。いいかえれば、ローリーのマンスターでの行動は、バリ公の領地をとろうとした行動、西部地方で土地をえていった行動と、一体であった。またいいかえれば、イングランドに土地を物色するようにして、ローリーはアイルランドに向かっていた。

ローリーのマンスター行は、植民（エミグレイション）よりも、国内移動（ミグレイション）であった。公共の意識を持たない、国家が植民に寄せていた表向きの期待に添わない、それは行動であった。ローリーの対極にいたのが、理想主義者の学者、政治家、本章「序　前史」で行動を略述した、サー・トマス・スミスであったとみられる。

以下の問題を「総括」のなかでとりあげておきたい。南米ギアナでは、現地人を決して害してはならないと部下たちに厳命し、自分では族長たちを自分よりも上の人物だといった。このような南米での行動と、アイルランドで虐殺を指揮したと広くに受けとられている行動とを並べて、かつてフィリップ・エドワーズは、

「その対比に驚いたのは自分だけではない」と述べ、さらに、「この矛盾を解決するのは容易ではない[227]」と述べたことがあった。アイルランドでのローリーの行動としては、植民地での私欲が強かった行動を加えても、エドワーズに不都合はないはずである。エドワーズのこのような反応に対しては、二つの見方ができるであろう。一つは、事柄をローリー個人の問題として見るとき、エドワーズが見る矛盾は矛盾でありつづけるであろう。もう一つは、事柄を当時の植民のなかから見るとき、事柄に矛盾はなかった。ギアナでローリーが立派な行動をとったと、エドワーズがいっている根拠は、一回目の遠征のあとでローリーが書いた、『ギアナの発見』のなかにあった。この書物は、イギリスの国益のために、ギアナを急いで植民地にしなければならないと、高唱している。この書物全体が、入植を勧めるスローガンを成していた。ところが、あらゆる植民で、スローガンと入植者たちの実際の行動には、必ず、乖離があった。アイルランドでのローリーの行動は、国家がいだいていた期待、いいかえればスローガンと、無関係であり、多くの面で国家の期待を裏切っていた。エドワーズがいう「矛盾」とは、植民の発起人が唱える理念と、入植者の実際の行動とにある、乖離のことであった。

ギアナで、ローリーは確かに現地人を尊んだ紳士であった。その地で黄金を得るためには、また、その地に先に来ていたスペイン人を現地人たちから引き離すためには、現地人をどうしても味方につけなければならなかった。イギリス人はどうしても紳士にならなければならなかった。しかし、二度目の遠征ではちがっていた。現地人に息子ウォルターを殺されたが、ローリーの側も殺した。金鉱を見つけられずに帰国するとき、現地の町サン・トメを焼き払い、タバコと金目のものを略奪した[228]。金目のものをローリーは隠し、夫人と息子カルーのものになったとき、その扱い方をみると、相当の額になったであろうと憶測されている。スローガンと乖離する実際の行動は、エドワーズが求めたように、アイルランドでの行動に求められるだけでなく、ギアナの行動のなかにも求めることができた。

ローリーはアイルランドでは植民を説く立場には立たなかった。アイルランドに軍人として滞在したときの行動、「請負人」になったときの行動、ギアナでの現地人が要らなくなったときの行動、それらは同じものであった。この種の行動は、植民の舞台裏に居ながら、実際にはイギリスの植民史を動かしていった。一方、愛国者としてのローリーは、植民の表舞台に立って、国粋主義者の愛国心を鼓舞し[229]、そういうやり方でこれもまた、植民史を動かしていった。近代イギリスにおいて、植民史はイギリス史と置き換えられるほどであった。

註

（1）　David B. Quinn, *Raleigh and the British Empire* (Hodder & Stoughton, 1947) : Ditto, 'The Munster Plantation ; Problem and Opportunities', *Journal of the Cork Historical and Archaeological Society*, 71 (1966) : Anthony J. Sheehan, 'Official reaction to native land claims in the plantation of Munster', *Irish Historical Studies*, XIII, 92 (1983) : Michael MacCarthy-Morrogh, *The Munster Plantation ; English Migration to Southern Ireland 1583-1604* (Oxford Clarendon Press, 1986). 二〇世紀前半までの研究については、Quinn, 'Munster Plantation', 19-21 が通説している。

（2）　Quinn, 'Munster Plantation', 39.

（3）　MacCarthy-Morrogh, vii : Quinn, 'Munster Plantation', 39.

（4）　MacCarthy-Morrogh, 279-282. この書物の副題には、'Migration'（移動）が用いられ、Emigration（植民のための移動）が用いられていない。

（5）　当時の資料には Connaught, Conaught という表記がみられる。そのように発音されていたのであろう。

（6）　MacCarthy-Morrogh, 20.

（7）　モナハン地方を治めていた Hugh Roe MacMohan を、総督サー・ウィリアム・フィッツウィリアム（Sir William FitzWilliam）が処刑した（一五九〇年）。没収した領土を授封された人たちは、この地に元からいた現地人であった。

植民ではなく分割（partition）と呼ばれるときもある（*The Oxford Companion to Irish History*, 'Monaghan'）。制度は存続したが、収入を断たれたヒュー・オニール（Hugh O'Neil）が反発して、いわゆる「九年戦争」（一五九三―一六〇三年）の直接の原因になった。

（8） Nicholas P. Canny, *The Elizabethan Conquests of Ireland: A Pattern Established 1565-76* (The Harvest Press, 1976), 34-35.

（9） この植民については以下の二つに負っている――Quinn, 'Edward Walshe's "Conjectures" Concerning the State of Ireland [1522]', *Irish Historical Studies*, V (1947): Canny, *Elizabethan Conquests*.

（10） Quinn, 'Edward Walshe's...', 308.

（11） Quinn, 38, 310.

（12） クインは（9）の論文で、この構想が重ねられていったうちに生まれた、エドワード・ウォルシュの理念を、一地方の治め方ではなく、広くアイルランドの制度を「改革」しようとする方法を述べたものとして、重視している。

（13） R. Dunlop, 'The Plantation of Leix and Offaly', *The English Historical Review*, VI (1891), 67-68.

（14） Ciaran Brady, *The Chief Governors; the rise and fall of reform government in Tudor Ireland 1546-1588* (Cambridge University Press, 1994), 96, 258.

（15） Brady, 261.

（16） Dunlop, 74ff.

（17） Brady, 264.

（18） Canny, 36-37.

（19） Sidney letters, I, 83, quoted both in Dunlop, 80 and G. A. Hayes-McCoy, 'The protestant reformation, 1547-71', *A New History of Ireland* (Oxford University Press, 1976), III, 79.

（20） ソモンド（Thomond）地方とカノト地方が加えられた――Dunlop, 93.

（21） Dunlop, 92-93.

（22） Brady, 261.

（23） Dunlop, 93-96.

(24) Hayes-McCoy, 79.
(25) Canny, 36.
(26) この植民計画については、以下の二つに負っている——Canny, *Elizabethan Conquests*: Quinn, *The Voyages and Colonizing Enterprises of Sir Humphrey Gilbert* (The Hakluyt Society, 1940).
(27) Canny, 73.
(28) この植民については、(26)に負っている。
(29) Canny, 82.
(30) Gilbert, *The Discourse of Ireland* : Quinn, *Gilbert*, 128.
(31) Canny, 84.
(32) Sir John Pope Hennessy, *Sir Walter Ralegh in Ireland* (Kegan Paul, 1883), 54.
(33) Canny, 83. ただし、政府とギルバートとの関係は単純ではなかったらしい。政府は彼を公式には拒否したが、一方では植民事業を彼によって展開させたいので、彼との間にパイプを保っていた、とクインは述べている (Quinn, *Gilbert*, 22)。
(34) この植民については以下の二つに負っている——Quinn, 'Sir Thomas Smith (1513-1577) and the beginnings of English colonial theory', *Proceeding of the American Philosophical Society*, 89, No. 4 (1945) : Canny, *Elizabethan Conquests*.
(35) この植民については以下の二つに負っている——Canny, *Elizabethan Conquests*: Brady, *Chief Governors*.
(36) Brady, 251.
(37) 虐殺については、Hary Kelsey, *Sir Francis Drake: The Queen's Pirate* (Yale University Press, 1998), 72-74 が最も詳しい。暗殺説については R. Bagwell, *Ireland under the Tudors* (London, 1909-16 ; reprinted 1963, R. R. Hillman & Sons), II, 325-326. レスター伯はエセックス伯の死後同伯の妻だったペネロゥピと結婚した。
(38) Canny, 90.
(39) Canny, 91.
(40) 「地方長官制度」については以下に負っている——Canny, *Elizabethan Conquests*, chapter 5, 'The Programme in

action: Providential presidencies'.

(41) Canny, 104-106.

(42) Sidney on the queen's instruction (*S. P.* 63/14/3), in Canny, 98.

(43) Gilbert, The discourse of Ireland (1572), in Quinn, *Gilbert*, 126-127.

(44) Canny, 114-115.

(45) 'persuasion', Canny, 104.

(46) 訳出は山本正氏の以下の書物から拝借した——『「王国」と「植民」、近世イギリス帝国のなかのアイルランド』、思文閣出版、二〇〇二年。なお、田中英夫『英米法辞典』は、'Surrender' に「放棄」をあてている。

(47) Canny, 111.

(48) Canny, 112.

(49) Canny, 116. ただし「九年戦争」の余波がカノト地方に及んで（一五九八年）からはちがった。第一章「虐殺と領地」、七五頁は、この地でも焦土作戦が行なわれたのを物語っている。

(50) Canny, 107.

(51) Canny, 108.

(52) MacCarthy-Morrogh, 23.

(53) 'Like well tempered wax, apt to take such form and point as Her Majesty will put upon it', MacCarthy-Morrogh, 19.

(54) MacCarthy-Morrogh, 25.

(55) MacCarthy-Morrogh, 27-28.

(56) MacCarthy-Morrogh, 26.

(57) MacCarthy-Morrogh, 61.

(58) MacCarthy-Morrogh, 28.

(59) MacCarthy-Morrogh, 44-45.

(60) MacCarthy-Morrogh, 28.

(61) MacCarthy-Morrogh, 27.
(62) MacCarthy-Morrogh, 6.
(63) MacCarthy-Morrogh, 62.
(64) MacCarthy-Morrogh, 62.
(65) MacCarthy-Morrogh, 41-43.
(66) Quinn, 'Munster Plantation', 23; Ditto, *British Empire*, 131.
(67) MacCarthy-Morrogh, 43.
(68) ブラウン公は、バーリー公と仲が悪かったヘンリー・ウォロップから意見を聞いて、自分の意見としてバーリー公に進言した。「請負人」はジェントルマンに限ること、地代は三年間は免除、次の四年間は半額にすること、を進言した(マカーシー＝モロウ、四三頁)。
(69) MacCarthy-Morrogh, 43.
(70) Quinn, 'Munster Plantation', 22.
(71) Quinn, *British Empire*, 135.
(72) MacCarthy-Morrogh, 51.
(73) Quinn, 'Munster Plantation', 24.
(74) MacCarthy-Morrogh, 30.
(75) Dunlop, 94-96.
(76) Dunlop, 94.
(77) MacCarthy-Morrogh, 30.
(78) Quinn, *Gilbert*, 126. 「シーニョリ」が用いられてから、旧い植民地にもこの呼称が用いられるようになった(Dunlop, 92)。しかし後年、「マナー」が復活した(MacCarthy-Morrogh, 249)。
(79) MacCarthy-Morrogh, 30-31.
(80) MacCarthy-Morrogh, 47-48.
(81) MacCarthy-Morrogh, 50.

(82) MacCarthy-Morrogh, 54.

(83) MacCarthy-Morrogh, 48.

(84) MacCarthy-Morrogh, 30.

(85) MacCarthy-Morrogh, 31-32.

(86) MacCarthy-Morrogh, 33-34.

(87) MacCarthy-Morrogh, 34.

(88) MacCarthy-Morrogh, 35.

(89) MacCarthy-Morrogh, 35-36.

(90) MacCarthy-Morrogh, 51-52.

(91) *Calendar of the State Papers, Ireland*, 1592, October—1596, June, The Public Record Office, 1890 (Repr., Kraus, 1974), 55.

(92) MacCarthy-Morrogh, 240.

(93) MacCarthy-Morrogh, 52.

(94) MacCarthy-Morrogh, 52.

(95) *Calendar, Ireland* 1588, August—1592, September, 257.

(96) *Calendar, Ireland* 1592, October—1596, June, 57.

(97) Quinn, *British Empire*, 139.

(98) MacCarthy-Morrogh, 63-64.

(99) MacCarthy-Morrogh, 59.

(100) Quinn, 134-136.

(101) Quinn, 138.

(102) 同種の見取図は、過去にクイン（*British Empire*, 137）とウォレス（W. A. Wallace, *John White, Thomas Harriot and Walter Ralegh in Ireland*, (The Durham Thomas Harriot Seminar, Occasional Paper No. 2, p. 21) が作成した。クインが記入する地点は六であり、地点よりも地域を示したものである。Mogeely の位置が誤って記入されている。

ウォレスが記入する地点は一二であり、Mocollop の位置が誤って記入されている。

(103) *Calendar, Ireland* 1588, August—1592, [May 12], 170-172.

(104) 本章の「買い増し」を参照。

(105) Quinn, 'Munster Plantation', 32.

(106) 'Mogeely Map', National Library of Ireland Lismore MSS, in Wallace, 12-13.

(107) Wallace, 6-8, 15-18.

(108) Latham and Youings, *The Letter of Sir Walter Ralegh* (University of Exeter Press, 1999), 138, n. 7 : Quinn, *Raleigh and the British Empire*, 155-156.

(109) MacCarthy-Morrogh, 126 : Quinn, 'Munster Plantation', 31.

(110) MacCarthy-Morrogh, 127-128.

(111) Wallace, 9-10.

(112) Wallace, 20.

(113) Pope Hennessy, 89.

(114) Pope Hennessy, 3-4 : Bagwell, III, 270.

(115) *Calendar, Ireland* 1588, August—1592, September, 170.

(116) Pope Hennessy, 123-124. 原拠は *S. P., Ireland*, 122/68.

(117) Pope Hennessy, 124.

(118) *Calendar, op.cit.*, 171 : 'Upon the Castle and Lands of Ballynetra'.

(119) 'For the sute of Lismore I will shortly send over order from the Queen for a dismiss of their cavelations', 'To Sir George Carew', 28 Dec. 1589, in Latham and Youings, 51.

(120) Wallace, 14 : Quinn, *British Empire*, 142.

(121) MacCarthy-Morrogh, 41.

(122) *Calendar, op.cit.*, 168 : Bagwell, III, 466.

(123) Bagwell, III, 299.

(124) *Calendar, op.cit.,* 170-172. マッカーシーはテナントが一二六、家族もちのテナントが六四、としている。(一一三頁)

(125) *Calendar, op.cit.,* 172 : 'Also there were divers not set down, because they had gone into England to fetch their families'.

(126) MacCarthy-Morrogh, 113.

(127) *Calendar, op.cit.,* 258. ただし「回答書」はそのまま信頼できない。なお、このローリーのシーニョリのテナントは、所有者がボイルに代わってから、二九%が一七世紀に入っても居続けた。この継続率は他所よりも高かった。新しく入ってきたテナントは、イギリスから直接来た人々のほかに、ボイルが雇っていた軍人が他所から入って、この地が良いのを物語っていた。(マカーシー、一五〇頁)

(128) *Calendar,* 1592-1596, 59-96.

(129) *Calendar,* 1588-1592, 170.

(130) *Calendar,* 1592-1596, 59.

(131) *Calendar,* 1592-1596, 57.

(132) *Calendar,* 1592-1596, 59.

(133) MacCarthy-Morrogh, 111.

(134) MacCarthy-Morrogh, 120-121.

(135) MacCarthy-Morrogh, 124.

(136) MacCarthy-Morrogh, 124.

(137) MacCarthy-Morrogh, 124.

(138) MacCarthy-Morrogh, 125-126.

(139) 'To Sir Robert Cecil', [Late July 1592], Latham and Youings, 68-69 ; especially ns. 10 and 12.

(140) Anthony J. Sheehan, 'Official reaction to native land claims in the plantation of Munster', *Irish Historical Studies,* Vol. XXIII, no. 92, 307.

(141) Sheehan, 305.

(142) Sheehan, 316.
(143) Sheehan, 310.
(144) Sheehan, 310.
(145) Quinn, 'Munster Plantation', 24.
(146) Sheehan, 310.
(147) Sheehan, 316.
(148) Sheehan, 312.
(149) Sheehan, 312.
(150) MacCarthy-Morrogh, 102.
(151) Quinn, *British Empire*, 152-3.
(152) Quinn, 'Munster Plantation', 32.
(153) Quinn, *British Empire*, 153 : Edward Edwards, *The Life of Sir Walter Ralegh*, (Macmillan, 1868), vol. II, 418-419.
(154) Quinn, *British Empire*, 154.
(155) Latham and Youings, 99-100.
(156) Latham and Youings, 96-97.
(157) 「前史」、「サー・トマス・スミス植民」を参照。
(158) Quinn, *British Empire*, 150.
(159) Pope Hennessy, 77-78.
(160) Quinn, 'Munster Plantation', 35.
(161) Thomas Birch, *Memories of the Reign of Queen Elizabeth*, in Raleigh Trevelyan, *Sir Walter Raleigh* (Allen Lane, 2002), 140.
(162) 基本になったのはローリーの中篇詩 *Cynthia* である。何回も書き改められたが、ローリーが一五八九年にスペンサーに会ったとき、何回目かにあたったこの作品を見せたところ、スペンサーは自分の作品のなかで、ローリーの深い悲嘆について書いた。

His song was all a lamentable lay
Of great unkindness and of usage hard,
Of Cynthia, the Lady of the Sea,
Which from her presence faultless him debarred,
—*Colin Clout's Come Home Again*

(163) Quinn, *British Empire*, 148.

(164) 'To Master [James] Gold', 10 Oct. 1589, Latham and Youings, 379.

(165) Latham and Youings, 381-387.

(166) 'My reputed daughter begotten on the bodye of Alice Goold, now in Ireland, shall have the some of five hundredth markes [L333.6s.8d]', Latham and Youings, 384.

(167) Trevelyan, 147.

(168) Latham and Youings, 380, n. 3.

(169) MacCarthy-Morrogh, 205.

(170) MacCarthy-Morrogh, 276.

(171) Trevelyan, 147.

(172) 娘はその後どう生きたのか。ローリーがジャージー島の長に任命されたとき、島で勤務していた Daniel Dumaresq という部下と娘は結婚した。しかし娘は疫病で死んだ。死後に夫君は結婚を否定したとされる。（フィリップ・アイア、第九章、トレヴェリアン、一四七頁）

(173) MacCarthy-Morrogh, 140.

(174) MacCarthy-Morrogh, 141.

(175) MacCarthy-Morrogh, 186.

(176) MacCarthy-Morrogh, 141.

(177) MacCarthy-Morrogh, 141 : Quinn, *British Empire*, 160.

(178) MacCarthy-Morrogh, 130-132.

(179) MacCarthy-Morrogh, 134 : 'Other general motives for joining the rebellion were a fear of insecure titles and the campaign against concealment conducted with buccaneering aggression by Dublin officials, and seen by one contemporary as a primary cause of the Connaught rising in 1598'.

(180) 女王はマンスター地方長官フィッツウイリアムに書いた——'My undertakers either for lack of comfort from you or out of mere cowardice, fled away from the rebels upon the first alarm'. (Pope Hennessy, 109)

(181) Quinn, 'Munster Plantation', 34.

(182) Quinn, 'Munster Plantation', 33.

(183) Quinn, 'Munster Plantation', 33 : MacCarthy-Morrogh, 136-139.

(184) MacCarthy-Morrogh, 141.

(185) MacCarthy-Morrogh, 141.

(186) Nicholas Canny, *The Upstart Earl : A Study of the Social and Mental World of Richard Boyle first Earl of Cork 1566-1643* (Cambridge University Press, 1982), 20.

(187) Latham and Youings, 49-50.

(188) MacCarthy-Morrogh, 141.

(189) 'Journal', Robert Schomburgk, *The Discovery of the Large, Rich, and Beautiful Empire of Guiana*... (The Hakluyt Society, 1848), 177. また、本書第三部第1章参照。

(190) 'Apologie', V. T. Harlow, *Ralegh's Last Voyage* (The Argonaut Press, 1932), 320.

(191) 'To Sir Richard Boyle', 28 June 1617, Latham and Youings, 342-343.

(192) 'To Richard Boyle', ? Early/Mid August 1617, Latham and Youings, 343-344.

(193) A. B. Grosart, *Lismore Papers*, Series 2, 1887, II, 145, 158-60, quoted in Latham and Youings, 344, n. 9.

(194) Latham and Youings, 344, n. 4.

(195) MacCarthy-Morrogh, 187.

(196) Pope Hennessy, 203-204.

(197) *Lismore Papers* の記述を、Canny が編集しながら引用した個所（*The Upstart Earl*, 20-21）を、補足しながら訳出

した。

(198) MacCarthy-Morrogh, 141.

(199) *Calendar of State Papers, Ireland,* Charles I, 1625-1632, p. 22.

(200) *Calendar, op.cit.,* 223.

(201) *Calendar, op.cit.,* 262.

(202) *Calendar, op.cit.,* 330.

(203) *Calendar, op.cit.,* 344.

(204) *Calendar, op.cit.,* 369.

(205) Anna Beer, *Bess: The Life of Lady Ralegh, Wife to Sir Walter* (Constable, 2004), 253-254.

(206) Richard Bagwell, *Ireland under Stuarts and during the Interregnum* (D. R. Hillman & Sons, 1909-1916; repr. Olland Press, 1963, vol. I, 269-271. Bagwell の典拠は *Lismore Papers*。

(207) Bagwell, *Stuarts,* I, 271.

(208) *Calendar of State Papers, Ireland, Charles I, 1633-47,* '1637. 19 July' and '3 Aug.', 167-168.

(209) Aidan Clarke, 'Selling royal favours, 1624-32, *A New History of Ireland,* III, 239.

(210) 筆者は *Lismore Papers* を見ていない。しかしそれを見ている研究者たちがなにもいっていない。

(211) *Calendar, Ireland, Charles I, 1647-1660*; 'A Propositon for the Increase of the King's Revenue in Ireland' (91-92) and 'A Copy of Mr. Attorney and Others of the King's learned Council their opinions touching His Majesty's title to the lands held by the Earl of Cork in Ireland and how His Majesty may be righted thereon.' (115-116). 前者は『カレンダー、一六二五―三二』(前出) の条項一〇九三(本稿に引用)と同趣旨、後者は『同書』前出のほとんど総ての条項と同趣旨。

(212) Bagwell, *Stuarts,* I, 271.

(213) MacCarthy-Morrogh, 251.

(214) Beer, 254. ビアのこの点についての記述(二五三―二五四頁)は不明瞭である。その原因はおそらく、ローリーの元のシーニョリの帰属がはっきり資料に語られていないところにあろう。

(215) Andrew Marvell, 'An Horatian Ode upon Cromwell's Return from Ireland', 57-64.
(216) Bagwell, *Stuarts*, I, 271.
(217) *Acts of Privy Council of England. 1627 Sept.-1628 June* (His Majesty's Stationary Office, 1940), '1628', pp. 505-506.
(218) MacCarthy-Morrogh, 20.
(219) Joyce Youings, 'Did Raleigh's England Need Colonies?', Younings (ed.), *Releigh in Exeter 1985* (University of Exeter, 1985), 39-57.
(220) MacCarthy-Morrogh, 260.
(221) Quinn, 'Munster Plantation', 29.
(222) MacCarthy-Morrogh, 223-240.
(223) Quinn, *British Empire*, 143.
(224) Latham and Youings, 13-14.
(225) Latham and Youings, 15-16.
(226) Latham and Youings, 18-20.
(227) Philip Edwards, *Sir Walter Raleigh* (Longmans, 1953), 4.
(228) 第三部第三章二六五—六六頁。
(229) 第三部第一章。

第三部　ギアナのローリー

第一章　黄金都市マノア

序

ギアナには二度遠征した。一度目の旅は一五九五年の二月に出発して八月に帰国した。『ギアナの発見』(1)はこの遠征の報告である。二度目の遠征は、二二年後の一六一七年から一八年にわたり、出港から帰港まで丸一年かけて行なわれ、これに失敗して、ジェイムズ一世から断首された。二つの遠征は一体のものであったが、及ぼした影響のうえでは違いがあった。第一の遠征の影響は、諸物資の交易と黄金の探求を誘発して実際的であり、第二の遠征の影響は、処刑によって民心をジェイムズ一世から離反させ、ことにクロムウェルがローリーを担ぎ出して議会派の思念と政策を作り上げて、影響は思想的、あるいは心情的であった。

ギアナ遠征を詳しくみる前に、ローリーの植民活動全体を概観しておきたい。この概観のなかで、本書では詳しくとりあげていない、北米ヴァージニアへの植民を、とりあげておきたい。ローリーの海外活動で、歴史のうえで意義があったのは、海外活動が、略奪から植民に移ってゆく、発端になった点にある。ヴァージニアに向かった植民は、第一次の入植こそ略奪が主な目的であったが、第二次の、家族が入っていた入植は、略奪から植民への転換、少なくとも転換への布石になった。ヴァージニア植民と並行して行なわれたマン

図62 「帆船ローリー号」．後に女王が買い上げて「女王号（*Arc Royal*）」になり，カディズ遠征に参加した．ローリーが設計，竣工した船は，ほかに *Tiger*, *Destiny* があった．

スター植民では、すでにあった天然資源を採取した点で、なお略奪の要素を含んでいたが、入植者が現地に定住したことを中心に据えると、ヴァージニアよりも先に、ここで大規模な植民が実現していた。入植させて交易を行なう海外活動は、スペインとポルトガルが先行していた。イギリスが活路を見出したのは、私掠船による（privateering）略奪（plunder）であった。といっても、イギリスが植民政策をまったく省みなかったわけではなかった。ローリーの試みもこの中に位置している。

ローリーは植民について、義兄のギルバートから影響を受けただろうとみられている。(2) 北東航路の発見に刺激を受けて、同じ北でも今度は西に向かった航路が、ギルバートなどによって試みられていた。この義兄の七八年の探検に、ローリーは船に乗り込んで参加した。また、帰路に命を落とすことになったギルバートの、八三年の探検には、二〇〇〇ポンドを投じて帆船 *Ralegh*（図62）を竣工し、その船をその探検に参加させた。そのギルバートは実は略奪の方の雄であった。七八年の探検では、これは略奪の旅だと心得た、略奪のプロが数多く乗り込み、半数の船は大西洋を渡らずに略奪に走り、その無法さは翌年、政府が調査団を組織したほどであった。八三年の二度目の探検と植民の目的は、ニューファウンドランド島付近を拠点にして、ポルトガル、スペイン、フランスの鱈漁船を襲い、また遠くカリブ海に南下して、主にスペインの貨物船を襲撃しようとすることにあった。しかしギルバートは他方で、具体案まで作って植民を実現させようと計画していた。二度目の探検よりも一年前に、探検して占領していた八五〇エーカーの土地と七つの小島を、イギリスにまだ多かったローマ・カトリックの信者達に、紙の上ではあったが、分割、贈与した。そのギルバートはまた、彼等が実際に入植したときの、また、自分が地主兼統治者として入植したときの、現地行政の青写真をもっていた。さらに、この植民地と交易を行なう商社も、サザンプトンにすでに設立していた。ローリーは義兄のギルバートのこのような、一方では略奪に意をそそぎ、他方では植民地統治のプランまで作っていた活動を、身近にみる環境にあった。

ローリー自身が、後にヴァージニアで行なった入植では、(3) 植民が略奪と繋がっていた。第一次の入植(一五八五年)では、略奪が隠れた目的だったとされている。それを入植の側から見れば、入植が略奪によって阻害された。ヴァージニアにとにかく植民地を設け、そこを基地にして、ハバナから本国セヴィリアに向かうスペインの貨物船を襲おうとしていた。もう一つには、ギルバートが目指したように、南下してカリブ海でスペイン船を襲い、あるいは付近の都市に上陸して略奪をはかろうとした。第一の入植で、ラルフ・レイン(Ralph Lane)らを送りとどけた、ローリーの従弟グレンヴィルは、帰途に一艘のスペイン船を襲い、その略奪品だけで出航に要した全費用以上を稼いだといわれている。略奪はこのように、植民に出資した人々に資金を返すために必ず行なわれていた。

翌年（一五八六年）、ローリーが約束した補給がなされないために、たまたま立ち寄ったドレイクの船に、入植者たちは我れ先に乗船して帰国した。帰国したあとにグレンヴィルが率いる補給船が到着した。往路に略奪を行なって一時帰英していたので、当地への到着が遅れたのだった。空になっていた入植地に新しく残していった人数は、僅かに一五人だった。帰路にまた略奪を行なうには人手がいるためだったろうと推測されている。ローリーの部下のジョン・ホワイトが率いた、第二次の入植（一五八七年）では、ホワイトはロアノーク島より北の、新しい入植地チェサピーク湾に入植者たちを降ろそうとした。しかしもともと略奪が目的だった船員たちは、はるか手前で一行を降ろして略奪に向かってしまった。発端から災いが降りかかった妻、子供を含む一五〇弱名の一行全員は、その後補給も帰路もたたれて消滅した。消滅までの経過をたどると、当時の関係者が植民というものをどう見ていたかが分かる。すなわち、到着してから翌年八八年は略奪の当り年で、ヴァージニアには船は廻さなかった。九〇年になってようやく、ローリーは私掠船団からたまたま二艘を割いて、救助の補給に向かわせたが、そのとき一行は消えていた。ローリーはこの二艘を送るまでに、専売許可状《パテント》の権利を、商人たちが作った企業体に売却していた（一五八九年三月七日付）[4]。「略奪は、すぐにえられて決して夢想ではない巨額の分捕品を約束してくれるが、それに対して植民は、いくら金をつぎこんでも落ちてゆく底なしの袋以外のなにものでもないと思われていた」（アンドルーズ）[5]。二次にわたった入植はこのようにして終わった。入植者を見捨てた責任は、ローリーだけが負うものではなく、最初から略奪をあてにして乗船した船員たちが負うべき部分があり、また、植民に出資した金額はなるべく早く別の方法で回収しなければならなかった、出資者たちの必要によった部分が多かった。ローリーに対して厳しい歴史学者アンドルーズも、最新の著書のなかで、アルマダの年に女王が、船を国難阻止とは別の目的に使うのを禁じたのは事実であると、入植者を救えなかったローリーへの批難を軟化させるきざしがある[6]。第二次の入植は、略奪から植民への転換を目ざしたものであったが、植民という芽は、まだ土の中にあった、という感が深い。

ヴァージニアへの入植をめぐる状況について、なお別の角度から眺めておきたい。ヴァージニア遠征にも最初から関わった従弟グレンヴィルとその親族が、女王に植民の必要を直訴したときの文（一五七四年）[7]が残っていて、そのなかに、植民が必要だと訴える、当時用いられていたいわゆるスローガンが出揃っていた。歴史学者のユーイングズは、それらのスローガンを、当時の社会とヴァージニア遠征のときに実際にあった事実に照らし合わせて検討した。[8]

グレンヴィルが植民が必要だと訴えた理由は次の六つであった。すなわち、（一）人口増、（二）就職難、（三）余っている船乗り、（四）交易、（五）宗教問題（カトリック信者の脱出を含む）、（六）土地所有。しかし、とユーイングズは反論する、（一）の人口増は、青年層だけに限られていた。（二）の就職難は、ロンドンに限られた。植民地につれてゆけるという「犯罪者」や「貧窮者」は、あいかわらずロンドンに残っていた。（三）の、余った船乗りが流れていったのは、入植でなくて鱈漁であった。（四）、当時のイングランドの交易地は、八〇年代に至るまでにすでに、バルティックからレヴァント、アフリカ、南米に伸張しており、新たに北米に交易地を求める理由は、配送コスト以外にはなかった。（五）、当時のイングランドの国教会に他国人を改宗させる力はなく、ローリーもヴァージニアに牧師を入植させてはいなかった。（五）と（六）、外国に逃げたいカトリック信者がいたとすれば、土地を奪われそうな地主層だけだっただろう。一般のカトリック信者は、苦しめられてもロンドンを去らなかった。ユーイングズがスローガンが嘘ではなかったと認めているのは、僅かに「土地所有」だけであった。ジェントリー層の、土地を継げない二、三男が、海外に領有できる土地を求めようとしたのだという。当時の実際に行なわれた植民、例えばヴァージニア植民が、これらのスローガンがいっている目的を、もしもその通りに果たしていたならば、植民も必要であったろう、しかし、それを果たしていなかったのだから、はたして「当時のイングランドに植民地が必要だったのか?」と、ユーイングズは疑問を投げかける。当時の植民の企画者たちは、植民の目的をいぐつもあげていたけれども、それらの目的は名目だけの空念仏ではなかったのか、と。

ユーイングズがこう見たとき、「マンスター植民」は念頭にはなかった。「マンスター植民」を、前出のグレンヴィルの視点からふり返ってみよう。土地所有といっても、「請負人」になるには資金が要ったから、ジェントルマンの二、三男はそれになれなかった。交易については、まず、ヴァージニアよりもはるかに本国に近い位置にあった。また、輸出品は、農産物よりも早く採取できる、天然資源(魚、木材)が中心だったから、事業が直ぐに立ちあがった。もしユーイングズが、「マンスター植民」について論じていたのなら、別の見方をしていたにちがいない。「マンスター植民」は、近郊への移動に近いという特殊性はあったが、「ヴァージニア植民」がまだやれなかったことを、成就していた。ローリーがギアナに行くまでの、イギリスの海外活動、ローリーの海外活動は、およそ以上のようなものであった。以上を踏まえて、ギアナへの一回目の遠征を辿ってゆきたい。一五九五年にそれは行なわれたから、同時に行なわれたヴァージニア植民とマンスター植民から、ほぼ一〇年が経っていた。

黄金都市

ローリーがギアナに求めたものは黄金であった。黄金以外の物資の交易がそれに付随した。それ以外の目的として、ローリーは口ではジェントルマン、一般兵士、船乗りに、航海のあいだ働き口があたえられるといっているが、それを本気でいってはいなかった。彼等を送り出しても当地で金がとれるから、彼等に賃金を支払う出資者側の負担は軽くてすむといっているにすぎなかった。[9] ローリーの目的の特徴は、黄金の獲得に巨大な重点がおかれているところにある。その反面として、ロンドンの人口増のことも、浮浪者が社会不安を作っていることも、カトリック信者が逃げまわっていることも、見事にローリーの意識になかった。その黄金はしかし、目的であって目的でなかった。宿願としての目的が別にあった。宿願が強く語られたのが、この遠征の大きな特徴になった。宿願とは、黄金を輸入すれば国家の富が増加する、黄金の産地を支配下におけば領土が拡張できる、増加と拡張によってスペインの国力を弱らせることができる、というものであった。反スペイン主義の基調はリチャード・ハクルート（Richard Hakluyt）の『西方植民論』（*Discourse of Western Planting*, 1584）と共通するが、ローリーの感情は同書のそれよりも過激であった。例えば——

スペイン王が所有するインディーズの黄金こそが、ヨーロッパの全国家を危険に陥れ、スパイを雇い入れて会議の中に忍び込ませ、ヨーロッパの君主たちの間で、お互い同士の深い忠誠心の発現を妨げてしまっているのであります。……私が今回発見しましたギアナ帝国が、スペイン王の領有になる東西インディーズで、かの王が保有している財富に、劣らない財富をもたらせて、女王陛下と我が国を強化してくれるものと期待します。スペインの者共がギアナを領有してしまわないうちに、なにとぞ女王陛下がそれを考慮され実行に移されることを望むものであります。[10]

このような激しい反スペイン主義が、この遠征と、許されれば次の遠征のスローガンだった。遠征は国家が歩む方向に直接関わると高唱していた。別の人々が唱えていた、市民の日常生活に密着した実際的なスローガンと、これは比較されるべきである。しかしこういう国粋主義の大見栄を、宮廷とその周辺は醒めた眼でみていた。当時のローリーの言説は、植民を唱える場合でなくても、えてして冷ややかに受けとられていた。そもそも、当時の植民に高邁な目的をかかげた場合は、その目的は基本的にはすべて嘘であったとみる歴史学者がいる。[11]先にみたように、ユーイングズはグレンヴィルらが唱えた植民の目的を、名目だけの空念仏とみていた。ローリーの反スペイン主義の主張、国粋主義の主張もまた、端から大言壮語ととられやすかった。宮廷側がローリーの訴えを無視した背景には、ローリーという人間への不信のほかに、植民運動のスローガンそのものが、疑いの眼でみられやすい環境があった。ローリーが無視されたことを、ある種のローリー伝は同情するが、結果として無視した人々の方が正しかった。黄金など出なかったからである。

イギリス国家のためにギアナを領土にしようとローリーが願ったとき、ローリーは一般にエル・ドラードと呼ばれ、現地人がマノアと呼んでいた黄金都市の魅力を利用した。すべてが金でできている黄金都市といっても、それをそのままロンドンに運べるわけではない。理屈からいえば、それほどの都市を作るのならあたりには金鉱石が豊富にあるにちがいない、その金鉱石を、そのままにせよ金板に精錬してにせよ、イギリスに持ち帰ろうというのである。黄金都市はなくても金鉱石だけがあればよかったのである。ローリーもその理屈に立っていて自身もそう行動していながら、黄金都市のことばかりを吹聴していた（図65）。なぜだったのだろうか。それについて歴史学者のハーロウはこう語っていた。ヴァージニアでの失敗からローリーは教訓をえていた。植民は時間がかかる商売であって、すぐに利益をだせるものではない。また人々を興奮させるものでもない。インカの豪華で光輝く家並（黄金都市のこと）を、もし実際に見せられれば、イギリス政府も国民も、自分と同じようにギアナに引き寄せられるだろう、そうすれば自分の一生の目標だった、英帝国がそこにできるだろう、ローリーはそう目論んだのだ、と。[12]ローリーは一般の兵士を念頭において、ここギアナでは給料は何ペンスもらえるかでなく、横幅が半フィートもある金板を何枚つかむかになるのだといっている。[13] ローリーは黄金都市を、運動のいわばシンボル・マークにした。この時期に入植を行なうためには、特別のスローガンが要った。そのスローガンは時にたくさんの実利であり、時に黄金都市であった。ハーロウは先述の文にごく近いところで、現代の読者に向かって、「ローリーは自分でエル・ドラードがあるのを信じていた」と、わざわざ念をおしている。現代人は現代の意識をすてて、ローリーは本気で信じていたと受けとらなければならない。ローリーは一〇年にわたる経過があって、はじめてそれを信じるようになった。以下にその経過を逐一辿ってみよう。逐一辿るのは、ローリーにあった長い時間と経緯を我々が追体験するためである。経過を知れば、マノアの存在を信じるようになったローリーを馬鹿だといって笑うことはできない。以下の経過に旅への用意も含ませておく。

ギアナのオリノコ河周辺（図63）に関心をもちはじめた時期は一五八四年、すなわちヴァージニアに行くために勅許状を得た時に遡るらしい。ローリーの「要請と指示」とによってハクルートが書いた、前出の『西方植民論』のなかに、現ヴェネズェラのクマーナから東と南の、すなわちオリノコ河流域を含んだ地域が、まだスペインの領有からとり残されていて、金、銀、宝石が手に入る町が多い、という記述が含まれていた。[14] 同年に、トリニダードに集まりはじめたイギリスの商人から、エル・ドラードについての情報を聞き出していたらしい。

一五八六年になって、ローリーが出費し、部下のウィドン（Captain Jacob Whiddon）が率いた私掠船の一艘が、スペイン船を捕獲し、捕虜にしたスペイン人のなかに、ペルーの滞在歴が長く、インカ文明に詳しかったペドロ・サルミエント（Pedro Sarmiento）が含まれていた。彼はロンドンでローリーに、次のような有名な伝説を披露した――第二のインカ文明が内陸深くに存在し、黄金の人（エル・ドラード）が王として君臨し、マノアという名の町が大きな湖のほとりにあり（図64）、王は金粉を身体に塗ってから湖に入って儀式を行な

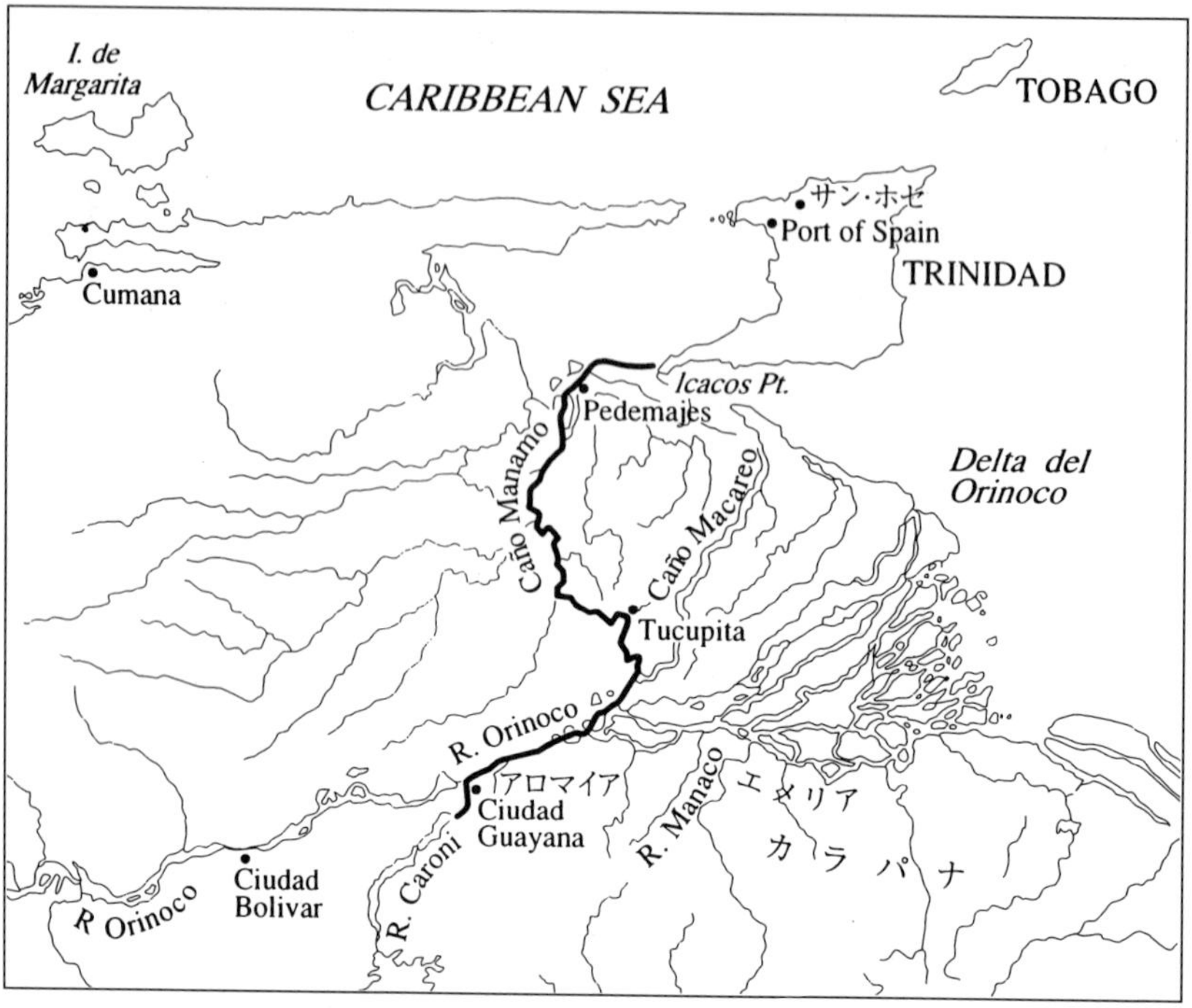

図63　オリノコ・デルタと周辺．和字は当時の名称．太線はローリーの進入路．ニコル（註57）の地図を変更して作成．

う（図65）[15]、と。ただしこのもともと有名な話をサルミエントから本当にはじめて聞いたかどうかは分からない。要はサルミエントが果たした役割が大きかったという事であろう。サルミエントを拘束したあと、トリニダード島とオリノコ河口の町から、それぞれ二人ずつの現地人をロンドンに送り、現地で通訳ができる訓練を受けさせた。

それから八年後の一五九二年に、女王の侍女であったエリザベス・スロックモートンとの秘密結婚が発覚し、宮廷でのかつての信頼を失ってしまった。ヴァージニアへの入植許可状は三年前に売却していた。宮廷での名誉を回復するには、新しくよほどのことをしなければならない。ギアナの黄金が、このときローリーには地獄から極楽にはい上れるかもしれない蜘蛛の糸になっ

図64　想像の黄金都市マノア（Manoa）．ドイツで L. Hulsius が出版した（1599年），ラテン語版『発見』の挿画．左上に Essekebo とある．

図65　エル・ドラード（黄金の人）．ドイツで de Bry が出版した（1599年），もう一つのラテン語版『発見』の挿画．

ていった。翌九三年、ローリーはバラ（Sir John Burgh）がマルガレータ島を攻撃したとき資金と船を出した。バラがトリニダードとギアナまで行った記録はないとされるが、これから行くときの下準備にはなったろうといわれている。

次の九四年には二つの直接の成果をえていた。かつてサルミエントを捕らえたウィドンを、トリニダードに派遣し、ウィドンは同島の総督ベリオ（Antonio de Berrio）と現地人の首長たちから、マノアについての情報をえた。他方では、もう一人の部下ポファム（Captain George Popham）が、キャナリ諸島に閉じ込められていた英人パーカー（Captain Parker）を救出し、オリノコ河口の難所パリア湾の航海術などを聞き出した。そのポファムはトリニダードに向かう途中に、スペイン船を捕獲、押収した文書のなかに、オリノコ河を一五九三年に調査したスペインの総督ヴェラ（De Vera）が書いた、スペイン王に宛てた報告書[16]が含まれていた。その報告書は、黄金都市への入り口を、オリノコ本流に流れ込むカロニ河の河口、場所は河口から二五〇マイル上流、大きな湖があるところ、と限定していた。文明化した部族がそこに移住してきて二〇年になるとも述べていた。この情報こそ、ローリーが黄金都市の存在を信じるようになるうえで、最も大きな作用をしたといわれている[17]。

一五九五年二月に、一行がギアナに向けて出発してからも、マノアの実在が一層確かになってきていた。すなわち、オリノコ・デルタに入る前、基地にしたトリニダードで、前出の、同島のスペイン人総督、同時にギアナの総督、アントニオ・ベリオを捕虜にして、同人から、なんと一五三〇年に始まっていた、黄金都市を探し求めた七〇年に近い探検史を聞き出した。探検史のなかで最も新しい、自分自身の経験と成果について、紳士だったベリオは、自分を紳士としてふるまってくれたローリーに、本当のことを心をこめて語った。ローリーはベリオの確信を通して、またスペイン人たちの長い間にわたっていた確信を通して、マノアの存在を確信するようになった。以下はここでは余談にわたるが、ベリオは肝腎な点になると白をきるばかりで、ローリーはこのようなときのベリオを、西と東が分からない馬鹿者だといっている。[18] ローリーが本心から馬鹿者にみていたかどうかは疑わしい。互いに多数の部下を率いる政治家であったのだから、ローリーはベリオが隠蔽しているのだと、分かっていたとみる方が自然であろう。ベリオがどういう事柄に対して白をきったかは書かれていない。それが金鉱の場所であったのは確実である。『ギアナの発見』でも金鉱の場所は意識してふれられていない。その点が同書の隠れた読みどころになっている。

本論に戻ると、五月一八日にオリノコ・デルタに入ってから、ローリーはエメリア地方の王カラパナの配下の首長たちから、またアロマイア地方の王トピアワリから、マノアへの入り方と、入るにあたって諸部族との連携のしかたを聞きだしたと、『発見』は語っている。一八九八年、ヴェネズエラ国とブリティッシュ・ギアナ国の境界線を引くにあたって、イギリス政府はスペインのセヴィリアにあった「インディオたちに関する文書」を筆写し、[19] この文書によって、『ギアナの発見』のなかの、ベリオの行動についての記述が、[20] 正確であると分かった。それとともに、『ギアナの発見』の記述内容そのものについての、信憑性が高められた。ローリーが前出の二人の王からも、マノアの実在を知らされたという、『発見』の記述を、今日疑う学者はいない。すべての情報源が語りつづけたのは、現地人はマノアがあるといいつづけている、スペインが七〇年にわたってマノアを探しつづけてきた、このことであった。

『発見』のなかには、マノアのほかにも、現地人が存在すると信じ、ローリーもその見方に従っている、不思議で驚くべき事象が語られている。不思議なものは次の三つの部族がそれを代表している。（一）アマゾン女族（図66）[21]、（二）カンニバル族（図67）[22]、（三）エワイパナマ族（図68）[23]。それぞれについてローリーは、現地人から次のような話を聞いた。（一）侵略者に対して普段は残忍なアマゾンの女族は、年に一度多分四

図66　アマゾン女族の遊興．L. Hulsius版より．捕虜と遊興し、のちに捕虜を殺す、という．殺すための弓矢が置かれている．

図67　首長の骸骨を飾る部族．de Bry版より．新しい骸骨を掛けようとしている．遠方で干しているのは人骨．家が木の上、岩の上に．

図68　エワイパナマ族．力もちだが危害を加えないので眼がやさしい．

月にだけ、周辺の王たちを招いて交接し、生まれた子が男なら父親に返し、女だけを手元においておく。普段は、戦いでえた捕虜と短期間同棲したのち、その男たちを処刑する。[24]（二）カンニバル族とは実はティピライバと呼ばれる部族で、カンニバル族と共通するいわゆるカンニバル性をもっていた。すなわち、首長が死ぬと骸骨を首長の家に掛ける。その近郊では首長が死ぬと骨を砕いて粉にし、妻や親族が飲物に混ぜて飲む。[25]（三）全土で最も力持ちで強い弓をひくエワイパナマ族は、目が肩についていて、口は胸の中央にあり、毛髪は両肩の間から後ろに長く伸びている。[26] これらの話をローリーは以下のように受けとった。すなわち、（一）については、この女族は多くの史書がいろいろな時代と地方で存在したと語っている、と述べ、（三）については、一四世紀の旅行記の著者マンデヴィルを含めた多くの人が、このような人種について語っている、と述べている。（一）と（三）の部族が金板を持っているのも意味がある。（一）（二）（三）に共通して、ローリー自身も真実だと固く信じていると、わざわざ述べている。（三）について、子供でも知っているからその話は真実なのだ、という。これは、現地人がいうからという理由づけの、究極の姿である。

以上のような珍しい部族のことを話し出すとき、「本論から離れることになるが」と断っている。しかしこの前置きをそのまま受け取るべきではない。『ギアナの発見』とは、現地人のものの見方をローリーという文明人が発見したことでもある。『発見』は、私以外の文明人にもその発見を共有させたいという書であった。『発見』には、現地人が真実というものが真実だというものの見方、あるいは生きる態度がある。遠い国の異文化への好ましい接し方が生成されている。[27]『ギアナの発見』に対する最新の研究が、本書に含まれている人類学を真面目に研究対象にとりあげているのは、ローリーにしてみれば我が意をえたりであろう。一八九八年に本書を編纂したションバークは、帝国主義者としてのローリーを讃美したが、そのションバークが、アマゾン女族が実際にはいないのを確定した、一八四四年の探検に言及したあと、ローリーがそれらの存在を本気で信じてしまったのを非難することはできない、今の人はそれに微笑んでやればよいのだ、(28)とローリーを庇った。この同情は、ローリーを嘘つき、詐欺師とみた有名なヒュームの敵意とは一線を画している。にもかかわらず、「微笑んでやればよい」には優越感があり、本当にローリーを庇いきってはいない。それはアマゾン女族の話をした現地人を庇わなかったからである。このションバークの優越感は、一八九八年という、大英帝国の意識が頂点に達していた、時代の産物であった。ちなみに、マノアがないと確定したのは、アマゾン女族がいないと確定した時期よりも早く、一七四〇年、未調査域を踏破したオランダ商人の探検によってであった。スペインはベリオの息子が探検を試みて失敗した頃(一五九八年)に、早々とマノアへの関心を失ったといわれている。

略　奪

すでにみたように、略奪が隠れた主目的であったにせよ、入植に要した費用をやむなく捻出するためであったにせよ、入植には略奪がつきものであった。ローリーのギアナ遠征のときはどうであったのか。二度目の遠征のときは現地人と接触しているひまはなかった。一度目の遠征のとき、ギアナの内陸部に入ってからは、略奪をしないことこそが旅の重要な特徴となった。しなかった理由は、黄金がほしかったからであった。現地人から情報をえて、彼等の協力をとりつけなければ黄金はえられなかった。将来富裕になるために、今は略奪をさし控えたのである。なにしろ略奪なしというのは特別のことであったから、そのことをローリーは、共に出資した海軍長官ハワードと国務大臣セシルに向かって、次のような言い方で釈明している。

もし、わたしが、女王陛下のこれからの、名誉とご繁栄とを尊重申しあげなかったら、私は当地の多数の王や首長を捕らえて身代金を要求し、釈放と引き換えにかなり多量の黄金を手にいれたでありましょう。しかし私が選んだのは、富裕になって非難されるよりは貧窮という重荷を負うことの方でした。これだけ望みが大きい企てをここで汚してしまわないで、つぎのつらい遠征に備えることの方でした(29)。

現地人の協力がないと黄金はとれないから略奪はしなかった。そのことをいうのに別の主張をからませるのがローリーであった。黄金はこの地に確かにある、個人の富を求めてきたのではない、自分が貧しくなったのだから貴下に負債を負うのを許していただきたい、次の遠征をするつもりである、と。バロック的なローリーの言説の性質がここによくあらわれている。

ローリーは現地人がイギリス人に対して好印象をもつために最大の注意を払った。スペイン人は現地人の女性を欲望の対象にしたが、イギリス人は違うと分からせなければならなかった。隊員たちにそんなことをしないようにと厳命した。一人として命令を破った者はいなかったと述べている。現地人から食べ物をもらったときには、パイナップル一個、イモ一個でも必ず代価の品物を返すようにさせた。それでも稀に隊員が物を奪ったり盗んだりすると、その品物を返させ、すでに消費してしまったときは被害者が請求するままに賠償した。現地人に接するときのこの態度、それを部下たちに徹底させるこの統率力、ローリーはさすがに人の上に立つ男であった。ついでながら、隊員たちは誰一人として現地の女性を欲望の対象にしなかったと述べて、ローリーはこう付け加えている――「その気になれば意のままになる何百人の、若くてとても美しい女性たちが、罠ではなくて、素っ裸になって我々のなかに入ってきたのだけれども……(30)。」現地人はこのようにして、娘が凌辱されないように、そのとき殺害されないようにした、という見方があるが、ローリーがそのときそう見たとは書かれていない。イギリス人たちの節操堅固をいいたいばかりに、また、自分の統率力をいいたいばかりに、ローリーにしては珍しく、現地人を見下げることになった。本筋に戻ると、ローリーはそのような理由で、またそのような徹底した方法で、略奪を現地に入ってからはしなかった。

しかし、現地人がいないところでは一行の態度は一変し、いつもの通りの「海の狼」[31]に戻っていた。ローリーたちと別の日程で参加しようとしたグループが二つあった。先に発ったポファムとロバート・ダドリー（Sir Robert Dudley）は、トリニダードに先に着いたが、ローリーの到着（三月二二日）を待たず、一〇日前に略奪に向かっていた。イギリスを確かに出発はしていたプレストン（Amyos Preston）とサマーズ（George Sumers）も、遠征に参加した記録が残っていないので、トリニダードには着かずに略奪に向かったと推測される。この四人の行動は、入植活動に参加するときの常態であったにすぎない。

トリニダードに着いたローリーは、スペインの駐屯隊を攻撃して総督ベリオを捕虜にしている。ローリーはそうした理由について、ベリオがイギリス側との交易を禁じている、と現地人が語ったからそう決心した、この駐屯隊が本国から補強されるとまずいから決心した、と語っている[32]。しかし、一番重要な理由が語られていないであろう。捕虜にする前にベリオはローリーに情報を与えており、情報源としてのベリオの価値をローリーは知っていた。捕らえてから聞き出した情報の価値は甚大であった。これらのことから、ローリーが情報源という財宝ベリオを略奪したとみることができよう。捕虜にしようと決心した理由のなかに、情報をえる必要が入っていないのは、その必要度の高さを物語っており、自分とイギリスの名誉のために、それとは別の理由だけを列挙したのであろう。名誉を気にしなければならなかったほど、ローリーはベリオからえる情報に頼っていた。ベリオたちが知っていたことは、すでに触れたように、一九世紀末にスペインからイギリスに渡った資料によって明らかになった。彼等が知っていたことに、ローリーが新しくつけ加えた発見はなにもなかったと、ハーロウは一九二八年に報告していた[33]。

さて、この遠征には六万ポンド（今の額で約二五〇〇万ポンド）の巨額が投資されていた。[34] 内陸の旅が終わって、獲得した財宝は皆無だったから、たとえ焼け石に水とはいえ、帰路に出費を略奪によって穴埋めする必要があった。『ギアナの発見』はこのことに触れてはいない。仔細が分かったのは、スペイン人サイモン・ド・ボリーバ（Simon De Bolivar）が残した記録[35]によってであった。帰りの船団は、スペインが補強していたトリニダード島（図69）に上陸できずに、七月一六日まずマルガレータ島に移動したが、ここも防御がかたく、ベリオと副官ジョージの解放とひきかえに身代金一四〇〇デカッツを提案、島の総督は金を揃えたあとで支払いを拒否したので、一行はベリオだけをつれてそのままそこを離れて、七月二二日クマーナに着いた。ここはマルガレータ島と並んでスペインの拠点だったから、一行は上陸したものの、反撃されて自船に逃げ込み、七五人が戦死し、そのなかにローリーの親族だったジョン・グレヴィル（John Greville）が含まれていた。スペインの記録は、上陸したイギリス軍が二一〇人だったとしている。ハーロウの推定では、上陸できたのは一〇〇名だったから、なんと四分の三を失ったことになる。[36] ローリーはこのクマーナでベリオを、スペイン側にうまくしむけられたとはいえ身代金なしで解放した。このあと、イギリス側のある記録では、東行して「サンタ・マルタ、リオ・アチャの小さな家屋を焼き払った[37]」とあるが、今度はスペイン資料がこれについて記していない。この二つ

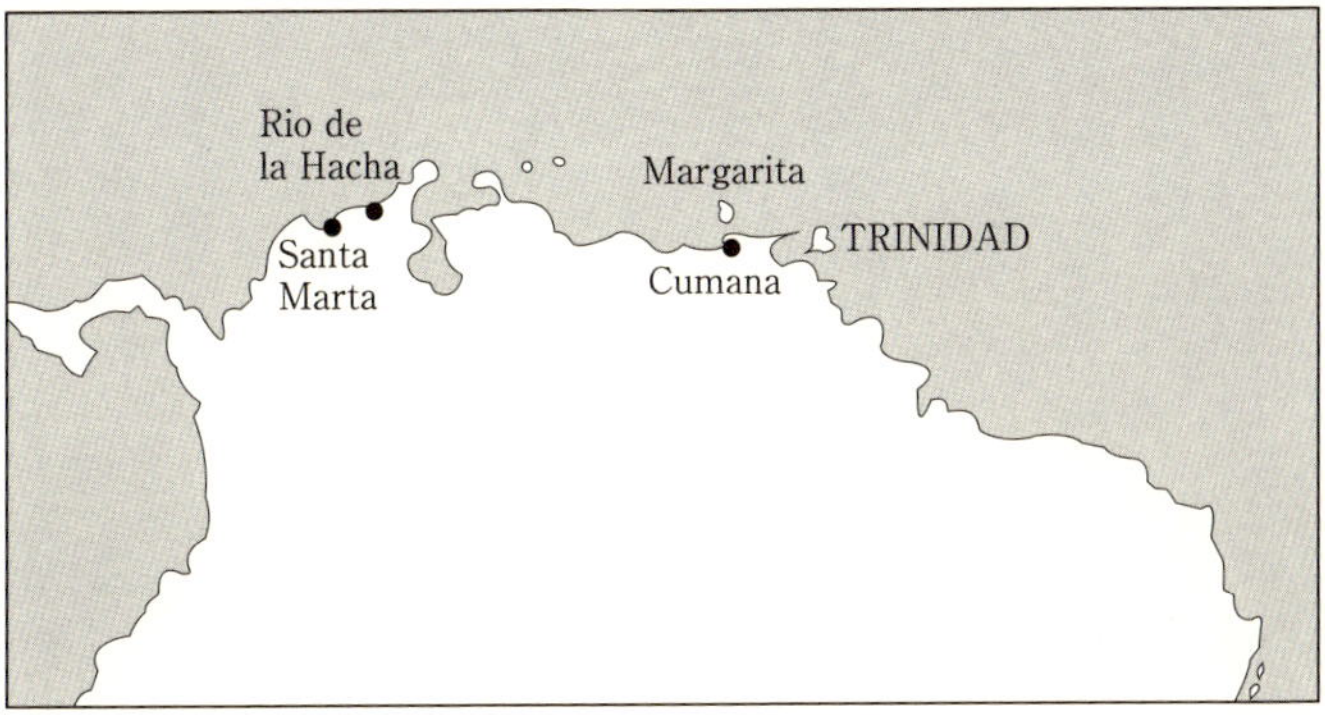

図69　トリニダートからサンタ・マルタへ

の町ではイギリス側にかなりの成果があっただろうと、クインは推定している。[38] 略奪によって投資家たちに戻せた金額は明らかではない。『ギアナの発見』が書かれたのは、前出の二人の大出資者、すなわちセシルとハワードに向けて、多大の負債を負った事情を弁明するためでもあった。「多大の負債をいまの私には返済する能力はないが、返せないでいる間は決して忘れることはないと申しあげるだけです[39]」と。

この遠征のなかの略奪をどう見るべきであるか。黄金を略奪するための遠征だったと見ても、この略奪は未遂であった。他方で、略奪をいわゆる略奪に限ると、その意味での略奪は、心づもりとしても結果としても、不十分なものに留まった。リオ・アチャを襲った後、ヴァージニアまで北上して、ローリー自身では初めて、入植地を訪問するつもりだったらしい。ヴァージニアへの途上で、略奪をすればできるはずだったが、天候が悪いという理由で、ヴァージニアには結局行かなかった。[40] 大観すれば、この遠征は、略奪が後退してゆく流れのなかにあったと、見られるのではなかろうか。

老王トピアワリ

『ギアナの発見』で評価が高いのは、一一〇歳ともいわれる、老王トピアワリという人物の描写である。表敬訪問したローリーに、ただちに奥地から食料を揃えて馳せ参じ、女王陛下がスペインの圧政から貴下と部族民を守って下さると、ローリーが説明すると大感激した。ローリーはこんな辺境の地で、「学問や育ちの助けを借りないで、これだけの威厳と理解力をもち、また弁が立つ人物に会えたのが不思議であった[41]」と感服した。閣下が今度当地に来られるときは必ずお助けして、マノアの都市近くのマクレグァライまで同行してさしあげよう、しかし今はおやめになるほうが閣下のためですとローリーに進言し、ローリーはこれを容れた。

ローリーによると、この老王は別れるとき、息子をイギリスにつれていってくれるようにローリーに頼んだ。長男がスペイン側に殺されたあと、自分に残った唯一人のこの息子に王を継がせたい、それには安全なところにしばらく身を寄せられればありがたい、と。ローリーの方は、一人の部下と一人の従僕を現地に残した。ローリーが現地人を人間として尊重したのは確かである。しかしこの二人の関係を、大人物同志の肝胆相い照らす交友とみなせるほど、二人が生きている状況は平穏ではなかった。ローリーがこの老王を、「政治力（Policy）をもった人物」[42]と寸評し、また老王が「今回は私と私の国をどうか堪忍（forbear）してほしい」[43]といったと述べている。二つの表現が、ローリーが老王の実体を見抜いていたのを物語っている。老王は先代のモレキト王とともに、スペインの殺戮のなかを部族民とともに生きぬいてきていた[44]。先王モレキトのところにベリオが二ヶ月滞在、対立が生じてベリオが先王に所有物をとりあげられたので、ベリオの部下のファジャード（Fajardo）が、ベリオが去ったあとで村落を略奪、また三〇〇人の族民を奴隷として売りとばした。これの復讐に先王は、ベリオの部下と僧侶を一度は領地を通行させておいて帰路に殺害した。今度はベリオが、逃げたこの先王をクマーナで捕らえて処刑した。処刑したことをベリオは記録に残さなかったが、ローリーはこの処刑を本書のなかで必ず公表しなければならなかった[45]。ベリオは先王を処刑したあと、主がいない領地で部下に略奪をはたらかせ、現王トピアワリがそのとき捕らえられて、鎖につながれたまま各地を案内させられた。

さて、現王トピアワリはローリーの前では、一貫してスペインを憎んでいるといっても、それが本心であるとは限らない。ローリーを前にした自己保全、したがって部族保全のための、方便だったと受け取るべきである。ローリーもそのことを見抜いていて、次のような意味のことを書いている。現地人たちはイギリス人に従うよりスペイン人に従うほうが有利とみればそうする、しかし、これから女王陛下が強力な軍隊をここに派遣なされれば、イギリスに従う方が有利とみて、女王陛下に服する方を選ぶであろう[46]、と。老王トピアワリが「今は堪忍してほしい」と願ったとき、そうしていただかないとすぐにスペインから復讐されると訴えていた。

当地を広く治めていたもう一人の王カラパナは、ローリーが表敬しても会おうとしなかった。その王を部下の首長がかばって、我々はあなた方には服するが、長い間スペインにも服してきたのを分かっていただきたいと述べた。ローリーはカラパナ王のことを「老猾な狐（old fox）[47]」と呼んでいる。ローリーは老王トピアワリに対しては、さすがにその呼称を使ってはいないが、老王の本心はカラパナ王と同じであるとみられる。このことに関連して、王の方から息子をローリーに託したのだとローリーはいうが、事実は残しておく二人のイギリス人の身を保護するために、また、将来の友好を確保するために、息子を人質にとったのであろう。図70はそのような解釈に沿って、嫌がる息子をイギリス兵が無理やりに船に乗せるところを描いている。この図も異事同図（註49を参照）。しかし王にしてみれば、それを知っていたうえで、息子の帝王教育をイギリスで受けさせようという思惑があったのかもしれない。先王モレキトは都会のクマーナにかつて長期に滞在していたし、名将として老王と並びたっていたカラパナ王は、「若い頃内乱に巻き込まれないように父の命令でトリニダード島で育てられた。そこで多くのスペイン人、フランス人に接して文明人を知り、マルガレータ島やクマーナにも渡って見聞をひろめた[48]」（大意）。

ローリーの前ではイギリスに従うとみせていた現王だが、先王のときすなわち一五四三年四月二三日に、ヴェラがベリオと組んで当地をスペインの支配下に置く政令を公布したとき、先王はそれに従う姿勢を見せていた。広い地域を制していたこのアロマイアの老王は、スペインを嫌って女王陛下の援軍を待っているとローリーに誓い、そう誓うことで当面ローリーにその地を制圧されるのを免れた（図70）[49]。ローリーの方でも、

図70　ローリーとトピアワリの会見. de Bry 版から.

老王の本心を知っていながら老王の口上だけをそのまま伝えて、女王に遠征軍をだす決心を促した。

二人のあいだの一見胸襟を開いた交わりは、そのような現実、お互いの計算から敢えて作られたものであった。全体から受ける印象としては、ローリーの観察力よりも、トピアワリの政治力に、感嘆させられる。

一五三〇年から始まったスペインのマノアを探す探検では、現地人との不幸な衝突を数多く起したが、スペイン側が追い出されたという大勢からして、巧妙だったのは現地人の方であった。彼等は文明人に対抗できるだけの、経験と狡智をもっていた。現地人といっても、首長は近くの都会で文明に接していた。このことには留意しておきたい。

驚異《ワンダーズ》

一行は老王トピアワリと会ったあと、マノアへの入り口とみていたカロニ河に入ろうとしたが、船は河口で急流によってすぐに遡上を阻まれたと『発見』はいう。仮に入っていたとしても、河口から五キロ上がったところで阻まれていたであろう。そこで最大幅二キロはある河は、落差が大きく、階段状の岩が自然のダムを作り、水流が三つの大滝になって落下している。横一線ではないので一つの大滝から別の大滝は見えない。大滝といってもそのうちの二つは、落差よりも横幅で大滝をなしているが、河口から遡って最初に出会う一つは、他の二つに較べれば高さを伴って大滝をなしている。この大滝は Salto La Llovizna（直訳では水しぶきの滝）と呼ばれ、現在の高さは目測で二〇メートル[50]には及ばず、横幅はその六倍ほどである（図71）。河口で船を捨てた一行は五五名が三班に分かれている。[51] 一〇〇名のうち船員と一部の兵士は船に残るから、五五名は大きな動員数である。明記されてはいないがなにかがここで行なわれたとみなければならない。そのうちの一班は金鉱石を探し、一班は銀鉱石を探し、ローリーの一隊は大滝を見に行ったという。見にゆくまでの書き方をみると、観光という目的をわざとはっきりさせているのが注意される。川岸の高所からこの滝を遠望したが、地点が河の東岸なのか西岸なのかは記されていない。記されていないのがこれも注意される。『発見』はいう、滝の轟音を聞きながら、

川岸から続いている平地の、いちばん手前の丘を頂上まで急いで駆け上がると、カロニ河の上流から水が砕けて落ちている、素晴らしい眺めだった。およそ二〇マイル上流から、川が三つに分かれているのがここから見えた。上流の方からこちらに向かって滝が一〇から一二できていて、一つの滝が教会の尖塔の高さで、下の尖塔にかぶさっている。水勢が激しいので、水しぶきがあがって尖塔がまるで大驟雨につつ

みこまれているように見えた。最初に見たときはその水しぶきでどこかの大きな町の上に煙が立ちのぼっているように見えた[52]。

ローリーは足が弱っていたからここから戻ってもかまわなかったが、同行者たちがもっと近くから見たいといって、ローリーをひきずるように少しずつ歩かせながら次の谷間に着くと、同じ景がもっとよく見えた[53]（図72）。ローリーは、よく見えるようになった滝のことを実は一言もいっていない。移動して着いた地点の、滝とは別の景の方に目を向けてゆく――

これ以上美しい土地、これ以上に美しい眺めを見たことがなかった。谷間にあちらこちらで美しい丘陵がもりあがり、川が回りながらいくつもの流れに分かれ、隣に続いている草地は灌木も切り株もない、美しい緑の草だけが広がり、硬くしまった砂地なので馬も人も歩きやすい、鹿がいたるところで道を横切り、夕刻が近づいたので小鳥がどの梢からもさまざまな音色で歌いだしている。そばの川辺に佇むツルやサギの白い色、深紅の色、穏やかな東風が吹きわたって空気は爽やか。河岸で小石を拾い上げてみると、この色からして金か銀を含んでいるにちがいなかった[54]。

以上のような飛瀑と地上楽園の描写は、『ギアナの発見』の頂点をなしている。作者はどのような意図で二つの描写をここに収めているのだろうか。ここまでのローリーには幾多の苦難があった。これ以上遠くへはいけないと確実に分かっていたであろう。疲労も身に応えるようになっていた。そのような状況のもとで、はたしてローリーは遂に緊張から解かれて、自失してただ景色に見とれたのであろうか。この遡上の目的は、

図71　ロヴィズナ滝の遠景．朝のカロニ河西岸から（望遠レンズを使用）．

図72　ロヴィズナ滝の近景．カロニ河東岸のロヴィズナ公園の端から．ローリーはこのあたりから見たであろう．

はたしてこのように景色を見ることだったのだろうか。そうであったはずはなかった。これを書くときはしっかりした意識をもち、特別の意図をもってここを書いていたであろう。その意図とは何だったか。

それに移るまでに、飛瀑などの描写を詳しく見ておきたい。まず飛瀑について。上流で階段になっている小滝を、教会の尖塔が上下に重なっていると見ている。横にひろがれば都市の俯瞰図になるが、上下になっているのだからほぼ水平に見ているのであろう。とにかく大きな町（some great town）がローリーには見えていて、その上空に煙がかかっている。そのような都市が幻になって現出している。自分は弱っている、そのせいであろうか、マノアの都市が幻になって見えていると、ほのめかしているのではなかろうか。仔細にわたるが、現在のこの大滝は、二〇〇メートルほど上流に砂防ダムができていて、ローリーが見たような上流ではなくなっている。このロヴィズナ滝の

図73　チャチャマイ滝

隣にほぼ並んでいるチャチャマイ滝は、ダムがあってもはるかに上流にあるから、近くの上流の様子が写真（図73）[55]のように分かりやすい。そのあたりに水量が多くなっても、「教会の尖塔」はたいした高さにはならないであろう。ローリーが見た上流の滝の方が、今のチャチャマイ滝の上流にある滝より高いにしても、高さには限度があった筈である。ローリーが尖塔のようだと書いたとき、読者にそれだけの高さを予想させようとしたのであれば、見た実際の景を誇張して描いていたとみられる。

次に、ローリーは帰路にもう一つの滝を見ている。オリノコ本流に南から入る支流の一つ、現在のマナコ河に入って、遠くに「水晶山」を眺めると、その山は「教会のとてつもなく高い尖塔のように見えた」。その山の表面を「大きな川が山腹にはまったく触れずに落下し、頂上を勢いよく飛び越えており、すさまじいばかりの大轟音をたてて地上に落ちている」[56]。滝を見る人の視線がまず中央に向けられてから、次に上、次に下と、滝をいかにも目で追っているような書き方をしている。ローリーがこのような書き方をするときは、こちらは警戒してかからなければならない。この「水晶山」は誇張であると、すでに一九世紀にションバークが述べた。その地域にそのような山はなかったと、トレヴェリアンが最近検証した。筆者がオリノコ河の対岸からこの地域を遠望したところでも、また地勢図が示すところでも、その地域に高い山は見られなかった。このような型の滝は、巨滝エンジェル・フォール（図74）がそうである。その長滝ではなくても、台地状の山に大雨が降ると小型のエンジェル・フォールがあちこちにできる（図75）。しかしそれらは奥地にあって、台地の山そのものがないこの地域にはできない。ローリーは現地人から多分エンジェル・フォールのことを聞いていて、そのような長滝をこの地に創り出したのであろう。

更には、地上楽園についてはどうであろうか。小鳥が鳴き合い、鹿が行きかい、東風が吹いている地上の楽園を思わせる場所は、ある人によると、今は「展望岬公園」（Parque Punta de Vista）と呼ばれている、対岸の、大滝をほぼ正面から眺めるための地域だったという。[57] しかしこの地域はローリーが書いているようではない。樹木の美しさと、曲がりくねった水の流れとでは、対岸ではなく大滝の横につづいている、現在のロヴィズナ公園（図71の滝の左手に見えている木立）（図76）の方が、よりローリーの地上楽園を思わせる。ただ、美しさが近い場所を現実のどんな世界の求めてみても、ローリーの楽園の方がなお美しい。たとえこのときロヴィズナ公園を目の前にしていたにしても、行く道毎に鹿が前を横切っていたのだろうか。ギアナに鹿は見かけない筈である。そのときの時刻が、小鳥がいっせいに鳴きだす夕刻に近かったのかと、頸をひねらされる。ローリーはここで、人工の庭園の絵を描いていたのであろう。人工の美は自然の美に勝ると、当時の人々は考えていたこともある。

自然を創り上げたといえば、以下で見るように、教会も創り上げていたふしがある。カロニ河では滝を教

図74　エンジェル・フォール

図75　エンジェル・フォールと同型の長滝.
カナイマに南から入る途中の奥地.

図76　ロヴィズナ公園．台地状の公園をいくつもの水流が横切ってロヴィズナ滝の水流の一部になる．滝と公園は隣りあっている．

会の塔と見、マナコ河では山をそれと見ているところには、教会の塔というものに対するこだわりがあろう。いずれの塔も、自然の景が自ずからもっている姿というよりも、見る人のなんらかの心がそこに創り上げているものではなかろうか。なんらかの心とはローリーの心の場合、自分に豊かに備わっているよりも、自分に欠落していて、そこにあると思ってもらいたい心であると筆者は思う。教会と塔は、自然が向こうからローリーに与えてくれたものではなく、ローリーの方からそこに見たいものではなかったか。当時の植民は、イギリス、スペイン、ポルトガル、どの国が行なう場合も、現地人への布教というものを目標にし、また時には植民の口実にしていた。ローリーのギアナ遠征には、ヴァージニア、アイルランドへの場合と同じように、今度も牧師を参加させていなかったのは、しかたなかったにしても、『ギアナの発見』のなかで、イギリスの側からの宗教の臭いのする営為、思念は、奇妙にも教会の尖塔への想いのほかには筆者の記憶に残っていない。

図77　カロニ河がオリノコ河に合流する地帯（Confluence）．手前の黄色の水がオリノコ河．向うの青色の水がカロニ河．この黒白写真では横線で．合流点のカロニ河の河幅は広大．

突然あらわれた二つの教会の景は、この旅には宗教がないという後ろめたさが作りあげた、精一杯の埋め合わせなのであろう。

さて、飛瀑にせよ、水晶山と長滝にせよ、林間の桃源郷にせよ、なぜ写実をこえた景を創り上げなければならなかったのか。第一の理由、意図はいささか散文的、現実的である。ローリーは黄金が出るといわれる地点を訪ねていった。その地点が飛瀑の近くであり、また水晶山の近くであった。黄金が出る地点は人に知られてはならない。その場所を隠すために、飛瀑を見にいった、水晶山を遠望しにいった、と書いたのであろう。飛瀑の近くにこそ、族長トピアワリが教えてくれたカロニ鉱があるはずだった。この地点を翌年部下のキーミスに再訪させ、二二年後にキーミスに部隊を率いさせて探させた。ローリーは自分は滝を見にいったといって、また、自分は疲れていて行きたくなかったが強制されて仕方なく見にいった、とわざわざいって、実は目の色を変えて黄金を探したのを隠した。

ローリーたちが行ったのは東岸だった筈だが、西なのか東なのかを語っていない。東岸に立っていたら、滝の水しぶきをかぶっていた。西岸に立っていたら、滝は川を隔てておよそ一キロ半離れている。水しぶきを語っても、一キロ半を語っても、今いる地点が分かってしまう。いずれかを語らないために、ローリーは滝を語らずに地上楽園を、語ったのだった。それだけではない。ローリーによると、オリノコ河と滝のあるカロニ河の合流点は、カロニ河が急流なので船でのぼれなかったといい、だからそこで船を捨てた、といっているが、急流は事実に反する（図77）。目的地に近いから船をすてた。また、合流点で滝の音が聞えてくるので、その音に促されて滝に向かったといっているが、合流点からはロヴィズナ飛瀑の音は聞こえない。これも別のやり方での隠蔽であろう。

次に、「水晶山」と長滝の近くこそ、族長プティマから、黄金が出ると教えられた、イコヌリ鉱がある地点だった。『発見』が書かれたとき、ローリーの一隊は二手に分かれて、部下のキーミスたちがイコヌリ山近くの、いわゆるイコヌリ鉱に向かっていた。ローリーはイコヌリ山までの「半日の行軍」に自分が耐えられないからといって、少し近づいて遠望しただけだったと書いた。金鉱があるらしい地点に近づいたのを隠して、自然の絶景を見に行ったと語る手口は、ロヴィズナ飛瀑を見に行ったと語った手口と、同じであった。ところで、『発見』を書いてから二一年後に、ギアナを再訪して、金鉱を見つけられずに帰国したとき、政府筋は『宣告』を書いて、ローリーははじめから金鉱があるとは思っていなかった、金鉱を探しにいったのではなかった、と決めつけた。政治によって、そう決めつけなければならなかった。『宣告』を書いたベイコンが、『ギアナの発見』を読み、そのなかの隠蔽を読みとっていたかどうかは分からない。

ローリーが写実ではなく自然を創造した、より重要な理由、意図は、プロパギャンダ、煽動にある。飛瀑や桃源郷などが、イギリス人にとっては驚異であること、他言を要しない。飛瀑はこのように驚異である、長滝はこのように驚異である、イギリス人の日常の経験をこえた驚異の世界がここギアナの地にはある——。ローリーは美しい景に見とれた自分の経験を伝えようとしていたのではない。読者が日常に経験している世界をこえた驚異の世界が、この地にあるという認識を、読者の心に喚起させようとした。この飛瀑と楽園は、また、長滝と水晶山は、黄金都市マノア、首なし族エワイパナマなどと同じ性質をもっている。楽園の描写の最後の部分に、身をかがめて石を拾うといかにも金か銀を含んでいそうな石だった、と書かれている。この部分に至るまでの部分を既述のように読めば、石を拾ったという部分は、ある読み方がいうようには(58)、先行部分から遊離してはいない。先行部分と齟齬をきたしてはいない。それどころか、この個所の性質がよくあらわれている、重要な部分だとみなければならない。金は必ずとれる、マノアは必ずある、その証拠に、飛瀑も、楽園も、このような驚異ではないか、と。驚異の景を語った個所は、息抜きの観光体験を語ったものではなかった。叙景の性質をそのように把握すると、自分の将来と国家の将来が賭けられていた、プロパギャンダとしての本書の性質が、一層よく理解できる。この驚異なる地は、どうしてもイギリスのものにしなければならない、と。

『ギアナの発見』は各国でどう受けとられたのであろうか。次章の「前史」がそれを説明している。

註

(1) *The Discoverie of the Large, Rich and Bewtiful Empire of Guiana, with a relation of the Great and Golden Cities of Manoa, performed in the year 1595, by Sir W. Ralegh Knight.., printed.. in 1596.*

(2) 以下の記述は主に以下の書物に負っている。David B. Quinn, *Raleigh and the British Empire* (Hodder & Stoughton Ltd., 1947), 39ff.. Kenneth R. Andrews, *Elizabethan Privateering : English Privateering during the Spanish War,*

1585-1603 (Cambridge Univ. Press, 1964), 189ff., *Ditto, Trade, Plunder and Settlement : Maritime Enterprise and the Genisis of the British Empire, 1580-1630* (Camrgidge Univ. Press, 1984), 187ff..

(3) 以下の記述は主に以下の書物に負っている。D. B. Quinn *(ed.)*, *The Roanoke Voyages, 1584-1590* (Hakluyt Society, 1955). Andrews, *Elizabethan Privateering*, 191ff.. *Ditto, Trade*, 200ff..

(4) Sir Robert H. Schomburgk, *The Discoverie of...* (Hakluyt Society, 1898), xxii.

(5) Andrews, 'Elizabethan Privateering : The Harte Lecture 1985', Joyce Younings (ed.), *Raleigh in Exeter 1985*, 'Exeter Studies in History NO. 10' (University of Exeter, 1985), 11.

(6) Andrews, *Trade*, 218.

(7) R. Pearse Chope, 'New Light on Sir Richard Grenville, (*Devonshire Association Transaction*, xlix (1917), 216-222, 237-241.

(8) Joyce Youings, 'Did Raleigh's England Need Colonies ?', Youings (ed.), *Raleigh in Exeter 1985*, 39-57.

(9) V. T. Harlow, *The Discoverie of Guiana by Sir Walter Ralegh* (The Argonaut Press, 1928), 75.

(10) Harlow, *Discoverie*, 9-10.

(11) Andrews, 'Elizabethan Privateering : The Harte Lecture 1985', 4.

(12) Harlow, *Discoverie*, cii.

(13) Harlow, *Discoverie*, 71.

(14) Chapter 9.

(15) 図65について。接着につかう香油の塗り方や金粉を吹きつけている様子、金粉が身体に着く量などにローリーの詳しい知識が反映されている。伝説のなかのでなくて実際の作業を写しているようだという感想があった (Humboldt)。「エル・ドラード」の原義は「黄金の人」であった。後方には祭りを祝う酒宴が描かれ、現地人は大酒家だったというローリーの記述が反映されている。

(16) 'Letter from Dominga do Ybargoien y Vera to the King of Spain, concerning the services of Governor Antonio Berrio, c. 1595', Harlow, *Discoverie*, Appendix A, 1. ローリーはポファムからえた文書を要約して公表していたが、元の文書がスペインで発見されて二つの文書が同一のものと分った。その経緯についてはハーロウ『前掲書』「序文」八

〇頁を参照。

(17) もっとも強調しているのは、ハーロウ『前掲書』「序文」八〇—八一頁を参照。

(18) Harlow, *Discoverie*, 26-27.

(19) *British Guiana Boundary, Appendix to the case on behalf of the Government of Her Britannic Majesty*, 1898-99.

(20) Harlow, *Discoverie*, Appendix A, 1-8. 概要がハーロウ『前掲書』「序文」七〇頁より。

(21) Harlow, *Discoverie*, 26-27.

(22) Harlow, *Discoverie*, 39.

(23) Harlow, *Discoverie*, 56.

(24) 図66の男たちの格好は王でないので侵入者が捕虜になったのであろう。女族はこの男たちをこのように楽しんだあと処刑する。

(25) 図67について、ローリーと部下の好奇な様子と部族民(左手)の得意気な様子が対照される。骸骨になっている元の首長たちの頭、肩、手足の先には高価らしい遺蔵品が飾られている。好奇と自慢は遺蔵品にも向かっているのであろう。高度な住居と船の構造はローリーがカンニバル族を野蛮人とは見ていなかったのをあらわしている。二人が地面で乾燥させているらしいのは人骨であろう。

(26) 図68について、最強の部族らしく、見えている動物は猛獣、住居は強く簡素である。しかし畏敬されており、親近感がもてるやさしい顔に描かれている。

(27) Neil L. Whitehead, *The Discovery... by Sir Walter Ralegh* (Manchester Univ. Press, 1997).

(28) Schomburgk, *Discoverie*, xlix.

(29) Harlow, *Discoverie*, 6.

(30) Harlow, *Discoverie*, 44.

(31) Andrews, 'Elizabethan Privateering', Youings (ed.), *Raleigh in Exeter 1985*, 9.

(32) Harlow, *Discoverie*, 13-14.

(33) Harlow, *Discoverie*, lxix.

(34) この総額はローリーが借金した金融業者が裁判をおこしたのがきっかけで知られるようになった。Cf. R. McIntyre,

'William Sanderson: Elizabethan financier of discovery', *William and Mary Quarterly*, 13 (1956), 184-201.

(35) 'Simon de Bolivar to the King (at Margarita, 3 July 1595)', Harlow, *Discoverie*, Appendix B, IV, 127-129.

(36) Harlow, *Discoverie*, lxxxix.

(37) Harlow, *Discoverie*, lxxxviii, n. 3.

(38) Quinn, *British Empire*, 195.

(39) Harlow, *Discoverie*, 3.

(40) Quinn, *British Empire*, 195.

(41) Harlow, *Discoverie*, 52.

(42) Harlow, *Discoverie*, 32.

(43) Harlow, *Discoverie*, 61.

(44) Harlow, *Discoverie*, lxxvff.

(45) Harlow, *Discoverie*, 32.

(46) Harlow, *Discoverie*, 62.

(47) Harlow, *Discoverie*, 67.

(48) Harlow, *Discoverie*, 30.

(49) テントの右側に立っているイギリス兵のマスカット銃の火縄はすでに点火されている。左側のイギリス兵の右手は、盾で隠してはいるが、抜刀している。ローリーの訪問をこの画家はこのように解釈したが、この画家だけの解釈ではなかったであろう。遠景はイギリス船にローリーとトピアワリの息子とが乗りこむのを部族の兵たちが見送っている。息子は連行されているようにみえる。食べ物を持った子供を来させて、イギリス軍に襲われないようにした、というのであろう。

(50) 高さは 'Lonely Planet' 版のガイド・ブックには二〇メートル、ションバークは一五フィートから二〇フィートあると「いわれている」という書き方をしている (Schomburgk, *Discovery*, 79, n. 2)。

(51) Harlow, *Discoverie*, 54.

(52) *Ibid.*: When we ronne to the tops of the first hils of the plaines adioyning to the riuer, we behelde that wonderfull

breach of waters, which ranne downe *Caroli*: and might from that mountaine see the riuer how it ran in three parts, aboue twentie miles of, and there appeared some ten or twelue ouerfals in sight, euery one as high ouer the other as a Church tower, which fell with that fury, that the rebound of waters made it seeme, as if it had beene all couered ouer with a great shower of rayne: and in some places we tooke it at the first for a smoke that had risen ouer some great towne.

(53) 図71は望遠レンズを使っているのでじっさいよりも近く見える。ニコルがローリーが見たであろうという場所（註57）からごく誓いところから撮影した。ただし、ローリーはこの場所からは見ていなかったであろう。

(54) Harlow, *Discoverie*, 54-55: I neuer saw a more beawtifull countrey, nor more liuely prospectes, hils so raised here and there ouer the vallies, the riuer winding into diuers braunches, the plaines adioyning without bush or stubble, all faire greene grasse, the ground of hard sand easy to march on, eyther for horse or foote, the deare crossing in euery path, the birds towards the euening singing on euery tree with a thousand seueral tunes, cranes and herons of shite, crimson, and carnation pearchig on the riuers side, the ayre fresh with a gentle easterlie wind, and euery stone that we stooped to take vp, promised eyther golde or siluer by his complexion.

(55) ロヴィズナ滝の上手は図71の写真で分かるように平面になるように浚渫されているので、ダムの後方を含めてこの滝の上流にいま「尖塔」があらわれることはない。しかしこのチャチャマイ滝の上流は浚渫されていないので、水量が増えればそれらしいものがあらわれるであろう。あらわれていると見える商業用の写真を筆者はもっているが、許可をえていないのでここに転載できない。ただしその「尖塔」は高くはない。

(56) Harlow, *Discoverie*, 66.

(57) ニコルの推定によった。以下を参照——Charles Nicholl, *The Creature in the Map: A Journey to El Dorado* (Jonathan Cape, 1995), 192. 現在は入園に許可がいる。「インターナショナル・ホテル・ギアーナ」への入り口近くから入る。土地の人々は、滝を見ながら滝に近づくのなら西岸からの方がよく見えるはずだ、といっていた。ローリーが最初に滝を見たといった高地は特定できなかった。本当に滝を遠望したかどうかは分からない。

(58) グリーンブラットは石を拾い上げる最後の部分だけが「きしんでいる」といっている——Stephen J. Greenblatt, *Sir Walter Ralegh, the Renaissance Man and His Roles* (Yale Univ. Press, 1973), 111-12.

第二章　最後の航海

前史

この章は二度目のギアナ行を扱う。一度目は一五九五年、その二月から八月までであった。二度目は一六一七年、その六月から翌年の六月までであった。二つの渡航のあいだには、二二年の間があった。一六〇三年からロンドン塔に閉され、そこから自由の身になるために、二度目の航海は企てられた。しかしながら、第二の渡航が突然なされたわけではなかった。二つの航海の間にはいくつもの点があって、それらの点が線をつくり、第二の航海はその線の上にあった。また、第二の航海がなされたのは、ローリー個人の便宜からだけでなく、国家の政治に渡航を許しただけの要因があった。この大切な「線」と「要因」に留意しながら、第二の渡航が行なわれるまでの、二二年間にわたった長い前史を、まず辿っておきたい。

前章で注解した『ギアナの発見』（一五九六年）は、一方では歓迎され、他方では無視された。一方では、外国を中心に多数の読者をえた。国内でも直ちに再版をハクルートが出していた。まずドイツでは、いずれも一五九九年に、ラテン語による二つのダイジェスト版が、ハルシウス（Hulsius）とド・ブリ（De Bry）とによって刊行され、三種類ものドイツ語版が後に続いた（一六〇二年）。オランダでは、一五九八年の初版が一六一七年までに三度版を重ねた。フランス語版が普及したのは一八世紀になってからであったが（一七二二年）、それ以前は前述のラテン語版がフランス語版の役目をはたしていたであろう。

『発見』に促されて、オランダとフランスから、オリノコ河に探検と商業活動が始められた。(1) 一五九七年一二月、オランダ人のカベリオ（Cabeliau）は、「明らかに公的使命を帯びて」(2)、オリノコ河に通商活動に向かった。一方フランスは、アンリ四世がルネ・マレ（René Marée）に特許状を出し、オリノコ河周辺に入植地が作られた。二つの通商活動は、『発見』が出てから一年後の素早い対応であった。後に詳しくみるように、フランスとオランダは、第二の遠征にも強い関心を示した。その関心の発端もまた、遠く『発見』に遡ったとみられる。

しかし他方で、ローリーが動かしたかった肝腎のイギリスの宮廷は、動かなかった。宮廷にとって、黄金都市マノアと数々の「驚異《ワンダーズ》」とは、お伽話にすぎなかった。今のうちにギアナに兵を送ってそこをイギリスの植民地にしたい、そうしてスペインの勢いを削いでおきたい、このローリーの熱弁も、宮廷には「途方もないこと（chimerical）」(3) として聞きとどけられなかった。入植は底のない袋に通貨をつぎ込むようなもの、政府の金を、回収できるあてがない入植活動につぎ込むわけにはゆかない、この政府の基本方針は、『発見』が出た頃一層厳守されていた。折しも一五九七年七月、本土西南端のペンザンス（Penzance）とニューリン（Newlyn）に、スペイン軍が上陸して町を焼き、スペイン軍の本土侵攻が現実味を帯びてきていた。(4) アイルランドでも、反体制派のティロンが勢いを増しつつあり、一五九八年四月、カロン河イェロー・フォードでの内戦勃発を間近に臨んでいた。このような状況のもとで、宮廷は不確かな目的のために、遥かなる南米に人と艦艇を送ることはできなかった。

人と艦艇はそんなに要らない、統治は現地人に任すのが本意だといって、『発見』をいわば補足したのが、

図78　ローリーのギアナと周辺．Caicara，El Callao，El Dorado は現代の地名．

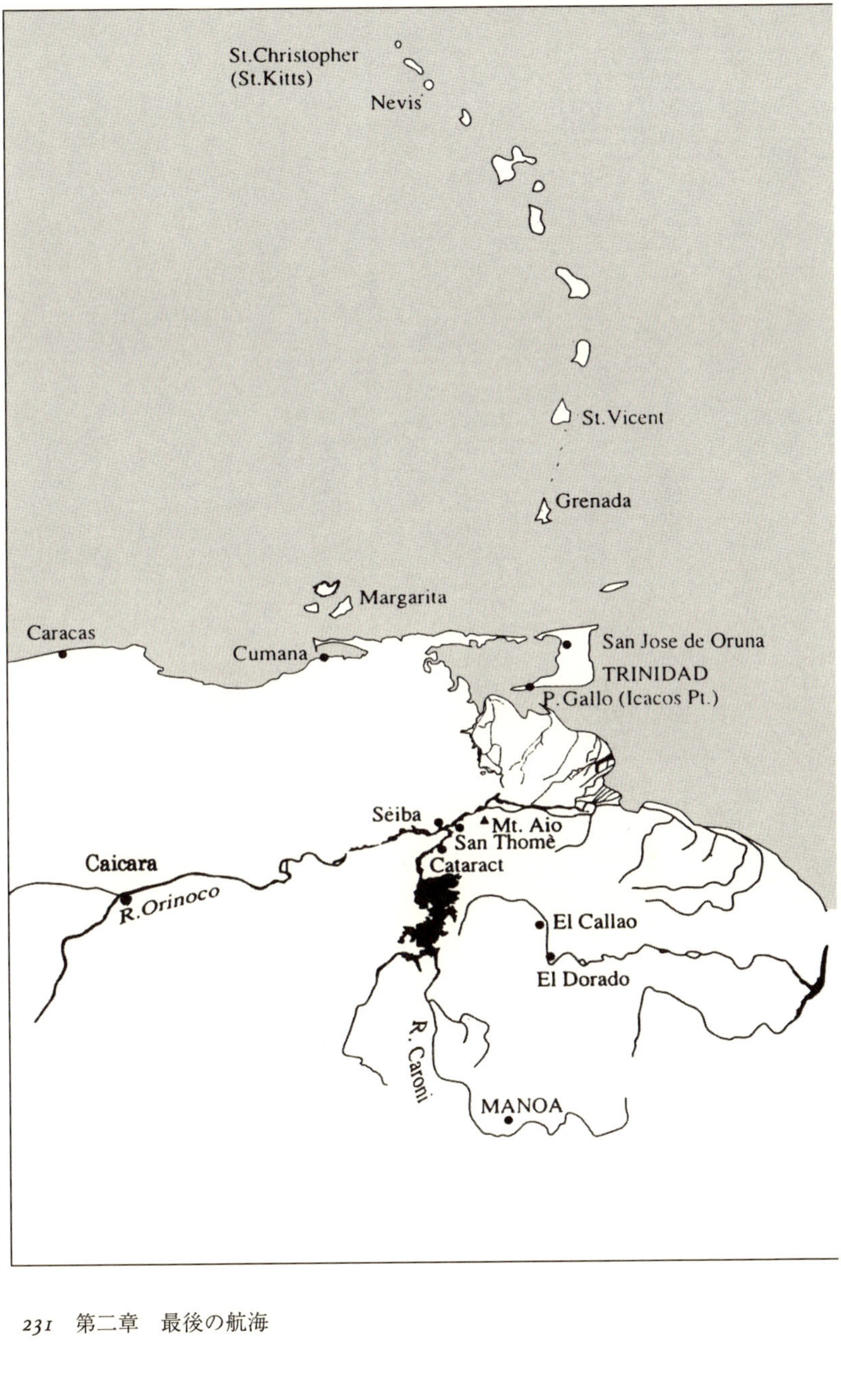
St.Christopher
(St.Kitts)
Nevis
St.Vicent
Grenada
Margarita
Caracas
Cumana
San Jose de Oruna
TRINIDAD
P.Gallo (Icacos Pt.)
Seiba
Mt. Aio
San Thomè
Caicara
Cataract
R.Orinoco
El Callao
El Dorado
R. Caroni
MANOA

『発見』の直後にだされた、『ギアナへの航海について（Of the Voyage for Guiana）』[5]であった。筆者は部下のトマス・ハリオットかロレンス・キーミス、ローリーは眼を通したとみられている。イギリスは援助はするが、現地人に自力で以下のようなことをさせたい、すなわち、（一）侵攻してくるスペインに対して自衛する、（二）今はスペインが奪っているペルーに侵攻して現地人による統治を回復する、（三）自身の文明化、（四）武装の近代化、というものであった。現地人に任すという理念、方式は、イギリスがのちに大英帝国の形成に成功した生因の一つになってゆく。ローリーたちがそのような方式をここで起案したのには理由があった。直接統治方式をとっているスペインは現地人に嫌われている、スペインを追い出すには現地人を武装させるのが効果がある、スペインを現地人と戦わせておけば、イギリス本土に襲来する危険も遠のくはずである――しばしばモラルで美化された現地人主義には、このような功利的な生因があった。

金鉱がある証拠を見せないと話にならないという、宮廷筋の批判にローリーは答えて、第一の旅の翌年、一五九六年一月に、腹心のキーミスにオリノコ河周辺を再訪させた。キーミスは、黄金都市マノアはエセクィボ（Essequibo）河（図78）から入ると報告し、カロニ（Caroni）河口近くで確かに金鉱を見つけたと報告した。[6] キーミスは、このとき記憶した地点を、二一年後に探しあぐねることになる。報告に気を良くしたローリーは、同じ年一五九六年の一二月、レオナード・ベリー（Leonard Berry）船長を送って現地人との友好を維持し、またキーミスの報告を確認しようとした。[7] キーミスとベリーの訪問には、ローリーが全費用を出していた。

前述のオランダ人カベリオ、フランス人マレと並ぶ活動が、一年遅れてイギリスでも興ろうとしていた。ローリーは義兄のサー・ジョン・ギルバート（Sir John Gilbert）と共同して、入植者の集団をギアナの沿岸につれてゆこうとした。一五九八年の夏、スウェーデンに援助を求め、一三艘もの小型帆船（pinnace）が用意された。この計画はなぜか実現しなかったが、他国に援助を求めたのは自国では船が調達できなかったからであった。そのような不首尾について、ローリー自身が、「〔ギアナ沿岸を除いて〕オリノコ河流域に限っても、ギアナから帰国した翌年に私がカディズに行っていなければ、カディズのあと二年間諸島遠征で邪魔されなければ、そのまたのちにティロンの叛乱があって、女王が叛乱が終わるまでは多数の船を国外に出したがらなかったことがなければ、とっくの昔に五〇〇〇人のイギリス人をそこに送りこんでいただろう[8]」と残念がった。更に後の障害を見ると、エリザベス朝の末期に、ローリーは激しい権力争いにまきこまれていた。

女王が没した一六〇三年、ローリーはジェイムズ一世の退位を共謀した嫌疑が黒と裁かれて、一二月にロンドン塔に入獄、二度目のギアナ遠征に出るまで一三年間をそこで生きた。一三年の間にギアナも生きていた。まずイギリスから三つの遠征隊が行っている。一六〇四年に、チャールズ・リー（Charles Leigh）が弟を連れてオリノコ・デルタよりも東の沿岸ウイアポコ（Wiapoco）河口（図78）に入植し、亜麻、木綿などを栽培した。ただし二年で去った。この入植にはローリーが関わっていたとされる[9]。一六〇九年にはロバート・ハーコート（Robert Harcourt）が、同じ場所に三〇人を入植させ、現地の産物を加工する工場を作ってオランダ、フランスの商人と取引し、一六一三年まで続けた。この入植はジェイムズの長子ヘンリー皇太子の肝煎りであり、したがって皇太子が私淑していたローリーと繋がっていた。同じ一六〇九年には、サー・トーマス・ロウ（Sir Thomas Roe）が、ウイアポコ河の南方アマゾン河周辺に入植した。ローリーはこの遠征に、個人の出資額としてサザンプトン伯の八〇〇ポンドに次ぐ六〇〇ポンドを出資した。ローリーは入獄していても経済活動はできていた。ロウの目的は入植だけではなかった。支援した首相格の国務大臣官房長（Secretary of State）ロバート・セシルに向けて、黄金都市マノアは見つからなかった、それだけでなく、その都市は存在しないとみなさざるをえないと報告し、さらに、スペイン軍には、カラカスの統治者だったドン・ジュアン・ガンボア（Don Juan de Gamvoa）のような、大物の寝返りが期待できるとも報告していた。ローリーはこの報告によって、マノアを遂に断念し、報告されたスペインの分裂から学んで、第二の遠征を計画していた。[10]

ロウを行かせたロバート・セシルは、一六一〇年当時反スペイン、親フランスに傾いていた。ジェイムズの息子チャールズとスペイン王女との結婚を避け、ジェイムズの娘エリザベスと選帝侯パラティン伯フレデリック（Elector Palatine Frederick）との結婚に道をつけていた。ギアナに進出して、そのときスペインと衝突すればそれも致し方ないと考えるようになっていたらしい。[11] ロウのギアナ行はローリーのそれと同じように、反スペインのための行動であった。以上の三つ（リー、ハートコート、ロウ）の遠征に共通する三点は、ローリーの関与、マノアが見つからなかったこと、入植という目的の定着、であった。入植が実際に開始されていた点に歴史的な意義があった。にもかかわらず、入植が中途放棄のかたちをとって貫徹されなかったのは、短期間に結果を出してしまう、エリザベス朝方式に原因があった。出資者が準カンパニーをつくり、カンパニーの期間は短く定め、期間が終われば収支を清算して出資者に払い戻し、カンパニーを解散した。

イギリスの入植はこのように南米では途絶えたが、やがて西インド諸島と北米で成功を収める。ところで、歴史学者ジェイムズ・A・ウィリアムスン（James A. Williamson）によれば、後に北米に入植したピューリタンたちは、一六一九年に北米でなく南米、それもギアナに入植しようと計画し、スペインとポルトガルを刺激するのを怖れて計画だけになったけれども、もし入植していれば、彼らは短期間でやめずに継続しただろうから、北米中心の今の世界の歴史は変わっていただろう、と推測している。[12] 世界史を中南米とオリエントを中心にして書きかえた、ウィリアムスンならではの推測である。ウィリアムスンの関心が、ギアナ沿岸に出かけていった人達の足跡を辿らせ、ローリーの『発見』のあとにできていた「点」を明らかにした。

さて、リー、ハーコート、ロウの遠征に較べると、ローリーの第二の遠征は、入植と通商活動が落ちて、金鉱の発見だけが表てにでていた。第一の遠征と較べてもそれが第二の遠征の特徴だった。もっとも、金鉱を発見したあとは入植を必ず伴うが、入植までゆけるかどうかは、金鉱の発見という一事にかかっていた。第二の遠征はイギリスの植民史のなかに、なにものをも残さなかったが、それはただ金鉱が発見できなかったという、偶然によった。

ローリーは実現する前に二度、自分でギアナに行きたいと願い出ていた。一度目は、ロウのギアナ行より二年まえの一六〇七年、ギアナから一二年前に持ち帰った鉱石を、プレストン卿（Sir Amias Preston）に試べさせたら金があったと、突然セシルに申し出た。[13] この突然さは、前述のリーの遠征から帰った人から、金の通商が有望、現地人はローリーが帰ってくるのを待っていると聞かされたからだったらしい。このときセシルと枢密院は、準備なら拘束されているローリーではなくキーミスだけに行かせよ、金鉱石だったというのならキーミスにそれを現地から持ち帰らせよ、と言い渡した。ローリーはこの旅は私も行かないと駄目だと主張しつづけて、旅は実現しなかった。二度目に願い出たのは、一六一一年、このときロウは、金鉱はオリノコ河付近にあるだろうと報告していた。その年にはまた、王室への年額二〇万ポンドの給付金制度を提案した「大契約（Great Contract）」が、下院で否決され（二月）、アイルランドに対する出費は更に増え、王室と国家の財政は悪化していた。王個人の借金は、一六一四年までに数万ポンドに達していた。ローリーはセシルに手紙を書いて、自分が覚えている金を含んだ鉱石は採掘がいとも簡単だ、「ほんの根元の浅いところにあって、幅が広い平たい石だった[14]」と誘った。セシルは誘いに応じ、この願いは実現するかにみえたが、最後に枢密院が拒否した。否決したのは、ガードナーによれば、セシルと対立し親スペイン政策を強めていたサマセット伯ロバート・カーが、横槍を入れたからだとみられている。男色家だったジェイムズに対する、当時はまだ親しかったサマセット伯の影響力は強かった。ローリーの運命は、そのときどきに党派がジェイムズに対してどう動いたかによって決まった（ハーロウ）[15]。

ローリーがでかけるまでの出来事はこれで終わったわけではなかった。スウェーデンが船を出すといってから八年後の一六〇六年、今度はデンマークがローリーの計画に関心を示しだした。自国の海軍司令官にローリーを招きたいという。ジェイムズの妻アン王妃はローリーに肩入れしていたが、そのアンの兄、すなわちデンマーク王クリスティアン四世が、ローリーの招聘をジェイムズに申し入れた。イギリスがやらないならデンマークがギアナを征服して、プロテスタント国家でスペインに包囲網を敷こうとした。やはりその包囲をめざして、今度はフランスがローリーを雇おうとした。ユグノー派の皇太子ロアン公（The Prince de Rohan）が、七、八艘の重装備の船をローリーに率いらせて、帰国途中のスペインの財宝船団を襲わせようとした（一六〇八年）。拘束中のローリーを活躍させる二つの申し出を、ジェイムズは当然断った。このように実現はしなかったが、反スペイン活動を断行するためには、外国と手を結ぶのを辞さなかったのがローリーであった。

やがてローリーが二度目のギアナ行を果たすとき、二度にわたってまたフランスと手を結ぼうと試みる。これまでにみたような外国との接触、すなわち、スウェーデン、デンマーク、フランスとの接触は、やがて行なわれるフランスとの接触の前駆をなしていた。それをやがて行なったときのローリーに対して、イギリス国家を裏切ったという強い批難が生まれたが、今みたような前駆を知れば、批難は少なくとも軽減はするであろう。スペインに対抗するために外国と手を結ぶ、そのための外国との接触は、ローリーに一貫していた。

ついに諸状況がローリーに有利に展開し始めた。天敵だった親スペインのノーザンプトン伯ヘンリー・ハワード（Henry Howard）が、一六一四年の六月に死去した。同年の三月には筋金入りの反スペイン主義者サー・ラルフ・ウィンウッド（Sir Ralph Winwood）が、一年前に没したセシルのあとに国務大臣官房長に就任した。これも同年の七月には、長脚の美青年ジョージ・ヴィリアーズ（George Villiers）が男色家ジェイムズの前にはじめて姿をあらわし、王の執心はたちまち前出のサマセット伯と入れ替わって、サマセット伯の没落がはじまった。サマセット伯はローリーを邪魔していた。これも同年、王は一度死んだ「大契約」が蘇生するのを期待して、新しい議会に臨んだが、稀代の大混乱のうちに議会は終わって、王室の期待はまたも裏切られた。翌一六一五年になって、満を持していたローリーはよく動いた。新任のウィンウッドに対しては、ジェイムズと国家への忠誠を誓った手紙を二度書き送った[16]。バッキンガム公になっていた新しい寵臣ヴィリアーズに対しては、親族に賄賂を贈って外堀を埋めたらしい。「王に仲立ちしてくださったのでうまくいきました」と、ヴィリアーズ宛に礼状をしたためた[17]。

遂にローリーを釈放したジェイムズは、臆病者の平和主義者というこれまでの見方に反して、ローリーをギアナにやって、スペインと戦いになるのを覚悟していた、と見られるようになった[18]。ジェイムズは危ないと分かっている橋を渡ったことになる。渡ってしまったジェイムズを、駐英スペイン大使ゴンドマー（Gondomar）[19]がなじって、ローリーに足枷をはめるように強要した。ジェイムズはいわれる通りに、ギアナのスペイン村を攻めると死罪にすると、ローリーに言い渡したものの、ジェイムズにしてみれば、肉を切らして骨を守って、ローリーにギアナ行を実現させてしまった。ジェイムズはイギリス国家の自主性と主体性を、この実現によってとにかく保持した。

一六一六年三月一九日、ローリーは一三年にわたったロンドン塔での生活を終え、ギアナ行の準備にとりかかった。この釈放を貴族とジェントリー層が特に歓迎した。彼等は今の政治の弱腰を嫌い、毅然としていたエリザベス時代、英雄が生きていたエリザベス時代を懐かしんでいた。一三年振りにロンドンの新しい街並を眺めた時の様子はきっとこのようだったろうと、何人かの伝記作者たちが劇画の一場面のようにして語った。

準　備

準備はすぐに始められ、四四〇トンの旗艦 *Destiny* 号を発注、装備代を含めると七〇〇〇ポンドかかった。[20] 集めた資金の総額は、ローリーの言によると三万ポンドで、出資の内訳は、妻の親族の貴族たちが一万五〇〇〇ポンド、ローリー側からの一万ポンドは、シャーボン邸の立ち退き料、妻の実家の家具などの売却、借金などで賄った。あとの五〇〇〇ポンドは、参加したジェントルマンに求めた一人五〇ポンドまでの納入金、政府からの新造船用給付金などで集めた。この総額はエドワーズが一八六八年にそれを示してから各書が踏襲しているが、新しい資料がでてきて訂正される可能性はある。前回の遠征には六万ポンドが集められ、それを示す資料は確かである。[21] いずれもエドワーズによると、ローリーの妻には僅か四八ポンドしか残らなかった。[22] また、ジェントルマンの父親達は、道楽息子を五〇ポンドで、人によっては三〇ポンドで引きとってもらえるのはなんともありがたいと喜んだ。この二つの伝聞は、ローリー信者が多い伝記作家たちが、これも踏襲して自著に収めてきた。それほどローリーは有り金をはたいた、それほど後で統制に苦労した、という肩入れになった。この出資高からも、ローリーが金鉱があるのを確信していたことが分かる。[23] ローリーの確信が夫と志を同じくしていた妻ベス（Bess）の確信になっていた。ベスがサリー州ミッチャムの実家の備品類を売って作った金額は、二五〇〇ポンドに及んだ。であるのに、世間には、ローリーは金鉱があるとは思っていない、ただ釈放されたいだけだ、という悪口の声が高かった。やはり金鉱はなかったではないか、最初から人を欺すつもりの大悪人だった、と、国家は、失敗したあとでローリーを罵倒した（『宣告』）。

船団と参加人員などが、ある資料に記録されていた。ゴンドマーは準備が大がかりなのに驚愕して、この一団は侵略が目的だと疑い、ジェイムズを一喝して、船などの仔細をスペインに内報させた。その報告書'News for Sir Walter Ralegh'のコピーが、[24]スペインにそれを仲介したウィンウッドの元に残されていた。船は *Destiny* 号をはじめ合計六隻、小型帆船が一艘、総トン数一五一五、乗船員合計四三一名、艦砲一二一基、ただし六隻のうちの一隻 *Encounter* 号の分は含まれていない。各船毎にキャプテン名とマスター名が記され、四三一名の正確な内訳は不明だが、ジェントルマンは記されているだけで八九名に及んでいる。また、'Labourer'とあるのは鉱山労働者のことであろうとされる。[25]別の資料には、コンワル出身の'Pioneers'（鉱山労働者）二五名と明記されている。[26]以上はテムズ河に停泊していた船団についてであって、プリマスで合流した別の船団は、船四隻、フライボート二艘、小型帆船一艘であった。これらについては人員などの明細は残っていない。人員の合計は、先の四三一名に二つの不明を合せて、一〇〇〇人と推定されている。[27]次に、'News'が公表されてから一一六年後に、今度は諸費用の見積書が発掘された。[28]その見積書を抜粋してみると（項目の通し番号は筆者がつけたもの、カッコ内はその項目用の金額でポンド価）、

二、四二五人のXヵ月の給料一日につき八ペンスとして（四〇〇〇）。

四、四二五人と鉱山労働者に前払金一人当たり四〇シリング（八五〇）。

七、朝な夕な乗員を元気づけるためキャナリ製ワイン六トンとブランデー五トン（三五二）。

九、鉱内から河岸までバスケットを運ぶために雇う、インディアンに報酬として与える手斧、ナイフ、帽子、シャツ等用（一一〇）。

一〇、精錬士が用いる、鉄床などが付いた溶鉱炉、鉱山労働者用にピッケル、鍬、鉄製バール。革つきバスケットは鉱内から河岸の間を往復するため、また鉱石を運び出すために使う（二〇〇）。

一六、四艘の小船は本船と鉱山の往復用、また鉱山労働者に本船から食料を運ぶ。従ってオールを余分に、屋根もつける（一〇〇）。

一七、兵士のために……マスカット（火縄）銃一〇〇本、それは鉱山で働く労働者を保護し防衛する（八〇）。

二〇、鉱石を精錬して金板に成型する炉を組む、そのためにバラスト状にしたレンガなど……、精錬士に必要な物品については、ジェイムズ・アチンスン（James Achinson）に見積もりさせる。

全部で二〇項目あり、見積りを他人に委せた項目一、二〇の見積り額は空白のままで、総額は九五九三ポンド強であった。額が少ないのは、スペイン側に渡るものであったからであろう。「乗船員への給料の不足は採掘した金であてよう」[29]にも、同じ慮りがあろう。記述は金の精錬と船までの運搬にくわしい。現地人を採用するともいっている。これらの記述もスペイン側を意識したものであろう。スペイン側はこの旅を領土の専有が目的とみていたから、そうではないというための、なにほどかの潤色、誇張があったであろう。はっきり領土が目的ではないと釈明している部分がある。たとえばマスカット銃について、それは鉱山で働く労働者を「攻撃から守り（guard）」、「防衛（defence）する」ためのものだといっている。なお、精錬士については、往路洋上での熱病による死者のなかに「主任精錬士（Principal refiner Mr. Fowler）」が入っているので[30]、イギリスから複数つれていったのが分かっている。現地人の採用は、ローリーの植民地管理の特徴であるが、その採用を明記しているところをみると、スペイン側は金鉱を開くためならそれを厭わないという読みが、ローリーにあったのであろう。普段のスペイン側は、イギリス側が現地人を取り込むのを強く警戒していた。

作成させられた報告書の類は、ジェイムズからゴンドマーに渡され、ゴンドマーからスペイン本国に送られ、ローリーの旅の先々に先回りしてローリーを迎えた。ギアナのスペインの要塞村サン・トメ（San Thomé）でも、イギリスが占拠したとき、そこに届いていた報告書のコピーが、そっくりそのままそこで押収されていた。ローリーは失敗したあと、失敗したのはそのせいだった、イギリスがイギリスのために働く私を裏切って、計画をスペインに渡してしまったせいだと、激しい口調で恨んだ。しかし、恨む理由はなかったはずだと、イギリスの歴史学者ガードナーは述べている――船団の仔細などは手続きを取れば当局が誰にも教えてくれた。情報はローリーが報告をだす数週間前にスペインに届いていた。大使館側がローリーからの報告を入手しても本国に送ったのは三ヶ月後だった――[31]。

ゴンドマーは最後までローリーを出国させたくなかったが、ジェイムズはローリーに誓わせて出国させた。「スペイン国王のもとにある人民に対して危害を加えない、略奪を行なわない、破った場合は首を失う」という誓約だった。はめられた足枷はそれ以外にもあった。八月二六日に発行された許可状（commission）のなかから、「王から信頼され愛顧を受けている（'Trusty and well-beloved'）人間にこの許可を与える」という決り文句が削られた。ローリーは一六〇三年にうけた死刑の執行が猶予されたままだった。法律によって戸籍を消されている人間だった。王に愛されている人間が王に許可されて出国したとなると、出国はすなわち戸籍の復活を意味しかねなかった。事実帰国後にローリー側がその点を主張したが、この文言が削除されていたので、主張は通らなかった。削除された代わりに 'under the peril of the law' が加えられた。これの意味するところは、帰国してから違法行為がなかったかどうか裁かれる、それがあった場合は死刑になる、というものであった[32]。

「スペイン王のもとにある人民」と戦ってはいけないという個所は、目的地のギアナ、オリノコ河沿岸を、スペインが領有しているとみるかどうかが関わっていた。スペインは当然領有を宣言し、特にサン・トメから、イギリスとオランダの商人を締めだそうとしていた。北米での独占が破られたので、南米ではそれを破られたくなかった。イギリスにしてみれば、クマーナから東南、すなわちギアナなどにはスペインの足跡はなく、ハクルートがいたエリザベス時代から、スペインの主権は及んでいないとみていた。ジェイムズも前出のハーコートに許可状を出したときはこの見解に従っていた。しかし、同じギアナでもローリーの今度の目的地については、ジェイムズは判断できなかったとみられる。ローリーの主張はまったく違っていた。一五九五年にオリノコ河周辺の現地の王たちが、エリザベス女王の人民になると申し出たと主張していた。ジェイムズはそこにイギリスが行けるか行けないかという決定を避けて、ローリーが戦ってしまうかどうかに事柄を転化した。ジェイムズのいつもの巧妙なやり方であった。

別路

そこに二つの新しい事態が舞い込んできた。一つはギアナ行とはまったく別の事柄、もう一つはギアナ行の内容を変えようとする事柄だった。ことに前者に対しては、今になってなぜと思われるであろう。ローリーが許可状を受けとってから四ヶ月たった一二月、スペインに隣接するプロテスタント国家サヴォイが、スペインの脅威に対抗してイギリスに助けを求めてきた。ジェノアの港はスペイン兵を自由に降ろしてそこからスペイン兵がサヴォイを攻め上って来る、ジェノアの商人たちはスペインに巨額の献金をしている、だからその港を攻めてもらいたい。ローリーの対応は渡りに船だった。自分ならその港のことをよく知っている、ギアナ行のつもりで集まっている今の船団に政府が四隻、別説では一六隻を補強してくれれば、自分が全船団を指揮しよう。この案をジェイムズが一度はいれて、そう決まったところでジェイムズは合意を撤回した。ローリーがそれほどの働きをするのを嫌ったからだと受けとられている。それにしても、ローリーにとってギアナはなんであったのか。それほど呆気なく棄てられるものだったのか。この一九世紀的な疑問に対して、二〇世紀人がした回答はいずれ見ることになる。

ジェイムズが撤回した直後に、以前から往き来していたユグノー派のフランス人と接触した。ローリーの方から話をもちかけたと見られている。ギアナに行くが、(一)フランスが参加してはどうか、また、(二)帰途イギリスに帰る前にフランスの港に入らせてもらいたい、というものであった。(一)については、フランス人がスペインと戦えば、誓約通りローリーは戦わなかったことになる。(二)については、ハーロウは次のように解説している――衝突してしまって金鉱石を船荷にもっているときは、フランスに逗留しながら金を目先にちらつかせて罪の減免をジェイムズから引き出そうとしたのだろう。衝突して金鉱石もなかったときは、はじめからフランスに逃げて永久追放を自分から決める筈はない、ひとまずイギリスに帰ったあと、命の危険があればフランスに逃げようとしたのだろう――[33]。

フランスがローリーを保護して受け取る対価については、ロンドンでローリーに会った駐英フランス大使デ・マレ(Des Maretz)は、「ローリーはギアナから持ち帰った黄金を、いの一番にフランスに渡すと約束した[34]」と、フランス王に報告していた。ところが、ルイ三世の周辺におこった変化が交渉に有利に作用したにもかかわらず、ローリーが文書を託した二人が、任務をすてて遁走したので、結局この交渉は中絶して、フランスは参加しなかった。

金鉱石をまずフランスに渡そうとしていたとは、信じられない、愛国者だったはずのローリーが売国奴だったとは、信じられない、そう嘆いたエドワーズは、ガードナーが示している資料の信憑性を疑った[35]。同じように嘆き悲しんだションバークは、それが疑われないと分かったあと、資料の受け取り方でローリーを庇おうとした。ローリーはイギリスを裏切る気だと、デ・マレがフランス王に報告したが、報告した日はローリーから話を聞いた日の一ヶ月後であった、そのあいだに真実がマレの頭のなかで変形してしまったのだろう[36]、また、ローリーにそうしてもらいたいという、この大使の熱意のために、事実を頭の中で誘導してしまったのだろう、と。

エドワーズもションバークも一九世紀人であるが、二〇世紀人の受け取り方は違っていた。クインによると、サヴォイ行にしてもフランス巻き込みにしても、「ローリーはギアナ行の危険が分かっていて、危険を与えたジェイムズに対抗するために、やむをえずにそれをしようとしたのだ[37]」（大意）と、あっさりと正当防衛とみた。ハーロウの受け取り方も趣意はこれと同じであった。サヴォイ行について、「地中海でスペインを攻め、それが公的なものと認められれば、危険がともなって対処がきわめてむずかしいギアナ行よりも、ローリーにとってははるかに望ましいものであった[38]」。クインもハーロウも、殊更に弁護しないで、「方向転換（divertion）[39]」ということばを使って、そのことばで行動を認める態度である。その態度をいいかえれば、ローリーの二つの行動をお互いさま（reciprocal）として認める態度である。

すでに述べたように、「スペインと衝突しない」という誓約は、衝突はするだろうがローリーに行かせたいというジェイムズのジレンマを、ローリーに負わせたものであった。衝突したときジェイムズを守る保証として、その誓約は機能していた。二股外交がジェイムズのいつものやり方であった。スペインを激怒させておいてもローリーをギアナに行かせ、一方ではスペインの王女と息子の結婚話を復活させようとしていた。サヴォイと一緒にスペインと戦う様子を見せながら、一方ではサヴォイとの和平をスペインに勧めていた。

ローリーの二つの行動にはジェイムズのこのようなやり方が映っていた。このようなジェイムズを念頭において、古い時代の学者たちは、ローリーはジェイムズより上にいたとみたが、上にいたのではなく、ジェイムズと共にいた、時代と共にいたと見られる。二つの事件はそのことを示唆していよう。

往路

いろいろなことがあって三月二六日にロンドンを出航した。ロンドン塔を出たのはなんと前年の三月一九日だった。プリマスで三艘の小型帆船が加わり、沖でキーミスらの四隻が加わった。そこに当てにしていたフランス船の影はなかったが、不在はローリーに致命的ではなかった、現地人がフランス人に代わるという道が残されていたからだ、とハーロウは述べている。(40) そのハーロウとクインは、船団がそろったところでこの船団の特徴を次のように説明している——乗船員のなかでローリーの友人たちは忠義深く有能だったが、多くの乗船員が略奪目当てで参加していた。死刑の執行を延ばされている総指揮官の境遇が災いして、質の良い人は集まらず、これまで何度も人を集めたことがあるローリーが、今度のは、「人間の屑 (the scum of men)」だといった、と。(41)「人間の屑」という言葉を数えきれないほど使って、旅の失敗のいいわけにしたが、彼等の質は実際その通りであったらしい。

プリマスに集まるまでにすでに、乱闘で負傷者が続出、五月三日にローリーが起筆した「乗船員と陸上要員の指揮者が下すべき命令集」(42) が配られた。プリマスをやっと出発できた六月一二日は、ロンドンを出発してから三ヶ月近くたっていた。出てから直ぐに、今度は嵐にあって三ヵ所に分かれて避難し、ローリーはアイルランドのコーク (Cork) で過ごしている。期間は説によって、三週間 (トレヴェリアン)(43)、七週間 (『日記』とクイン)(44)、三ヶ月 (ジョーンズとハーロウ)(45) と分かれているが、最短の三週間だったとしても嵐よけにしては長い。船が出られない逆風のために長かったと『日記』[46]はいうが、そうだったのだろうか。三度にわたった嵐で他の船が入った港はプリマスとフォマス、遠くてもブリストルであった。コークのロステランに船が風で自然に流されたとは考えられない。

はたしてローリーは、わざわざコークをめざしたのだった。コークのリズモァで、一五年前に土地を売ったリチャード・ボイルに会った。売った値段が不当に安かったからと、追加を無心して、一〇〇〇ポンドをせしめた。このことは本書の第二部章第二章『マンスター植民』ですでにふれた。この逗留期間はただそれだけだったとは思われない。ローリーはこのときボイルに歓待され、それを大いに楽しんだといわれる[47]。楽しんだのはリズモァの地だけではなかったであろう。国家と個人の将来がかかっている大冒険を前にして、好きな土地での日常を楽しんでいる様子が、筆者の眼にはありありと浮かんでくる。リズモァからは以前に市長を勤めて邸宅もあったヨール(Youghal)の町が近かった。小麦やトウモロコシが繁っている以前の領地、仲間のハリオットやジョン・ホワイトがかつて住み移っていた小村が、ヨールの近郊に点を成して安らかであった。ローリーがコークで過ごした何日かは、このときもまた、今の当地がそうであるように、音のしない、停まっているような、光のなかにある時間だったのであろう。ローリーはそこでもまた、断首台の上にいたときとはちがったあり方で、やはり永遠というものに接していたのではなかろうか。

コークを八月一九日にやっと出発したあと、ギアナのウイアポコ河口(図78)にひとまず到着したのが一一月一一日、かかった三ヶ月という日数は、キーミスが要した日数の四倍にあたる。コークからの旅程は『日記』に記録されていた。八月三一日にサン・ヴァンサン岬(Cape St Vincent)沖で四艘のフランスの海賊船に出会ったが略奪をしなかった。カナリア諸島のランセロッタ(Lancerota)島で攻撃されて死者がでたが忍耐して戦わなかった。なぜ略奪をしないのか、なぜ応戦しないのかと仲間は怒った。その島でベイリー

(Bailey) 船長の船が早くも離脱し、その船長はロンドンに帰ってから、ローリーは同島を占領して財宝船を襲う基地にしようとしたと讒言した。続いて帰国した英国商人が逆のことを証言し、ベイリーは牢獄に入れられたが、一度ローリーに怒ったジェイムズは気持ちを改めなかったといわれる。カナリア諸島のゴメラ(Gomera) を去ったところでマラリアが発生した。『日記』は毎日死者の名を連ね、旗船だけで四二人を失い、ローリー自身も発熱して、二八日間固形物を摂れなかった。『日記』はこのような数々の限界状況を淡々と記している。食料、気象、生物などに旺盛な好奇心が向けられている。めざしているはずのギアナと金鉱石についてはなにも語られていない。全体からはローリーが毎日を味わいながら送っているという印象を受ける。洋上での心のありようは、コークで避難を長く楽しんだであろうときの心のありようと同じものだったとみられる。

ギアナに着き、ウイアポコ河口で旧知の現地人を探したが見つからず、三日後にカイン (Cayne) 河口(図78) に移った。ここでハリー (Harry) の名を持つ旧知の現地人に会えたので三週間も逗留した。一五九五年に英国につれてこられたハリーは、ロンドン塔でローリーの世話をしてくれ、ギアナに帰って首長になっていた。トライアングル諸島 (Triangle Islands) (Isles de Salut) (図78) に移ったときはすでに一二月四日になっていた。

ここで船上会議 (the Council on the *Destiny*) が行なわれて、「二つのこと (two points)」[48]が決められた。まずローリーは洋上に残ってオリノコ河に入らない。その理由をローリーは各所で語っている――「乗船員たちがそう望んだからやむをえずにそうした。身体は弱っていたし、そのときにはスペインがサン・トメに向けて強力な補強軍団を出発させていた。やってくるスペイン船団の姿を見ただけで逃げてしまわないのは、ローリー、あなただけだ、そのうえあなたが一緒に行くと我々は退路を断たれる、と皆が求めるから残ったのだ。そのとき断れば叛乱になっていただろう」(49)（大意）。こう懇願されローリーは約束した、「私は〔トリニダードの〕ガロ岬（Puncto Gallo）（図78）で諸君たちを必ず待っている。生きていても死んでいても待っている。僚船の姿がなくても灰になって待っている。最後になれば火を放ち、火が燃えさかっても私は船を離れない」(50)。当時は敵に船を捕獲されないために自船に火を放った。余談になるが、その場でこの通りに語ったとは限らない。そればかりか、このような語り方から読みとると、必ず待っていると、口に出していったとも限らないだろう。ローリーの文章を読んでいるとしばしばそのような場合に遭遇する。

本筋に戻ると、意に反して洋上に残ったといっておけば、お前が行かなかったから金鉱が見つからなかったと、後で非難されずに済むという目論見があったかもしれない。めざす金鉱をよく知っているのはキーミスの方だった。このことが大前提にあった。残ったのはローリーだけではなかった。陸軍の指揮をとるはずのピゴ（Pigott）はマラリアで死に、副司令官のサン・レジァ卿（Sir Warham Saint Leger）もいま発病してしまった。代わりに甥の「元気があるだけがとりえの若僧」(51)ジョージ・ローリー（George Ralegh）が司令官になり、「直ぐに荒れだす」(52)息子のワット（Wat）が一部隊を任された。総指揮はローリーに代って学者肌のキーミスがとることになった。ハーロウはローリーが洋上に残ったところが「分れ目（turning point）」(53)だったといった。ハーロウより前にガードナーが次のように述べて、後続の研究書にしばしば引用されていた――「ローリーは運命を決める山場（crisis）にさしかかっていた。であるのに自分は脇に退き、自分の生命と名誉を張った賭けが、乱暴なだけの水兵たちと、髭もまだ生えていない少年たちによって、とり行なわれようとしていた。(54)」しかし別の見方ができるであろう。キーミスは友人スカリー（Scory）に手紙を出して、「スペインは兵を送ってくるから、一〇〇隻船を送ってくれるように政府に頼んでくれ」(55)と書いていた。一同はスペインの補強をいつも強く恐れていた。ローリーは部下たちが脅したからでなく、自分ですすんで留まったのかもしれない。だいたいが、ローリーがしつこくいうところは警戒して聞くほうがよい。「皆が強く残れといった、断れば叛乱になっていた」というような個所のことである。『ギアナの発見』のなかで、「自分は足が弱っていたが周りが強制するので」滝を見に行ったといって、実際は金鉱を進んで探しにいったらしい。「部下たちに強要されて」オリノコ河に入らなかったといって、実際は自分からスペイン船団を迎え撃とうとしたのではなかろうか。「弱っているから残って海戦する」というのは不合理であり、事実トリニダード沿岸を、「ピッチ湖」でピッチを煮詰めてみたり、活発に動きまわっていた(『日記』による)。次に、ガードナーがいうように、本当に運命の「分かれ目」であったのだろうか。探した場所からは今日にいたるまでさほどの金は採れていない。つまり金鉱はなかった。だから「分かれ目」そのものがなかった。ローリーから見るとそれはあったが、外から見るとそれはなかった。

トライアングル諸島では、ローリーが自分の任務を代行することになったキーミスに指示をだした。その指示の中味が、遠征が失敗したあとで問題になった。指示は間違いなくこのようなものであったといって、一方は追及し、他方は弁明した。それらの発言は、当時の文書がどのような性質のものだったかを教え、文書への対し方を教えてくれる。当時の文書は、事実よりも立場を主張する。失敗したこの遠征は、叙事詩としてではなく、関係者たちが攻防を演じる心理劇として、後世に語り残されている。

第一の焦点は戦わせたかどうかであった。政府の公式文書になった『宣告』は、ローリーは誓約を破った、「サン・トメ(図78、79)をまず先に占領せよという指示をローリーが出した」[56]と決めつけた。他方のローリーによると、自分がキーミスにだした指示はただ、「鉱石が優秀だ(ロイアル)と分かったら、また(そのときになって)スペイン側が攻めはじめたら、指揮官〔ジョージ・ローリーのこと〕に命じて、もしそれが彼の権限でできるのなら、敵を追い散らして(repel)、できるだけ遠くまで追ってゆくように」[57]、そういった

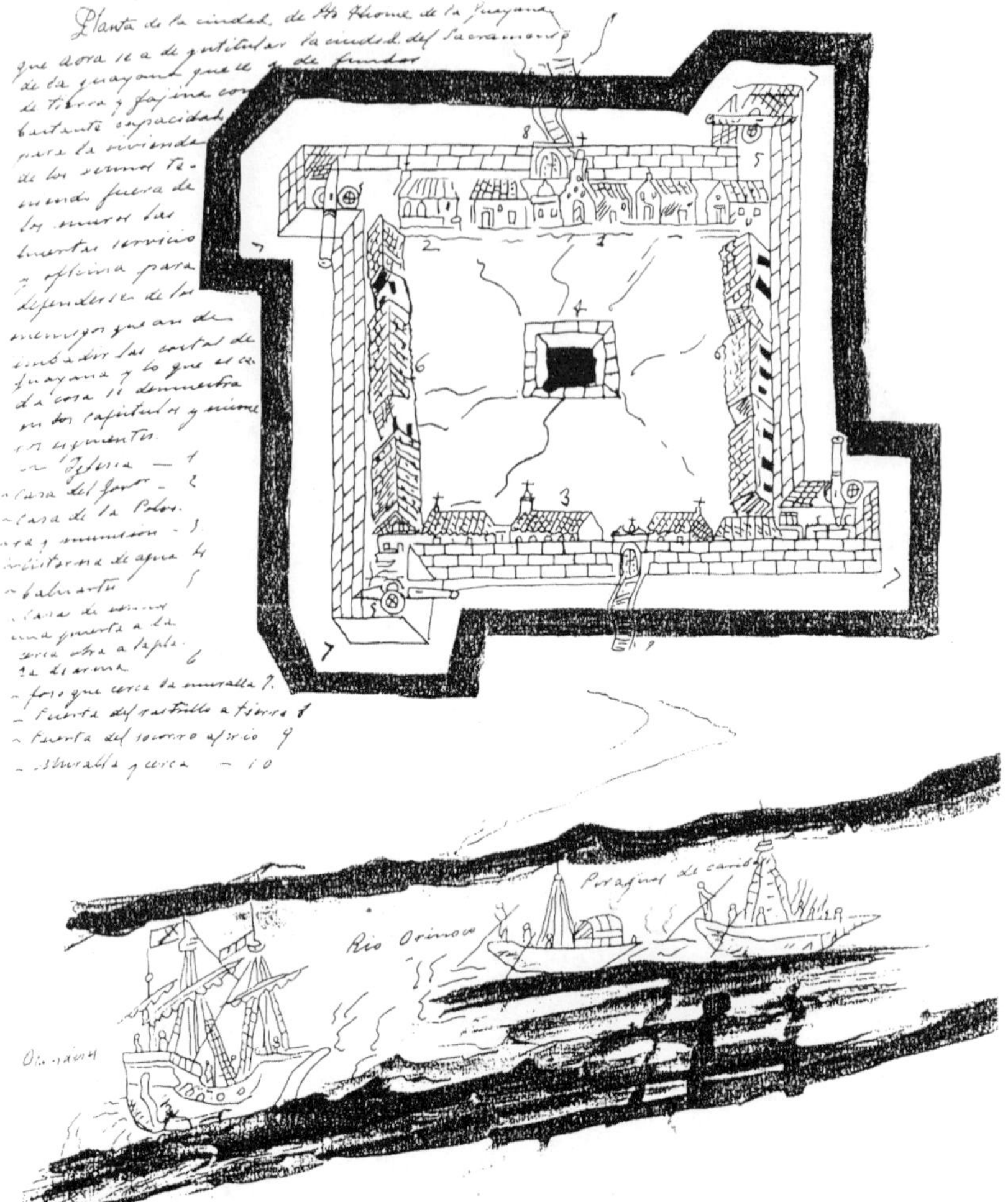

図79　1618年頃のサン・トメ．(図のなかの建物) 1 (教会)　2 (村長舎)　3 (武器弾薬庫)　4 (水槽)　5 (稜堡)　6 (住居)　7 (濠)　8 (地上への門と入口)　9 (河への入口)　10 (胸壁)．実際の河幅はテムズ河の三，四倍．

図80　1642-1764年のサン・トメとオリノコ河．1618年のサン・トメは今の San Felix の街の下に埋まっている．このサン・トメは1618年のものから二度目に移転して造られた．場所は San Felix から Barrancas に向かって36キロのオリノコ河南岸にある．今は Castillo de San Francisco と呼ばれている．規模は1618年のものに較べると小さい．

だけだ、と、歯に衣を着せている。つまり、「反撃せよ」という歯に、「もしも……」という衣、「遠くまで追え」という衣を着せている。責任をキーミスでなく下役のジョージに負わせようという仕掛けも含まれている。真実を巧妙に換骨奪胎する文章のお手本としてこの文は楽しまれる。この奥歯に物が挟まったような言い方から読みとると、『宣告』が決めつけたような強い指示を、おそらく出していたのであろうとさえ思われる。一方は訴追と、他方は弁明の立場だけを主張した、この二つの発言のなかにも、真実は、ことばの綾となって、口調となって、顕れている。

指示のもう一つの焦点は、鉱地への行き方であった。ローリーとキーミスの念頭には二つの鉱地があった。一つは、サン・トメから三マイル南のカロニ河東岸近くにあり、研究者たちはカロニ鉱（Caroni Mine）と呼んできた。もう一つは、サン・トメから西に少なくとも二〇マイ

図81 ‘Castillo’の「スクェアー」

ルのオリノコ河岸から、ほぼ南に向かって一五マイル奥のイコヌリ（Iconuri）山の麓にあり、研究者たちはイコヌリ鉱（Iconuri Mine）とも、そこを教えた現地人の首長の名をとってプティマ鉱（Putijma Mine）とも呼んできた。図83はハーロウが作成した位置図である。キーミスはイコヌリ鉱X[b]には見向きもせずにカロニ鉱X[a]に行った。三マイル手前のサン・トメに、鉱地にゆく前にまず接近し、交戦し、そこを占領した。誓約は破られていた。破った事情について、キーミスとローリーはおよそ次のように釈明した――サン・トメが移動しているのを知らなかった、まだ遠くにあるとばかり思って野営していたところを、実は近くにあって、伏兵に急襲されたので応戦してしまった、一番の原因はサン・トメが手前の東に移っていたことにあった[58]、と。移動を歴代の研究者たちは信じつづけていたが、二〇世紀のはじめにサン・トメは元の場所にあったと分かった[59]。ローリーはおこしてしまった衝突のいいわけをするためにサン・トメを動かした。『宣告』の筆者だっ

図82 ‘Castillo’の南と東面にある建物

たベイコン(Bacon)は、「ローリーは大嘘つきだ、鉱地までも勝手に動かしてしまう」(60)と怒ったが、この罵倒はほぼ正しかった。移動していたと嘘をついてしまうと、辻褄をあわせなければならないところがでてくる。『弁明』のなかで、「キーミス船長への指示」と小見出しがつけられて収められた釈明に、——

キーミスよ、オリノコ河に入ってから君に……行けと指示したコース案は撤回する。理由は、そこだと上陸するときにこっそり上陸できない、インディアンが河岸から君たちを見つけて、君たちがゆく道筋をスペイン側に通報すれば、君たちは退路を断たれて船に戻れなくなる恐れがあるからだ。だから君に新しく指示する、イギリスのキャプテンと乗船員たちに、アイオ山の西側にでるまで河を行かせるように。そこから鉱地までは三マイルもない。上陸した地点と、もし近くに村があればの話だが、どこか先にあるはずのスペイン側

の村とのあいだの地点に、野営するテントを張れ。そこで安全が保たれれば、あとは鉱地の深さと広さを調査できる……。(61)

イコヌリ鉱へという最初の指示を撤回して、仕方なくカロニ鉱に向かわせたといっている。変更した理由に、河から鉱地への経路が長いことが含まれており、確かにイコヌリ鉱へは、河岸から一五マイル奥にあった。カロニ鉱であれば河岸から三マイルだから確かに退路を断たれるおそれは少ない。スペイン側の攻撃を怖れてというのは、ローリーのいつもの心情と論法だった。この文章の読みどころは、上陸点と野営点を書いている部分にある。アイオ山を西にいったところという上陸点が曖昧である。上陸点からサン・トメの間にという野営地がさらに曖昧である。この曖昧はサン・トメは移動していたという嘘と連動していた。アイオ山は実際はサン・トメから二〇マイル以上離れている。ところが、この指示からだと、山の位置がサン・トメからさほどには離れていないところになってしまう。嘘の辻褄をあわせるために今度は山を動かせたことになる。ローリーがだした最初の指示は、ここでいっているのとはちがって、まっ直ぐにカロニ鉱に向かえというものであったろう。(62)キーミスはその通りそこに向かった。その結果、交戦し、金鉱も見つからなかったので、指示した責任を回避しようとして、最初はそこにゆくつもりはなかったが仕方なく変更してそこに行かせた、と嘘をついた。金鉱を探しにゆかなかったローリーは、この遠征に、このような文章の作者となって参加した。いってみれば心理劇の作者となって参加した。この心理劇は遠征の記録全体のなかで少なくない部分を占めている。ローリーはこのような心理劇を書かざるをえなかった。

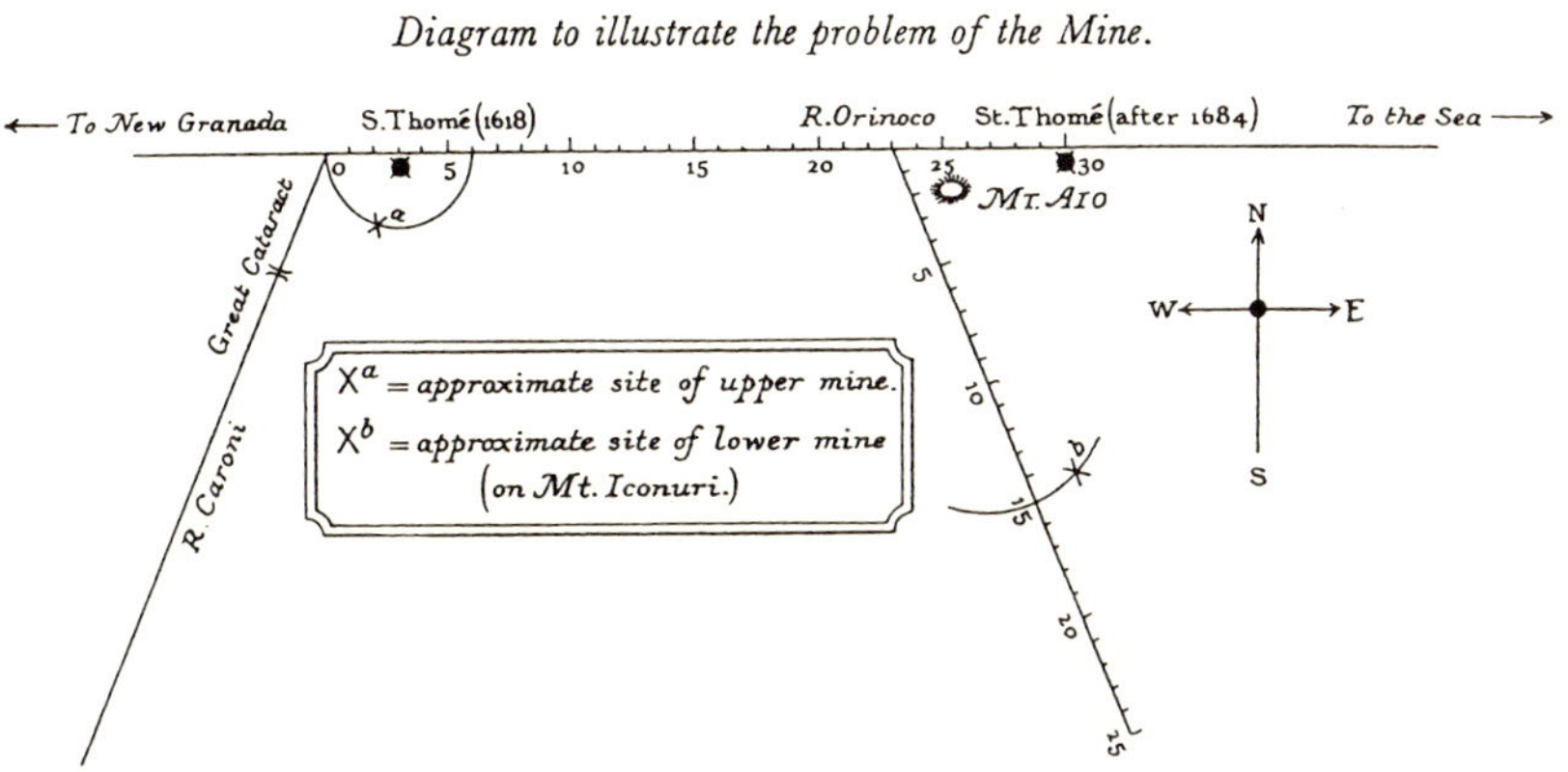

図83　ハーロウによるカロニ鉱（X^a）とイコヌリ鉱（X^b）の位置図

占　領

いよいよトライアングル島を出発したキーミスの船団は、来ていた一〇隻のうち、オリノコ河をゆける小型の五艘に他の小艇、人員は水兵一五〇、陸兵二五〇、一ヶ月強の食糧を積んだ。[63] オリノコ・デルタには一二月一〇日に入っている。サン・トメの近くに一月二日に着いた。河上りに三週間かかったが、慣れた小船なら一昼夜で行けた。午後五時にサン・トメの手前五マイルの地点に二五〇名の陸兵が上陸した。この上陸地点は問題のアイオ山を一五マイル強通り過ぎていた（図83）。そこから陸上をサン・トメに半マイルまで接近した。四マイル半進むのに七時間かけていた。

一方兵士を上陸させた五隻はサン・トメの真横に投錨して雄姿を示すかたちをとった。陸でも河でも直ちに攻撃をしかけてはいなかった。その動きについて、(一) サン・トメを封じ込める (block) ためか、(二) 中で謀反がおきて要塞が開かれるのを待ったいたためか、と推測されている。サン・トメの村はカロニ河口から三マイル東にあった。そこは今は大都会になっていて、都市キウダー・ギアーナ (Cuidad Guayana) の東半分を占めるサン・フェリックス (San Felix) 地区がそこを埋めている。川端に図79のような、「スクェアー」とイギリス側が呼んだ要塞があった。この図はセヴィリアの博物館蔵の古文書からイギリス政府が筆写した。要塞の周辺、河に面する北側を除いた三方に、現地人とスペインの貿易商人の住居があった。総戸数は不明であるが、二二年住んだ現地人によると、サン・トメ周辺はトウモロコシが二毛作、魚と亀（の卵）が多く、二〇〇人を養えたといわれる。[64]このとき戦力になった人数が三六名だったとスペイン資料はいっている。[65]

スペインから派遣されていた総督パロメーケ（Palomeque）のもとに数名の隊長、二三人いた役人（alcalde）も戦いに加わったであろう。ほかに急いでタバコ商人たちが集められていた。このような戦力だったから、要塞だけなら封鎖はできていたであろう。また、深夜に衝突してしまったが、昼間に二五〇名の布陣を見せつけられればスペインは白旗を掲げただろうと、ハーロウは推測している。[66]一方謀反を待っていたという説はどうであろうか。イギリス側からみれば、内部の叛乱こそ狙い目だった。フランス軍に攻めさせるという思惑が消えたとき、まだ現地人が残っていたと、ハーロウは述べていた。実際、イギリス側は最後は現地人にサン・トメを治めさせようとしていた。イギリス側が引き揚げた後で本当に現地人がサン・トメに攻めてきていた。[67]スペイン側も現地人を怖れ、彼等の来襲の引き金になる内部の叛乱を怖れていた。しかし、イギリス側の狙い目がそこにあったにもかかわらず、このときイギリス側が実際に叛乱を待っていたとは断定できない。第一の理由は、当時の現地の状況である。

イギリス側が叛乱を仕組める手引きについて、付近にイギリスの商人はすでにいなかったであろう。彼等をオリノコ河沿岸から締め出すために、パロメーケは派遣されていた。[68]もっとも、スペイン側の資料によると、内部に叛乱の動きがあったことになっている。[69]イギリスが来る前にスパイが入っていた、タバコ商人のグラードス（Grados）は自分からイギリス軍に喜んで姿をみせて俺だという仕草をみせた、イギリス軍は誰々は仲間だから殺すな、家を焼くなといっていた、戦いに加わらずに逃げた一四人がいた、などと証言し

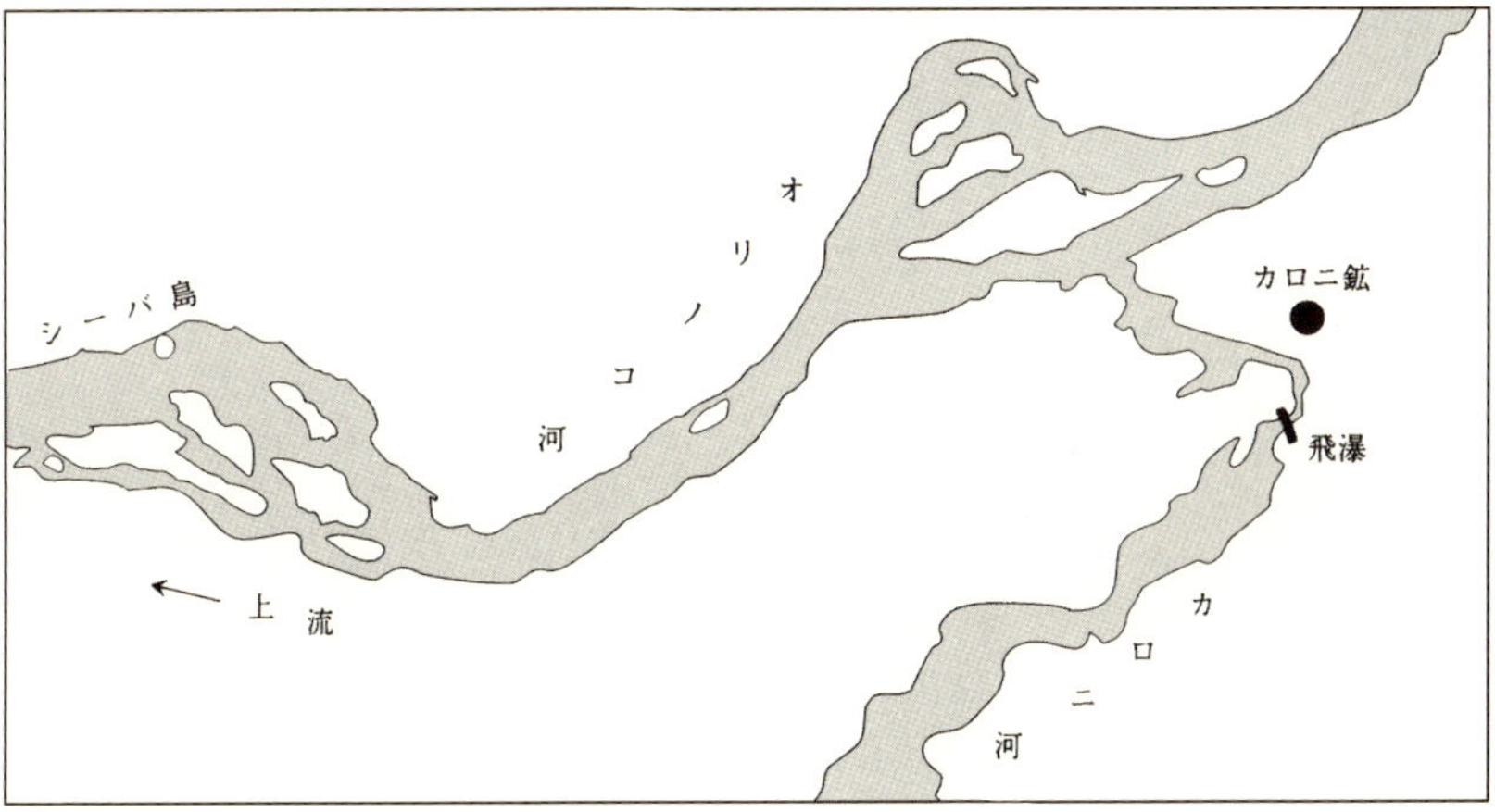

図84　シーバ島（地形は現在のもの）とカロニ鉱の位置

ている。これらの証言は、戦いで殺されたパロメーケの後任として赴任していたドン・ド・ビリョリア（Don de Villoria）が、本国に兵力の増強を要請するために集めていた。そういう目的のために、言われた通りに書かされた証言だったであろう。どの証言も型にはめられたように同じであった。はたして、ある証言がスパイだといったグラードスは、オリノコ河をゆこうとするイギリス軍に、シーバ（Seiba）島（図84）から猛攻を加えていた。

　さて、封じ込めにせよ叛乱待ちにせよ、その布陣は交戦を避けるためであったのに、イギリス側は交戦してしまった。イギリス側によると、夜一一時、テントで眠ろうとしていたとき急襲された。スペイン側によると、ある証言では戦いは五時からはじまった。[70] 双方とも深夜の一時に「スクェアー」が占領されたと述べていた。一方はそれほど長い間戦わなかったと述べ、一方は僅かな戦力でそれほど長い間戦ったと述べた。村に入ってから死者がでた。イギリス側はローリーの息子のワット（Wat）とキャプテンのコズモ（Cosmo）ら計四名、スペイン側では総督と隊長のサント（Santo）、アリスネット（Alisnetto）の計三名だった。後で戦いを説明したとき焦点になったのは、イギリス側ではワットの勇み足だった、それをきっかけに死者をだしてしまったと、責任を死者に負わせたのだった。スペイン側の焦点は総督の殺され方と死体の扱われ方だった。パロメーケは味方がわざと孤立させて見殺しにした、いや、味方が直接手にかけた、死体は穴に投げ込まれて三ヶ月放置された、政府の支援が手薄だとこういう無秩序を招く、イギリスはこれほど残酷だから堅固な防備が要る……。ハーロウがスペイン側の資料を集めてくれたお蔭で、研究者はイギリス資料とスペイン資料とに等分に眼を向けられるようになった。それによって双方の資料の偏向と相対性が明らかになる。スペイン資料の偏向についてみれば、兵力の補強を請願するために、内部の崩壊を実際以上に強調したふしがある。最後の航海についての研究も、資料の読み方如何にかかっている。

金鉱

この航海の目的であった金鉱はどのように探されたのか。一月三日に「スクェアー」を占領してから、二月二日にサン・トメを離れるまでの、約一ヶ月間のキーミスの動向は次のようなものであった。（一）最初の八日間はサン・トメにいた。いわゆるカロニ鉱を、ローリーによるとキーミスは意外にも探さなかったといわれるが……（二）一月一一日に現地人から新しく教えられた鉱地に行こうとして、途中シーバ島から迫撃されて退却した。（三）直後の一月一三日から二月二日まで、シーバ島の横をすりぬけてオリノコ河を大遡上した。このうち（一）と（三）に、行動と目的について定説がない。

（一）の八日間を無為に過ごしたとローリーは責める。帰路に洋上からウィンウッドに宛てた手紙のなかで――

〔追伸〕キーミスの世話役と、親しかった人たちから、次のような話を聞きました。私が聞いたのは彼の死後のことで、彼等は生前に聞かされていたとのことでした。キーミスは自分たちを鉱地につれてゆこうとすればつれてゆけていた、なにせ河岸から二時間も歩けばゆけるところだったから。ところが、ローリーの息子さんは亡くなった、ご自身は王に赦されていない身であられる、それに今生きておられるかどうかも分からない、だからキーミスは今さらスペイン人のために、あるいはジェイムズ王のために、わざわざ鉱山をひらく理由がなくなった……。[71]

一日後に書かれた妻ベスに宛てた手紙には、同じことを今度はキーミスから直接聞いたといって訴えたあと、さらにつけたして――

ギアナに送られたイギリス人では、占領したサン・トメの村を防衛することすらむずかしかった。まして、その彼等が深い森を分けて進むことはありえなかった。鉱地に食糧を補給させることはさらにありえなかった。[72]

なんとこのような理由で、遂にそこまで行ったのに、金鉱を探さなかったという。「黄金を求めた大プロジェクトに待っていた、これは奇妙な、皮肉な、悲劇的な終幕だった[73]」とクインは感想を述べた。「奇妙な」には、キーミスがいったといわれる理由を不思議に思いながらも認めていることが含まれている。しかし、筆者はその不思議に立ち停まってみたい。ローリーが口上する理由は認めてよいものであろうか。ウィンウッドに対してはそういう理由を部下たちから聞いた、妻に対してはキーミスからじかに聞いたと、ローリーはいっていたが、少なくともカロニ鉱に対して、キーミス自身がそう語っている文書が残っていたわけではない。本当に探さなかったのであろうか。幸いにも、イギリス側にローリー以外の人がした証言と、スペイン側に複数の証言とが、残っていた。まず、キーミスと一緒に行動していたソーンハースト隊長の側近によると、キーミスは「ある夜……部下をつれて内輪に（privately）外出し、鉱石のようなものを持って帰り、それをニコニコしながらソーンハースト隊長にみせたが、鉱物士に検べさせて、無価値だと分かってからは、石のことは一度も口にしなかった。キーミスについてのこの話を、隊長は自分になんどもしてくれた(74)」。こう書いたジョーンズ神父は、キーミスに厳しく、彼の泥棒のような出かけ方と「無価値だった」結果とを、嘲笑うのが主意であるが、鉱地に行ったと確かに語っている。少人数だったのは見つけたときに地点をスペイン側に察知されないためだっただろう。

他方、スペイン側の資料には次のような三つの報告がある。サン・トメの住人がした話として、「イギリス兵が二度にわたって出陣して、山野を急いで探しまわった。一度目は一二人、二度目は二二人だった。……スペイン側は、彼等の一人を捕らえてなにをしているのかとわざわざ聞くこともしなかったが、どうせなにか恥ずかしい（disgraceful）ことだったのだろう(75)」。少人数はソーンハースト隊長がしていた話と照応している。「なにか恥ずかしいこと」をしているときのように、スペイン側から見られないように気をつけていたらしい。もう一人の住人によると、イギリス兵が着いてから「四日後に、合計三〇〇人以上の二つの隊が村から出てサヴァンナに向かった。馬に乗った兵〔スペイン兵のこと〕が前に立ちはだかりはしないかと心配しながら、彼等は村はずれから半リーグ〔一マイル半〕より遠くには行こうとしなかった(76)」。この行動は特殊であるので作り話ではなかったであろう。村のはずれがもし中心から一マイル半であれば、はずれからさらに一マイル半は、ちょうどカロニ鉱があるとみられていた地点の距離にあたる（図83）。その地点あたりは現在もサヴァンナといえる地域が残っている。ある地点より遠くには行かなかったという点に注目すると、最後にこれも住民の証言として、「二九日間だった、村が占領されていた間、イギリス兵たちは組になってパトロールし、村の周辺部にいつも（in the habit of）出ていった。目あては食糧用の牛だった。スペイン兵に見られながら、彼等は牛狩りの作戦を、村からすぐ近隣（immediate neighbourhood）より外にひろげることはしなかった」[77]。牛はついでだったかもしれない。牛狩りであれば几帳面に地域を限るであろうか。

キーミスはカロニ鉱を懸命に探したのであろう。であるのになぜ探さなかったことにしたのか。出資した支持者たちに請けあっていたからには、探しても無かったとはいえなかった。ローリーからすれば、キーミスの責任にしなければならなかった。そうするには理由は馬鹿馬鹿しいほどよかった。「奇妙」であればあるほどよかった。理由について参考になる事柄がある。キーミスがオリノコ河を帰る途中に出した、二月九日付けローリー宛の手紙が一九五一年にはじめて公表された[78]。そのなかに、帰りにアイオ山近くのイコヌリ鉱地に寄らなかった理由を列挙している。筆者によれば九項目を数えるが、そのなかに、（一）あなた〔ローリーのこと〕の船はもう本国に向かって出ているかもしれない、（二）スペイン人に鉱地をとられたくない、（三）鉱を開いても後の補給がむずかしい、という理由があげられている。ローリーがこれらを参考にしてカロニ鉱についての先の言い訳に転用したのではなかろうか。

一月一一日に二艘の船がシーバ島から迫撃されたときは、はっきり金を探しに行ったと、ローリーもキーミスも述べている[79]。その方向にゆくとカロニ鉱から遠ざかるにもかかわらず（図84）、カロニ鉱への進入路を探しにいった、攻撃されたのは島からではなく陸からだった、と述べた。キーミスがそのとき実際にめざしたのは、カロニ鉱地ではなかった。オリノコ河の、サン・トメから六〜八マイル上流にあると、殺された総督に仕えていた、インディアンのクリストーバル（Chiristoval）が教えてくれたらしい、ローリー側にとっては新しい鉱地であった。小型帆船（シャロップ）と平底船（バージ）の計二艘、約四〇名による行動だったが、先頭の船の二人が殺され、六、七名が重傷を負ったために、ローリーは事件を大きくとりあげて、カロニ鉱地に行けなかった言い訳に転用していた。被害が大きかったのは、スペイン側が一〇名という[80]、現地人が放った毒矢のためであった。イギリス側に接触されるのをおそれて、スペイン側が彼らをその島に隔離していた。

島から撃たれて基地に帰ったのは翌日の一二日で、一三日にはもう船を増やして再出発した。小型帆船一、平底船二、人員はキーミス、ジョージ・ローリーをはじめとする計六〇名であった。来ていた兵士は陸海合わせて四〇〇名であったから、サン・トメには、三四〇名が残っていた。遡行が一二日間続けられた。砂洲があって遂に遡行不能となった。スペイン側によるとそこはグアリーコ（Guarico）河口で今のカイカーラ（Caicara）にあたり、出発点から少なくとも一五〇マイルには達していた（図78）。しかし本拠地から離れる人数がこの程度であれば、必ずしも無謀な距離だったとは限らない。出発してから二〇日目になってサン・トメに帰港、そのとき二月二日には、待ちあぐねて前日に無断で発っていた僚船の姿はなかった。金鉱石が出るところに行くからというふれこみで乗員が集められていた。再出発したときの敏速さからは、目的は同じだったと受けとれるが、そうではなくて、現地人を反スペインに蜂起させるのが目的だったという説が、対立している。キーミス自身がこの遡行についてした報告では、目的について一切触れていない[81]。

目的について、イギリス側に二つの証言がある。前に言及したジョーンズ神父は、「鉱地は村から三マイルもないと説明されていたのに、彼等は今度は三マイルどころか一八〇マイルも進んで、なんとやむをえずに戻ってきただけだった。もしそのとき鉱地を発見していたのなら、そこから鍬、ピッケル、精錬器をとりに帰らなければならなかっただろう。愚かにも持っていかなかったときいている[82]」と、目的は自明とした。

次なる証言は、サン・トメにいてキーミスの帰りを待ち兼ねたパーカー船長のもので、キーミスについて、「多数のジェントルマンをつれて鉱地を探しにゆき、川をあちらこちら、二〇日あまりを無駄にしたのに、こちらにはまだ鉱地がみつかるかと期待をいだかせつづけた。だがとうとう私どもも分かった。まだ見つけられない例のものは、彼の幻想のせいだと分かり、彼はただのマキャヴェリだと分かった」(83)と、やはり目的を自明とした。

他方、スペイン側には四つの証言がある。一番目の証言は、キーミスは現地人と接触して蜂起をうながしたとみている。(84)二番目は、蜂起をうながしたとともに、また来るときのために偵察をしていたとみている。(85)二つの証書とも、蜂起をいうときは、スペイン人をただ追い出すのでなく殺害せよと唆したといっている。三番目は、偵察だけを目的にあげている。(86)これだけは公式文書で、他は、サン・トメの住民の証言である。最後の四番目は、彼等の目的は分からない、金鉱を探していたのかもしれないが、原石をもって帰ったとは思えないと、鉱石には無頓着である。(87)

スペイン側がみていた目的は最後の一つを除いて、彼等が怖れているものであった。イギリスは現地人を味方につけるかもしれない、そうなると大変だからマルガレータ島から新手の守備兵を派遣してほしい、そう要請するために、そういう眼でキーミスの遡上を見ていた。ただしそうではあっても、蜂起誘導と偵察はイギリス側からみてもありえないことではなかった。サン・トメ周辺の現地人たちは期待に反してイギリス側に敵対していた。オリノコ上流に住んでいた現地人はカンニバル族が含まれていて勇猛だった。できれば彼等を蜂起させてこの地を治めさせることはローリーの宿願だったはずである。サン・トメの周辺だけでも現地人が治めれば、カロニ鉱はイギリス軍が去った後でも保持される。イギリスの多くの研究家は、スペイン資料に従ったハーロウなどの説(88)を引き継いで、蜂起誘導・偵察説を採ってきた。そのうえでキーミスのその行動を不可解とみてきた。逗留期間三〇日の三分の二にあたる二〇日間を、金鉱が発見されていないのにそれ以外の目的に費やすのは、いわば木を見て森をみない、つまりはしてはいけないことだと難じ、その行動を、狼狽したキーミスの狂気のせいだったとした。その判断に遡上した一行の人数のことが加わっていたかどうかは分からない。それらの研究家たちはローリーへの思い入れが強く、遡上もまたローリーに失敗をもたらせたと見て、キーミスを叱ったことになった。

筆者はキーミスは一貫して金鉱を探しまわっていたと見る。イギリス側からの証人二人、すなわちジョーンズ神父とパーカー船長の怒りは、金鉱をいつまでも発見できなかったこと、つまり首尾一貫した営為に向けられていた。キーミスはカロニ鉱地を探していた。探しても無かったとはいまさらいえない。あわててカロニ鉱地への進入路を探すという名目を作って、実際にはオリノコ上流に別の鉱地を求めた。迫撃されたが屈することなく、直ちに船を増やして再出発した。今度も自分がかつて鉱石を見つけた場所に行くのだと部下たちにいって（これは事実である）、上流に向かっていった。なかなか金鉱は見つからないので遥か上流にまで行ってしまった。すべての試みに失敗したとき、ローリーは失敗の原因を自分以外のものに転化しなければならなかった。すなわち、「カロニ鉱へはキーミスが弱腰で行かなかった」、「それでもカロニ鉱に別の方向から入ろうとしたがスペイン側の攻撃に阻止された」。最後の長い遡上のことは伏せられて、手紙にも『弁明』にも書かれていない。言い訳が通用するのは障害が生じて試みられなかったときだけだった。探したが見つからなかったとはいえなかった。キーミスがローリーへの手紙のなかで大遡上の目的をいわなかった理由もここにあったであろう。キーミスは主君の胸中が分かっていた。ところが、にもかかわらず、探さなかったはずのキーミスは、ローリーへの手紙のなかで、ヘンリー・ジェイムズを思わせる文体で、こう語っていた——

自分は立派な人たちに実現しない期待をいだかせてその人たちを欺したことになり……その罪の意識は、(もっとも片方で、私の良心は、自分が無実だったと心から訴えている。良心はまた、誠実な人間がやれる限りの最高の努力を私がやりとげたことに、深い満足感を覚えさせてくれ、また、このように癒されない不幸のなかに悩んでいるけれども、本当は心を悩ませる理由などないことにも、深い満足感を覚えさせてくれているけれども)、決して癒されない深い傷になって残ってゆく。(89)

キーミスはカロニ鉱を、金鉱を探し尽くしていた。そのことをこの告白は、ローリーに気遣いながらもほぼ明言している。キーミスにしてみれば、そのことをどうしてもいっておかなければならなかった。註に原文を引用してある複雑なこの文体は、苦労して語ろうとしていることが真実であるのを物語っていると、筆者はそう読みとる。言いにくい真情を、しぼり出すようにして、しかも強く語っている文体である。真情がこの文体を求め、この文体と一体になった。この文体は、ローリーが嘘をいうときに用いることがある簡明な強弁と対照的である。最後の航海を語った諸々の文章には稀有の、気高さが、この文章にはある。

イギリス軍は占領してから守勢にまわらされた。ゲリラ戦をしかけられ家を襲われ、防衛本部だった建物が放火され、トウモロコシ畑に行くと待ち伏せされ、現地人と接触しないかと密着して監視された。金鉱も見つからず、イギリス軍は苛立ち、スペイン軍が増強される前に帰国したい思いだけになった。キーミスの一行が帰らないうちに、船団は三マイル海側に移って白旗を掲げ、出発する意志を示したがそれでも攻められた。村を去る前に焼き討ちが行なわれ、貯蔵されていた大量のタバコを船に積み、家屋から備品の略奪が行なわれた。奪ったものは、イギリス側だと金板二枚だったが、スペイン側の記録では教会の鐘六個まで持ち去った。[90]イギリスに帰ってから略奪品の処分に数日かかった。略奪品の帰属が、後に憶測を招くことになる。

復路

アイオ山を通ったとき、イコヌリ鉱に寄ろうかとキーミスが水を向けると、乗船員たちから「総スカンをくらった（totally disliked）」[91]。三月二日にガロ岬に帰着、トライアングル島を発ってから三ヶ月が経っていた。ガロ岬では、怖れていたスペインの補強船団は現れず、灰になっても出迎えるといっていたローリーが、生身のままで一行を迎えた。

以下はあくまでもローリー自身が語ったところによる。このことはあらかじめ記しておかなければならない。ローリーによると、彼はキーミスをなじった。衝突してしまったことではなく金鉱石が見つけられなかったことをなじった。キーミスは自室に退いてから長いナイフを柄まで刺して自殺した。そうローリーは語った。語られた自殺のいきさつは改めてとりあげる。ローリーはキーミスが自殺したと繰り返し語って、キーミスに失敗の全責任があったとみる空気を作ろうとした。

トリニダードを発ってから僚船の離脱が続いた。直ぐ北のグレナディン諸島（Grenadines）（図78）で、略奪に行きたいホイットニ（Whitney）とウラストン（Wollaston）の船が離れ、さらに北のネヴィス（Nevis）では、チャールズ・パーカーとロウジャ・ノース（Roger North）が離れ（三月一二日）、セント・クルストファ（St. Christopher）（St. Kitts）で一週間休んだときには、五隻だけになっていた。ここからイギリスに帰るときの通常のコースは、今のノース・カロライナのハタラス（Hatteras）岬から東に向かうが、ローリーたちは東に向かわずにそのまま北上して、はるかなニューファウンドランドのセント・ジョンズ（St. John's）島に向かった。ローリーのつもりでは、そこで補給と船の手入れをした後、ギアナに戻って、「墓にいる息子の側で眠るか、金鉱石をついに見つけて王を喜ばせたかった」(92)（大意）。だが、このことばに映る強い意志を、実際にはもうもっていなかったというのが大方の推測である。この頃のローリーの精神の傾向を、大方は「不決断（indecision）」(93)とみなしている。そのうえ、ローリーをニューファウンドランドに置き去りにして、船を奪って略奪に向かおうという計画が切迫し、それを避けようとしてローリーは、補給と補修をやめて、つまりギアナには帰れずに、直ちにイギリスに向かった。乗船員たちは略奪をまた封じこめられたので暴動をひきおこし、武器庫を封鎖したりローリーを監禁したりしたが、妥協してアイルランドに向かった。とにかくローリーは国王から許可状がおりた公務にあった。そのローリーに叛逆したからには、このまま帰国すると船員たちは反逆罪で投獄される。そうならないためにも、ひとまずアイルランドで待機して、ローリーが赦免を交渉することになった。(94)

アイルランドの行き先は、船員たちの要求では、政府の眼がとどきにくい北辺、ドネゴルのキリベグズ（Killybegs）のつもりであった。翻って、ローリーが去ったあとのニューファウンドランドに、離脱したウラストンとホイットニがあらわれ、ウラストンはそこにいた四隻のフランス漁船から干し魚を奪い、イタリアのレジョーン（Leghorn）で売って三〇〇〇ポンドを、奪った三隻の漁船もそこで売って二四〇〇ポンドを、その四隻が往路を利用してニューファウンドランドに運んできた武器と弾薬に対して、勝手に関税をかけて二〇〇〇ポンドを、すなわち合計七四〇〇ポンドの大金を、短期間のうちに手にした。他方のホイットニが手にした金額は記録されていない。今度のギアナ旅行の総費用がローリーの申告で三万ポンドであった。ローリーも略奪しようかと、内心は迷ったらしい。イギリス政府から今度は禁じられているが、フランス政府からは赦されていると口にだしていったという説がある。(95)しかし、とった行動で判断すると、僚船を怒らせ離脱させても略奪は許さなかった。

この頃フランスに逃げようと考えはじめていたとみる説もある。[96] この点についても、とった行動で判断されるであろう。アイルランドには、北へという乗船員との合意をローリーがすてたのであろう、実際にはコークのキンセイルに五月末日に着いた。それでは下船した船員たちはどうなったのだろうか。帰国後にローリーが受けた処遇を考えると、彼等のために交渉できたとは考えられない。他方、彼等はアイルランドの地におそらくあまり苦労せずに吸収されたのではあるまいか。キンセイルの西に略奪専門の船乗りたちが定住するようになっていた、ボルティモア（図30）よりもさらに西の、ローリングウォーター（Roaringwater）湾に、海賊たちは、ローリーがロンドン塔にいた頃から、集まってきていた。着いたコークという土地からして、ボイルがなんらかの世話をしたであろう。コークに寄ったローリーの判断は正常だったとみられる。

さて、ローリー自身の身の振り方に戻ると、アイルランドを発ってイギリスのプリマスに帰着した日付は、以前に考えられていた六月二一日よりも一〇日は早かったらしい。[97] およそ一〇日間の滞在だったのであれば、アイルランドから船をフランスにやって、フランスへの逃亡に手を打っていた可能性は、なくならないが少なくなる。好きだったアイルランドのコークにこのように寄りはしたが、往きとはちがって今度は長くはいなかった。本国に帰り辛かった状況のなかでの行動であった。

プリマスでは、数々の惨事をすでに知らされていた妻ベスが迎えた。ローリーの最後の航海は、プリマスを一六一七年六月一二日に発ち、そこに一年後に、ただの一隻が着いて終わった。出発時は一四隻一〇〇〇人の壮途であった。帰着から約五ヶ月たった一六一八年一〇月二九日、ウェストミンスターのオールド・パレス・ヤードで断首された。

忠臣

ローリーはキーミスの自殺を大きくとりあげて四度語った。三度目は『弁明』のなかで、自殺したときの顛末はどこでもこのように詳しく語られている——

……私としては、その気になってくれてさえいたら、多少の危険はあってもやはり先にまっすぐ鉱地に向かうべきだったと思う、この見解はどうしても譲れないというと、大いに不満がある様子が窺え、そのまま何日かが過ぎた。そのうち彼は私の部屋に来て、アランデル伯に宛てた手紙をみせた。以前からの論法をあれこれ使って、鉱地が見つけられなかった言い訳を、同伯に向かってしている手紙だった。この弁明の仕方をどうかお認め下さい、といった。しかし、お前は頑迷さ(obstinacy)によって私を潰してしまった(undone)、お前の今度の愚行はどのようにもかばいようがない、と告げた。そうすると彼は、そのお心はもう変わらないのですか、と尋ねた。変わらないと答えると、「分かりました、どのようにしたらよいかが」といって、私の部屋から出ていって自分の部屋に帰った。帰るとすぐにピストルの音を聞いた。(まさか自殺など考えないまま)誰が撃ったのか知ろうと人をやった。キーミスがベッドに横になったままで答えた。それは私である、弾丸を長いあいだ充填したままだったから撃った、そう答えたというので、私は納得した。それから半時間たって、彼のボーイが船室に行くと、彼は死んでいた。長いナイフを左の乳の下につきさし心臓を貫いていた。ピストルが傍らにあり、それで自分を撃ったらしいが、弾丸があばら骨にあたって、骨をくだいただけで、中には入らなかったらしい。(98)

残りの三つの記述は細かい点が少しずつ違っている。時期がもっとも早い記述は三月二一日付、ウィンウッド宛の手紙に含まれていた。（以下は大意）――「そのとき私が貴殿宛に書いていた手紙のなかに、キーミスは入れてほしいものがあるといった。自分はカロニ鉱に行かなかった理由を書くから入れてほしいといってきた。理由については、彼が死んでから知ってそのときは知らなかったが、生きているときにそれを聞きただすまでもなかった。行かなかったこと自体が許せなかった。なんであろうと言い訳など許せないといって断った。私は彼の部屋から出て自分の部屋に帰るなり、ピストルの音を聞いた……（中略）……、死体をひっくり返すと、深く刺したナイフの柄だけが見えた。[99]」

　時期が二番目の記述は、翌日の三月二二日付の妻宛の手紙に含まれていた。（以下は大意）――「キーミスは自分に面と向かって、カロニ鉱に行かなかった理由（省略）を述べた。いの一番に川沿いに鉱地に行こうとして狙撃されたので行けなかったとも述べた。彼のいう理由を全部拒否すると、私の部屋から出ていって船室に閉じこもり、ピストルを撃ったが、……（中略）……長いナイフを〔腹部に近い〕あばら骨が短い部分に柄まで突き刺して死んでいた。[100]」

　最も遅いものは文書ではなく、断首台の上でした有名な演説のなかに含まれていた。その場にいた大司教サンクロフト（Sancroft）の記録を、エドワーズが読みくだいて――「私のギアナ行については、本気ではなく幽閉の身から自由になるために行ったと、多くの人々は思っておられた。私のこの答えはこれから直ぐにお目にかかる神様の前でも同じことを申しあげるが、私は王と私の仲間に豊かになってもらいたいと、全力をつくし、また本当にそれを望んだのである。にもかかわらず、私はキーミスに潰された。彼は頑迷な男で、私の息子が死んだから、私は赦されていない身だから、そんな理由で鉱地を開こうとしなかった。そして自殺した。[101]」

　演説は別にして、三つの手紙には共通点と相違点と疑問点がある。相違点とは、例えば、話のなかにでている手紙についてである。一つの手紙は、アランデル伯宛にキーミスが書こうとしているが、別の手紙は、ウィンウッド宛にローリーが書いていて、そこにキーミスが添え書をいれてくれと頼んでいる。疑問点とは、例えば、ローリーの親友だったアランデル伯に宛てて、ローリーを差し置いて、オックスフォードのドンであったが無冠のキーミスが、はたして直接手紙を書くかどうか。帰ってからすぐ、ローリーとキーミスは食事を共にしながら談笑していたという証言(102)、これをどう受けとるか。これらは重要な事柄に展開しかねないが、註のなかでどのような相違点、疑問点があるかを指摘するに留める(103)。

さて、三つの手紙に共通して、ピストルの音を聞いてから死んでいる姿が見つかるまでの描写が、詳しい。前出の「……(中略)……」とした部分は記述が重複しているところである。どの手紙でも詳しく書いたのは、それが読み手にあたえる効果を、見込んでいたためと思われる。このように詳しく書かれると読む人は衝撃を受ける。沈黙と一種の判断の停止が訪れる。それによってキーミスがローリーを潰したことを、読む人は受け入れてしまう。受け入れる経過は理性によるのではなく、拷問を受けるときにも通じる理性の無化による。詳しい記述は魔術として作用している。理性を奪われている読み手に対して、畳みかけるようにして、このあと直ぐに、例えば最初に引用した『弁明』(99)では、次のように語られる――

キーミスを知っている人なら分かっているが、彼は頑迷でいちずで動かない性質《たち》の人であり、自分以外の人を喜ばすことをしない性質の人である。であるから、立派な人立派でない人の区別なく、人が自殺しろと説いても自殺するような男ではない。自分から進んでやるような男でもなかったはずだ。なぜなら、やってしまえば、実は鉱地の場所を知らなかった、実は鉱地の話は嘘だった、と私に告白できなくなってしまう「ので私が困る」。そうであろう、そう告白させようと私は思ったからこそ、私は彼の言い訳を拒否したのだし、問責に頑迷をもちだしたのもそのためだった。そうでなかったらなんのためだったというのか？

この文章を簡明にすると――「自分は彼を自殺に追い込んだのではない。自殺するような男ではないのに自殺した原因は、追い込まれて、自分が鉱地を知らなかったと白状したくなかったからだ」。この見解の裏には次のような、表明とは正反対の真意が隠されている――「自分が彼を死に追いやった。自分が困るのは実は彼に鉱地を知っていたといわれる方だ。うまくいわれないですんだから、失敗の全責任を彼がそれを知らなかったことに着せよう」。読む人に真実とは逆のことを堂々と信じ込ませようとしている。これは殆ど人間業とは思えない、畏れをいだかせるほどの、構想力（discourse）である。構想のためにこの文章はあって、キーミスを正しく語るためにあるのではない。実際キーミスは、ここで語られているのとは正反対に、いかにも自殺するような男であったと見られる。キーミスはオックスフォード出身の化学者、数学者だった。キーミスを見たサン・トメの現地人は、キーミスを、痩せた長身の六〇代で、片方が斜視、立居振舞は重々しく、いかにもジェントルマンの家柄らしかった、とみた。彼の人柄は、友人スカリ（Scory）への手紙と、残っていたローリーに宛てた二度目の手紙からも読みとれる。『英国人物辞典』（DNB）によると、書く文字は特に小さくきれいな字体だった。ハーロウは、徹底して人に尽くすが指導力にかけていたと評した。(104)

断首台での演説には、「鉱を開こうとしなかった。そして自殺した」とあった。二つの文章のあいだには、「責任を認めて」が含まれている。同じサンクロフトに拠っているとみられる別の記述では、「キーミスは自分の失敗がもたらせた結果が分かって(105)」となっている。演説のなかでは自殺の経過は語れなかった。その代りに、責任を自覚して自殺したと誰でも受けとれるようにいった。

キーミスが金鉱を探さなかったことにして、事業の失敗を隠そうとした。その隠蔽はキーミスの死によって掘り出されずに確定した。自分の犯行を隠そうと主犯は共犯者の仲間を殺して口を封じる。「犯行」を失敗と置き換えて、高所からみると、これと同じ効果をキーミスの死はローリーに対して及ぼしていた。ところで、ローリーはキーミスに対して最後に冷たかったという印象を、優れた仕事を残した研究家がいだいていた――「その冷たさは、心をむしばむ絶望だけが説明するが、それが許すものではない」[106]（ステビング）。ローリーがキーミスにどのような気持ちをいだいていたかは文書や手紙からでは分からないであろう。たとえ手紙であっても、ローリーの手紙一般は心情の表明がなく、なにかの状況を作るためのもの（instrumental）、広い意味でのポリティカルなものであった。

キーミスは実はローリーに手をかけて殺されたのだという説があらわれた。正確にいうと、ある船長の報告を、これはローリーが殺害したといっているのだと、一九世紀末にある学者が解釈した。キーミスが死んだのは、トリニダード沖だったであろう。パーカー船長はキーミスの死を自分の船で知ったはずである。パーカーが直後に船団を離脱した頃、ローリーへの反感は募り、それを友人宛の手紙（三月二九日）のなかで爆発させていた。本書の二六三頁で引いた個所の続きは原文で次のようになっている――

…for he was false to all men and moste odious to him selfe, for moste vngodly he butchered himselfe lothinge to live since he could doe no mor villany ; I wil speke no more of this hatefull fellow to God and man…

この個所をションバークは以下のように読んでいると忖度される――「ローリーは皆にとっては嘘つき、

キーミスにとっては最も憎むべき人間になった。なぜなら、キーミスがもし生きているとけしからぬことをするから、キーミスがこれから生きてゆくのを嫌って、ローリーはキーミスを、なんと無慈悲にも、動物を殺すようにして殺害した。神と人間にとって憎むべきこの男のことは、もうこれ以上書かないことにする」。ションバークによれば、この情報がロンドンの反ローリー派のあいだに広まったが、しかし、とションバークはいう、これほどありえないことはない、これほどローリーに失礼なことはない、ローリーはキーミスのことを、以前に妻宛に遺書を書いたとき、自分に代って親切にしてやってくれと書いたではないか。こういってションバークは、ローリー信者らしく、パーカーに向かって憤慨した。(107) この解釈は文中の he をローリーと読んだものである。その後の研究者たちは、he を二六三頁に引用した先行部分からずっとキーミスと読み続けて、パーカーはキーミスが自殺したといっているのだと受けとり、ションバークの読みから敬して遠ざかっている感がある。ちなみに、パーカーの手紙のこの部分をはじめて公表したネイピア(Napier)も、ションバークのようには読んではいない。(108) ションバークのように読むと、これまでキーミスのことを語っていたパーカーの手紙が、突然ローリーを語るようになる。ここがこの解釈の難点であるが、一方では、パーカーの文章力のことがあり、ローリー憎しの思いがそのような飛躍を招いたとも受けとれ、さらに、マキャヴェリと見られていたのはローリーの方であった。これらの理由から、殺人説になる読み方を簡単には捨てきれないと筆者は思う。ションバークの読み方は、殺人を少なくとも広義に受けとると、真実をいっている。仮に手をかけて殺したのでなくても、実は殺したに等しいと受けとるときである。生きて帰国して訊問委員会(Commission)や法廷で訊問されれば、キーミスはローリーを裏切って、自分は金鉱を知っていた、探した、という真実を語ってしまうかもしれない。死がローリーに有利に作用し、ローリーは自殺を吹聴した。ここに事柄の核心がある。

術策

ローリーは失敗を隠すために数々の術を策した。ただ自分の生命を守ろうとしただけだと誹謗されがちだったが、公的な立場という面も留意されるべきであろう。部下のキーミスにとってすら失敗は公的な意味を帯びていた。その自覚はローリーに宛てた二度目の手紙に次のように窺える。以下は二六五頁に引用した部分の直前にある。——「部下たちを鉱地につれて行かなかった恥は、大方の裁断と批判を招いて、生きている間ずっと私に重くのしかかるだろう。私が多数の高貴で身分にふさわしいジェントルマンを巧妙に欺して、実現しない希望をいだかせたと、指弾され、唱和されてしまうだろう」(109)。一方、ローリーにとって、失敗は一層公的な意味を帯びていた。支援し出資してくれた協賛者たちへの責任は一層重かった。そのうえ、ローリーはキーミスとちがって国家の重要人物であり、行動の動機には国家の未来があった。それがローリーをローリーたらしめていた。第二の遠征のときは金鉱の発掘だけが目的として前面に出ていたが、ローリーの胸中には、発掘が引き金になる植民地化という目的が、依然としてあったと大方はみている(110)。ローリーの失敗は国家の失敗でもあった。スペインに対して誓約を破ったことも国家の立場を弱くする。ローリーがした数々の隠蔽工作は、公人としての責任感が促したところがあったとみられる。

ハクルート協会から『ギアナの発見』を刊行したションバークは大英帝国礼賛者であった。刊行した一八四八年には、ヴィクトリア朝の帝国主義が万国博をひかえて早くも青年に達しようとしていた。その頃ガードナーによってローリーとフランス側との密約が明らかにされ(111)、ローリー信者のションバークにショックを与えた。サン・トメが実は移動していなかったとはまだ知らなかったが、ションバークにとってローリーの嘘は、その密約だけですでに重大であった。嘘と術策を真剣にとりあげて、熱をこめてこう弁護した——

ローリーの嘘は目的の高さによって許されるべきである。嘘や術策は目的が高すぎて実現しないときにやむなく生じたものであり、高い目的とともに時代の産物であった。嘘や術策が作る弱点よりも長所の方で、ローリーは輝いている。[112]他方、ハーロウとクインは、ションバークのように大英帝国を賛美する時代には生きていなかった。従って、ローリーの嘘や術策についても、驚きながらでなく平静に、正当防衛として原因と一体化し、その時代の政治の動きのなかに収める客観的な態度がみられた。反帝国主義者のアンドルーズになると、とりあげ方が一層違っていた。術策には関心がなく、植民地を作らなかった第二の航海そのものにも関心を寄せていない。

アンドルーズとションバークの違いは、異なった時代にみられるローリー研究の傾向の違いであった。一九世紀まではローリーの人間に対する関心が、政治、経済に与えた影響に対する関心に先行する傾向があった。政治に与えた影響は、クロムウェルらの反王党派を勢いづかせ、経済に与えた影響は、植民地を擁した重商主義を育てたところにあった。二〇世紀に入って、クイン、アンドルーズ、ユーイングズなどの歴史学者の関心は、政治、経済への影響という軸を逸れなかった。[113]しかしながら、ローリーにおける術策の問題は、今日でもなお、ローリー研究の課題として残りうるであろう。この問題は、人間への興味としてだけでなく、歴史研究のなかの微視と巨視に関わり、個人の術策をみる微視が、その時代の政治の動き方をみる巨視を成立させてゆく。

老　獪

一八五三年に今のヴェネズェラで大金鉱が発見された。今のギアナ国との国境から遠くない町エル・カリャオ（El Callao）は、金がでないがその名を持つ町エル・ドラード（El Dorado）の北近くにある（図78）。まずイギリスの資本が、次にアメリカの大資本が入って大鉱山になり、南アフリカのランク鉱山に代わるまでは世界屈指の産出量をもっていた。[114] しかしながら、ローリーたちが気色ばんだいわゆるカロニ鉱とイコヌリ鉱からは金は採れなかった。[115] カロニ鉱を教えたのは首長のトピアワリだった。イコヌリ鉱をキーミスに教えたのは首長のプティマだった。

二人の首長が教えたとき、二つの鉱地から金が採れると、ほんとうにそう思っていたのか、それとも嘘をついていたのか。思っていたともいえ、嘘をついていた可能性もあり、いずれかに決めることはできないであろう。思っていたとみる証拠については、マノアをはじめとする数々の「驚異《ワンダーズ》」を現地人たちは信じていたことを、前章「黄金都市マノア」で解説した。本章では、嘘と知っていながら教えた可能性だけをとりあげて、関連づけられる事例を以下にあげてゆきたい。キーミスが一回目の翌年再訪したとき、トピアワリは死んでいたといわれる。[116] プティマは山に隠れて出てこなかった。[117] 前者が死んだと知らされたのは伝聞であり、[118] スペイン側はその死を信じていなかった。[119] トピアワリは生きていて、嘘をついたのでキーミスの前に姿をみせなかったのかもしれない。

この首長は一年前にローリーに次のような態度をとっていた――早くお帰りにならないとお帰りになれなくなる。今はこれでご勘弁（forbear）願いたい。また来るといわれるが、それならば保証に兵士を五〇人残していただきたい。[120] 最後の依頼についていえば、ローリーがこれに応じることはありえない。それが分かっていてそう頼んだのであれば、トピアワリはローリーの再訪を本当は望んでいなかったことになる。他方、プティマが隠れたのは伝聞ではなく、彼を探してみてキーミス自身が直接知った。嘘をついていたから隠れたとは限らないが、その可能性はあろう。もう一人の首長、エメリア地方のカラパナ王は、ローリーがエメリアを通ったとき表敬せず、「自分はお目にかかりたいのだが、スペインとも仲良くしなければならない、そのことを分かっていただきたい」と使者に伝えさせた[121]。この王のことをローリーは「老獪な狐[122]」と呼んだ。翌年キーミスがその地を再訪したときも、この王はイギリス側のフェアーな態度を絶讃して自分から会見を求めておきながら、巧みに言いのがれて今度も姿をあらわさなかった[123]。スペインとの関係を保ちながらイギリス軍に攻撃されないための巧妙な工作だったのであろう。

ローリーたちが訪れたときから五〇年も前から、黄金都市を探して現地に侵入したスペイン人たちと、平和な暮しを守ろうとする現地人との間に、激しい攻防が交わされていた。現地人が行なった「防」として、侵入してくるスペイン人たちに、このあたりにマノアがある、このあたりから金鉱石が採れると嘘をほのめかした。そうほのめかしておくと、スペイン側は情報源を保護して、略奪と殺害ができなくなった。黄金をおとりにして現地人がスペイン人に対抗した、次のような別様同趣の事例があった。黄金都市に魅せられたフランシスコ・ピザーロ侯爵は一五三九年、凶暴な弟ゴンザーロ（Gonzalo Pizarro）を探検にだした。ゴンザーロがスマーコ（Sumaco）に到ったとき、めざす黄金都市の方角について、その村の住民たちが期待していた答えをしないのを怒って、住民たちを生身のまま、焼いたり犬に食いちぎらせたりした。ゴンザーロが次に向かったコーカ（Coca）の首長は、同じ質問をされると、相手が気に入るようになんでもその通りですと答えて、ゴンザーロを混乱させて探検を狂わせ、虐殺された隣人たちのために復讐した[124]。

現地人は侵入するスペイン人を狡智を用いて追いかえした。スペイン側に残されていたいくつもの探検の記録は、マノアを発見できなかった記録だけでなく、現地人の狡智に負けた記録にもなっている[125]。ローリーはトピアワリについて、この未開の地でこれだけの人物に会うとは思ってもいなかったと絶讃した。この感嘆は狡智を用いて部族を守った多くの首長たちにも向けることができる。ローリーの最後の航海は、いわれていた地点には無かった黄金に振りまわされた、国ぐるみの愚挙であった。トピアワリとプティマの教唆こそ、その愚挙の本当の遡源であった。ローリーは現地人の人間を尊重し、現地人の言説を、あまたの黄金伝説を、そのまま信じた。それ自体は美挙であった。しかしながら、その美挙が一転して、彼が負うべき罪過になった。二人の首長がローリーをもし欺したのであれば、支配者と被支配者は入れ替わる。それにしても、二人は分かっていて嘘をついたのであろうか。

註

（1）「前史」については主として次の書物に負っている――James A. Williamson, *English Colonies in Guiana and on the Amazon 1604-1668* (Oxford at the Clarendon Press, 1923). 最後の航海（二度目のギアナ遠征）については主として次の書物に負っている――V. T. Harlow, *Ralegh's Last Voyage* (The Argonaut Press, 1922).

（2）Harlow, 6.

（3）Robert H. Schomburgk, *The Discovery of the Large, Rich, and Beautiful Empire of Guiana...* (The Hakluyt Society, 1848), 132.

（4）ローリーに関わる時代背景については主として次の二著に負っている――(1) Samuel R. Gardiner, *History of England from the Accenssion of James I to the Outbreak of the Civil War 1603-1642*, vol. II (1607-1616), vol. III (1616-1621) (Longmans, 1883). (2) Raleigh Trevelyan, *Sir Walter Raleigh* (Allen Lane, 2002)。

（5）以下の二つの版に収録されている――(1) Schomburgk, 135ff. (2) V. T. Harlow, *The Discoverie of the large and bewtiful Empire of Guiana* (The Argonaut Press, 1928), 138ff.

（6）Laurence Keymis, 'A Relation of the Second Voyage to Guiana, performed and written in the yeare 1596', Richard Hakluyt (ed.), *The Principal Navigations Voyages Traffiques & Discoveries of the English Nation...* (James MacLehouse and Sons, 1914), vol. X, 441ff.

（7）ベリーの報告の典拠については、Schomburgk, 441, n. 1.

（8）'Ralegh to George, Lord Carew', Harlow, *Last Voyage*, 250-251.

(9) Harlow, 8.
(10) David B. Quinn, *Raleigh and the British Empire* (Hodder & Stoughton Ltd., 1946), 246ff.
(11) Harlow, 17.
(12) James A. Williamson, *A Short History of British Expansion* (Macmillan, 1951), 209. ハーロウも同意見である——Harlow, *Discoverie*, lxix. しかしながら、ションバークは、当地の大西洋岸に発生する巨大波 'rollers' についての、過去の言及を紹介し、自身もそれに翻弄された体験を報告している (p. lxxiv)。巨大波の一部は筆者も体験した。その巨大波は、海辺都市の形成を困難にしたであろう。
(13) 'Ralegh to the Lord Treasurer Salisbury (1607)', Harlow, *Last Voyage*, 100-102.
(14) 'Sir Walter Rawleigh his Letter to the Earle of Salisbury, Lord Teasurer of England..., 1611', Harlow, 110.
(15) Harlow, 22.
(16) 'Sir Walter Raleighs Letter about his Journey to Guiana...to Secretary Sir Ralph Winwood'; 'Sir Walter Raleigh his letter to Mr. Secretary Winwood...', Harlow, 113-116.
(17) 'Ralegh to Sir George Villiers, afterwards Duke of Buchingham', Harlow, 116.
(18) Harlow, 43; Quinn, 253; Joyce Lorimer, 'The Location of Ralegh's Gold Mine', *Terrae Incognitae* 14 (1982).
(19) サン・トメ (San Thomé) の呼び方は、スペイン資料では town が一貫しているが、ローリーは town よりも village と呼ぶべきだといっている ('Apologie', Harlow, 325)。日本語では村と表記するほうがよいであろう。
(20) 'To Lady Ralegh from the Tower, 4 October 1618', Agnes Latham and Joyce Youings, *The Letters of Sir Walter Ralegh* (University of Exeter Press, 1999), 371.
(21) Edward Edwards, *The Life of Walter Ralegh* (Macmillan, 1868), vol. II, 566-567.
(22) John W. Shirley, 'Sir Walter Raleigh's Guiana Finances', HLQ, 13, 55-69.
(23) Schomburgk, 174.
(24) Schomburgk, 171-172.
(25) Trevelyan, 470.
(26) 註(9)を参照。

(27) Harlow, 52; Quinn, 251; Trevelyan, 474.

(28) Ernest A. Strathman, 'Ralegh Plans His Last Voyages', *The Mariner's Mirror*, vol. 50, 1964.

(29) Strathman, 265.

(30) 'Ralegh's Journal', Schomburgk, 189.

(31) Gardiner, III, 56-57.

(32) Gardiner, III, 42.

(33) Harlow, 30.

(34) Gardiner, III, 54; Harlow, 32.

(35) Edwards, I, 596.

(36) Schomburgk, 173-174.

(37) Quinn, 252.

(38) Harlow, 26-27.

(39) Quinn, 252; Harlow, 29.

(40) Harlow, 45.

(41) Quinn, 255; Harlow, 52.

(42) 'Orders to be observed by the Commanders of the Fleet, and the land companies,.... Given at Plimouth in Devon, the third of May, 1617', Harlow, 121-126.

(43) Trevelyan, 476.

(44) 'Journal', Schomburgk, 177.

(45) 'Samuel Jones' Letter to Privy Council', Harlow, 232; Harlow, 53.

(46) 'Journal', Schomburgk, 177.

(47) Harlow, 53.

(48) 'King James's Declaration', Harlow, 343.

(49) 'Apologies', Harlow, 325.

(50) *Ibid.*
(51) 'a young man of spirit, and that was all that could be said in his favour', Gardiner, III, 119.
(52) 'tempestuous', Harlow, 53.
(53) Harlow, 57.
(54) Gardiner, III, 121.
(55) 'Captain Keymis to Silvanus Scorie, 18 Nov. 1617', Harlow, 161.
(56) 'Declaration', Harlow, 343.
(57) 'Apologie', Harlow, 324-325.
(58) 'Letter to King (24 Sept. 1618)', Harlow, 277；'Apologie', Harlow, 325.
(59) Harlow, 61ff. ハーロウは大英博物館に入ったスペイン資料を探べてそれが分かった。その資料のなかにはサン・トメ村の住民の証言が含まれていて、周辺への行き来から元の場所だと分かった。
(60) 'Declaration', Harlow, 344.
(61) 'Apologie', Harlow, 324-325.
(62) クインの推察にもよる——Quinn, 258.
(63) 以下の記述は主として Harlow, *Last Voyage* の記述と、同書に収められているスペイン側の資料とに負っている。
(64) サン・トメは合計三回移動した。一六四二年に移動した地は、初代の地よりも約二三マイル西（川の下流）で、アイオ山に近く、現在は Los Castillos と呼ばれている建物が二つたっている。二つのうちの下方にある Castillo de Francisco（図80は遠望、図81、82は内部）には、図79の初代の要塞と共通点がみられる。ただし面積は初代よりも狭いであろう。
(65) Harlow, 199.
(66) Harlow, 77.
(67) ある住民によると、サン・トメの警官の一人が、トリニダードにいるローリーに連絡したといっている（Harlow, 216-217）が、信憑性は低いであろう。
(68) Harlow, 193 ff.

(69) Harlow, 76.

(70) Harlow, 203.

(71) 'Ralegh to Secretary Sir Ralph Winwood (21st March, 1618)', Harlow, 241-242.

(72) 'A Letter written by Sir Walter Ralegh to his wife..., 22nd of March, 1618', Harlow, 244.

(73) Quinn, 259.

(74) 'To...Privy Council...By Samuel Jones,...', Harlow, 235.

(75) 'Don Juan de Haro, Governor of Cumana, to the King (20th June, 1618)', Harlow, 212.

(76) 'Depositions of the Inhabitants relating to the Capture of S. Thomé, Harlow, 206.

(77) Harlow, 208.

(78) Agnes M. Latham, 'Sir Walter Ralegh's Golden Mine', *Essays and Studies*, 1951.

(79) 'Apologie', Harlow, 326 : 'Mr Kemish his letter to Sir Walter Ralegh', Latham, 106.

(80) Harlow, 207.

(81) Latham, 107.

(82) 'Samuel Jone's Letter...', Harlow, 235.

(83) 'A Letter written by Captain Charles Parker, one of Sir Walter Raleigh's companie at Guiana ; to Captain Alley', Harlow, 231 ; Schomburgk, 217-218.

(84) Harlow, 207.

(85) Harlow, 198.

(86) Harlow, 227.

(87) Harlow, 212.

(88) Schomburgk, 215 ; Harlow, 79.

(89) Latham, 110-111 : '*...and it wilbe argued and enforced that I haue wittingly deluded many noble and worthy gentlemen with vaine hopes. Which imputacions (how soeuer mine owne conscience sincerely pleads not guilty and fully satisfies me that I haue done the vtmost endeauour that in this case any honestman can doe, and that I haue no cause to*

hold my minde troubled as it is in this remediless vnhapines) is like to a deepe wound that cannot be healed without a seame'.

(90) 「コイン六〇〇リールズ、純金棒一本、金板一枚、金製品二〇〇〇リールズ分、重い金の鎖、銀装の大水差と水盤、それらの中にいれてあった色々な金製の装飾品……」、'Pray Pedro Simon's Narrative of Ralegh's Expedition', Harlow, 184-185 ; Schomburgk, 216, n. 1.

(91) Latham, 109.

(92) 'To the right honorable Sir Ralph Winwood…', Latham and Youings, 351.

(93) 例えば、'in the agony of indecision', Harlow, 82. または Quinn, 263.

(94) 以上の顛末は、'To Lord Carew from Plymouth, June 1618', Harlow, 248 : Latham and Youings, 357-358.

(95) Harlow, 83-84 : Latham and Youings, 359.

(96) Harlow, 86.

(97) Latham and Youings, 359.

(98) 'Apologie', Harlow, 328-329.

(99) 'Ralegh to Secretary Sir Ralph Winwood (21st March, 1618)', Harlow, 241-242.

(100) '…a Letter…by Sir Walter Ralegh to his wife…, 22nd of March, 1618', Harlow, 243-244.

(101) Edwards, II, 702.

(102) King Jame's 'Declaration', Harlow, 345.

(103) 相違点は、ローリーが許さなかったキーミスの言い訳の内容。キーミスが言い訳を書きいれようとしていた手紙の宛先（一方はアランデル伯、片方はウィンウッド）。ローリーがキーミスを叱った場所（ローリーの部屋とキーミスの部屋）。ナイフが刺されたキーミスの身体の場所（左の乳首下と肋骨が短い部分）。一日ちがいに書かれた二つの手紙が異なっているのも注意される。疑問点は、果たして無冠のキーミスがローリーを差し置いて、ローリーの親友だった貴族のアランデル伯に手紙を書くかどうか。国家の官房長だったウィンウッドにローリーが書いていた手紙のなかに、はたしてキーミスが手紙を同封していただきたいと頼むかどうか。キーミスは船長で自分の船をもっていたが、ローリーの船のなかにも自分の部屋をもっていたのか。

(104) 数学者、化学者（alchemist）だったキーミスは、オックスフォードのベリオル学寮の出身で、その頃その学都にはローリーのいとこの Arthur Gorges、George Carew、息子の方の Richard Hakluyt がいた。その人たちを介してローリーを知った可能性はあるが、Hariot などの知識人たちがローリーのダラム・ハウスに出入りしていた頃はすでにメンバーに入っていただろうといわれている。ローリーの一回目のギアナ遠征に参加、翌年同地を再調査し、金鉱が有望だと報告して、ローリーの二度目の遠征を早い時期に促した。一六〇三年におきたいわゆる主陰謀事件に、脇役だったが連座して一時ロンドン塔に収監された。長く収監されるローリーがこのとき妻に宛てた遺書のなかで、キーミスに親切にしてやってくれと頼んだ。ローリーが一六〇七年に突然ギアナのことをいいだしたのは、キーミスが熱心に勧めたせいもあっただろうといわれている。対照的な人物は、スパイになってローリーの処刑を確定させたスタックリ（Stucley）だった。その人物はローリーの死後、「ユダ殿」とののしられて小島に逃げ、そこで狂死した。しかしキーミスは死によって忠義が確定した。キーミスはシェイクスピア劇のケント、エドガーなどが入っている忠臣の系譜の中にいる。彼はイギリスの歴史を動かさなかったが、忠臣として後世のローリー研究者に好まれ労わられた。ただし、ローリーの死後間もなく多くなったローリー贔屓の人に、悪者にされたこともあったらしい。すなわち、ローリーがいうままに、ローリーはキーミスに潰されたと信じた人が、キーミスに対して一種の墓荒らしをしたらしい。

(105) Trevelyan, 550.

(106) W. Stebbing, *Walter Ralegh: A Biography* (Oxford at the Clarendon Press, 1891), 325.

(107) Schomburgk, 219.

(108) *Edinburgh Review*, vol. LXXI (1840), no. CXLIII, 86.

(109) 'Keymis to Ralegh, in Continuation', Latham, 110-111.

(110) Schomburgk, 226 : Harlow, 95.

(111) Gardiner, III, 53-55, 109-113.

(112) Schomburgk, 225-227.

(113) Joyce Youings (ed.), *Raleigh in Exeter 1985, Privateering and Colonisation in the Reign of Elizabeth I* (University of Exeter, 1985) は、そのような傾向の諸論文を集めている。

(114) ヴェネズェラには大鉱山以外に小規模で家内工業による鉱地が多く、砂金で採る方法と、溝を掘って水銀を流しこむ方法とがあるらしい。小規模鉱地の一つをチャールズ・ニコルが訪れている——Charles Nicholl, *The Creature in the Map* (Jonathan Cape, 1995), 200ff.

(115) 当時のスペイン資料のなかに含まれていた、カロニ河近くの鉱地についての記述が最近発見され、それがトピアワリがローリーに教えた鉱山だったかもしれないと取り沙汰されている。ただしその鉱地から当時実際に採金されていたという記述ではない——Joyce Lorimer, 'The Location'. 次に、イコヌリ鉱あたりに、現在 Bochiniche と呼ばれる鉱地があるとトレヴェリアンはいっている（二六六頁）。筆者は訪れていないが、地図にこの地名はなく、この鉱地をあげているのはトレヴェリアン一人であり、大鉱地でないのは確実である。

(116) Laurence Keymis, 'A *Relation of the Second Voyage to Guiana, performed and written in the yeare of 1596*', Richard Hakluyt, *The Principal Navigations: Voyages Traffiques & Discoveries of the English Nation* (James MacLehouse and Sons, 1904), vol. X, 467, 471.

(117) Keymis, 'A *Relation*...', Hakluyt, 467-468.

(118) ベリオが雇っていた現地人をキーミスが雇い、その現地人からキーミスは聞いた——Keymis, 'A *Relation*...', Hakluyt, 471.

(119) *Ibid*.

(120) Harlow, *Discoverie*, 60ff.

(121) Harlow, *Discoverie*, 67.

(122) 'old fox' (*Ibid.*) に対する平野敬一氏の適切な訳語を拝借した。平野敬一訳『ギアナの発見』岩波版「大航海時代叢書」第Ⅱ期一八巻、六〇〇頁。

(123) Keymis, 'A *Relation*...', Hakluyt, 471.

(124) Harlow, *Discoverie*, liii.

(125) Harlow, *Discoverie*, xlv-lxix, especially lxvii-lxviii.

あとがき

第一部「小伝」は、本書のために新しく書いた。他方、第二部と第三部を構成している四つの章は、過去に発表した文章を書き直した。それぞれの元の文章は、次のような紀要雑誌に、次のような時期に、発表された。

「虐殺と領地」――『龍谷大学論集』第四六五号（龍谷大学龍谷學会、平成一七年一月）
「マンスター植民」――『同論集』第四六六号、（同大学同學会、平成一七年七月）
「黄金都市マノア」――『同論集』第四六一号、（同大学同學会、平成一五年一月）
「最後の航海」――『同論集』第四六三号、（同大学同學会、平成一六年一月）

本書を書くにあたって参考にした書物については、註に掲げ、巻末に「参考書目」として纏めることをしなかった。それがあった方がよかったとされる向きがあるかもしれない。そのような方々のために、筆者が用いた「書誌」の目録を、以下に纏めて掲げる。まず、次の四点はそれぞれが詳しい――

1　T. N. Brushfield, *A Bibliography of Sir Walter Ralegh Knt.*, 2nd ed. (James G. Commin, 1908 ; repr.

Burt Franklin, 1968).

2 Christopher M. Armitage, *Sir Walter Ralegh : An Annotated Bibliography* (Chapel Hill, 1987).

3 Jerry Leath Mills, *Sir Walter Ralegh : a reference guide* (G. H. Hall & Co., 1986).

4 Jerry Leath Mills, 'Recent Studies in Ralegh', *English Literary Renaissance* 15, 1985.

次に、抄録版としては、次の二点が信頼できる——

1 'A Selected Bibliography', Agnes M. C. Latham, *Sir Walter Ralegh*, in *British Writers, edited under the auspies of the British Coucil* (1979).

2 'Previous Publication of the Letters', Agnes Latham and Joyce Youings, *The Letters of Sir Walter Ralegh* (University of Exeter Press, 1999).

幾つもの大学の図書館を利用させていただいて、しばしば拝みたい気持になった。なかでも、ケンブリッジ大学ユニヴァーシティ・ライブラリーから最大の恩恵を受けた。この恩恵がなければ本書は成らなかった。出版に向けて、龍谷大学文学部龍谷學会から助成金をいただいた。いずれの論文も同學会の紀要に長文のままに発表できたことについて、また、このように助成していただいたことについて、同學会に深く感謝している。本書は「龍谷叢書XII」として刊行される。

人文書院に紹介の労をとられたのは、京都大学名誉教授小岸　昭さんであった。小岸さんは出世作『スペインを追われたユダヤ人——マラーノの足跡を訪ねて』を、同書院から出版されていた。私事であるけれども、小岸さんと折々を共有した長い歳月、そのなかの出来事を振り返るにつけ、本書が小岸さんの世話で刊行されるのが嬉しく、また、得心している。

次のような方々からもそれぞれのご協力をえた。お名前だけを記して謝意を示させていただく——安藤真次郎、上村哲彦、立本成文、ロウジァ・マシューズ、山田　勇の皆さん。

人文書院編集部長、谷　誠二さんに担当していただいたのは、本書にとって幸運であった。谷さんは京洛吉田山あたりの空気に馴染んでおられたから、筆者が身の程知らずに、「実事求是」を口にしても、直ぐに分かっていただいた。

本書になった研究は、基盤研究C・2、「サー・ウォルター・ローリーの詩、散文、伝記についての研究」（課題番号一二六一〇五一六）として、平成一二、一三、一四年度文部科学省科学研究費補助金の交付をうけた。そのことを末尾に記すように定められているので、この場所に記させていただく。

平成一八年五月吉日

櫻井正一郎

索　引

（人名・地名・書名・事項を含む）

ア　行
アイア，フィリップ（Philip Ahier）　*29*
アイアンサイド（Ralph Ironside）　*33*
アーズ（Ards）半島　*114*
アゾーズ（Azores）諸島遠征　*25, 26, 233*
アチンスン，ジェイムズ（James Achinson）　*240*
アマゾン（Amazon）河　*233*
アマゾン女族　*201, 203, 204, 271*
アルヴァ（Alva）公　*65*
アルスター（Ulster）計画　*105-6, 111-12*
アンドルーズ，ケネス（Kenneth Andrews）　*192, 276*
アン（Anne）王妃（ジェイムズ王の）　*35, 236*
イコヌリ（Iconuri）（プティマ）鉱　*222, 252, 254, 255, 277*
ヴァージニア（Virginia）植民　*19-21, 189-194, 208*
ウィアポコ河（Wiapoco）　*233, 246*
ウィドン（Captain Jacob Whiddon）　*197, 198, 200*
ウィザレッド，トマス（Thomas Withered）　*133, 143*
ヴィリアーズ，ジョージ（George Villiers）　*237*
ウィリアムスン，ジェイムズ（James Williamson）　*234*
ウィルスン（Thomas Wilson）　*160*
ウィンウッド，ラルフ（Ralph Winwood）　*258, 259, 269, 270, 271*
ウィンター将軍（William Winter）　*58, 63, 66, 72*
ヴェラ（De Vera）　*200, 210*
ウェントワス（Wentworth）　*166*
ウォルシンガム伯（Earl of Walshingham）　*66, 82, 84, 86, 89, 94, 119*
ウォレス（W. A. Wallace）　*129, 132*
ウォレス（Willard M. Wallace）　*19, 34*
請負人（Undertaker）　*122, 123-6*
ウールジィ，トマス（Thomas Woolsey）　*24*
エジャトン，トマス（Thomas Egerton）　*121*
エセックス（1st Earl of Essex, Walter Devereux）　*114, 115*
エセックス（2nd Earl of Essex, Robert Devereux）　*22, 24, 25, 28, 30, 40, 78*
エセックス（Essex）植民　*113-115*
エセクィボ（Essequibo）　*201, 203, 223, 232*
エドワーズ，エドワード（Edward Edwards）　*2, 38, 244, 270*
エドワーズ，フィリップ（Philip Edwards）　*32, 85, 172, 173*
エリザベス女王（Queen Elizabeth I）
　肖像　*16, 17*；　ローリーへの愛顧　*15-*；　疎外　*23-*；　虐殺への態度　*75, 76*；　アイ

ルランド政策　72, 107, 119
エル・カリャオ（El Callao）　276
エル・ドラード（El Dorado）　196, 197, 199
エワイパナマ族(Ewaipanomas)　201, 202, 203
オーク材　128, 129, 146, 148
オニール，シェーン（Shane O'Neill）　69
オニール，ヒュー（Hugh O'Neill, 2nd Earl of Tyrone）　67, 78, 110, 153, 229, 233
オーブリー，ジョン（John Aubrie）　10, 46
オーモンド伯（Earl of Ormond）　73, 81, 84, 89, 95, 111, 126, 140
オリノコ河（Orinoco）　197, 198, 200, 217, 228, 247, 261

カ　行

カー，ロバート（Robert Carr）　39, 236
改革（ソフト）と征服（ハード）　71, 69
カイン河（Cayenne）　230
カディズ（Cadiz）遠征　25, 26, 233
ガーディナー（R. S. Gardiner）　236, 241, 248, 249, 275
カノト（Connaught）　107, 117
カラパナ王（Carapana）　181, 201, 210, 277
カルー，ジョージ（George Carew）　37, 138, 154, 156
カロニ河（Caroni）　220, 212, 218, 220, 232
カンニバル族（Cannibals）　174, 201, 203
カンウェイ（Conway）公　163, 164, 165
飢饉　120
キーミス（Keymis, Laurence）　40, 232, 248, 249, 253, 259, 260, 265, 269, 271, 273, 277, 278
機密文書（法王軍の）　15
キャナリー諸島（Canaries）　200
キャニ（Nicholas P. Canny）　113, 115, 175
キャムデン（William Camden）　61, 72, 76
キルディア伯（George Kildare）　151
ギルバート家（Gilbert）　13, 14
　ジョン（John）232；　ハンフリー（Humphrey）　17, 54, 57, 74, 76, 84, 95, 106, 117, 118, 190
クイン（David B. Quinn）　70, 74, 77, 106, 121, 122, 145, 146, 148, 171, 207, 276
九年戦争　131, 132, 152, 153
クマーナ（Kumana）　207, 210
クリスティアン四世，ロアン公(Prince de Rohan)　236
グレイ，ウィルトン公（Lord Grey of Wilton）　15, 57, 58, 62, 64, 68, 69, 76, 78, 82, 84, 86, 94, 124；　グレイの約束（The Faith of Grey）　68-70
グレヴィル（John Greville）　112, 207
グレゴリー13世（Pope Gregory）　54, 56, 57, 65
グレナディン諸島（Grenadines）　266
グレンヴィル（Richard Grenville）　112, 191-93, 196
クロフト，ジェイムズ（James Croft）　108
クロムウェル（Oliver Cromwell）　168, 189, 276
クロムウェル，トマス（Thomas Cromwell）　24

グロサート（A. B. Grosart）　*158*
近衛隊長（Captain of the Queen's Guard）　*17, 22*
コバン（Henry Brooke Cobhan）　*31*
コルサースト（Andrew Colthurst）　*127, 132, 154*
ゴールド（James Gold）　*150-52*
ゴールド（Alice Gold）　*150-52*
ゴンドマー（Count Gondomar）　*42, 237, 241*
コンドン（Condon）　*127, 129, 143-45*

サ　行
サヴォイ王国（Savoy）　*242, 244*
サザンプトン伯（Earl of Southumpton）　*233*
サセックス伯（Earl of Sussex）　*108, 109, 110, 116*
サマーズ，ジョージ（George Summers）　*206*
サマセット・ハウス会談　*30, 31*
サルミエント，ペドロ（Pedro Salumiento）　*197, 200*
サン・ヴァンサン岬（Cape St Vincent）　*246*
サンタ・マルタ（Santa Marta）　*207*
サンダース，ニコラス（Nicolas Sanders）　*55, 56*
サン・トメ（San Thomé）　*40, 241, 249, 251, 255, 256, 258, 260, 263, 271, 275*
サン・レジァ，ウォラム（Warham Saint Leger）　*92, 93, 112, 113, 120, 141, 248*
サン・レジァ，アンソニー（Anthony Saint Leger）　*108*
シーアン（Anthony Sheehan）　*145, 146*
ジェイムズＩ世（James I）　*27, 30, 31, 41, 42, 43, 168, 233, 234, 236, 237, 243, 244, 259*
ジェイムズタウン（Jamestown）　*21, 155*
ジェズイット派（Jesuits）　*32*
侍女（女王の）（Maids of Honour）　*22, 23*
シドニー，ヘンリー（Henry Sidney）　*110, 116, 117*
シドニー，フィリップ（Philip Sidney）　*22, 54*
シーニョリ（Seignory）　*122, 139-43*
シーバ島（Seiba）　*257, 258, 261*
ジャージィー島（Jersey）　*28, 29*
シャーボンの領地（Sherborne）　*37, 39*
シャンパナウン（Champernoun）　*13, 84*
ジョンスン，ベン（Ben Jonson）　*37*
ションバーク（Robert H. Schomburgk）　*203, 218, 274, 245*
ジョーンズ神父（Samuel Jones）　*260, 262, 264*
水晶山　*218*
スカリー（Scory）　*248, 272*
主・副陰謀事件（Bye Plot and Main Plot）　*30*
スタッカリ（John Stuckley）　*160*
スチュアート，アラベラ（Arabella Stuart）　*31*
ステビング（William Stebbing）　*70*
ストウ，ジョン（John Stow）　*90*
ストラスマン（E. A. Strathmann）　*34, 35*

スマリック(Smerwick) の虐殺　*52-70*
スミス，トマス (Thomas Smith)　*172*
スミス植民　*113, 115*
スペンサー，エドマンド (Edmund Spenser)　*64, 69, 124, 132, 140, 149*； *A View of the Present State of Ireland* *69, 76, 77, 87, 88, 89*
ズッチ (Captain Zouch)　*65, 85*
セシル (Robert Cecil, Earl of Salisbury)　*30, 39, 147, 148, 204, 208, 234*
セニシャル (Seneshal of Imokilly)　*87, 88, 89*
セント・ジョーンズ島 (St John's)　*266*
セント・クリストファー島 (St Christophers)　*266*

タ 行

タイロン (Tyron)　Hugh O'Neill を見よ
ダラム・ハウス (Durham House)　*16, 17*
ダートマス港 (Dartmouth)　*24*
ダンロップ (R. Dunlop)　*109*
地方長官制　*116-18*
チチスター，アーサー (Sir Arthur Chichester)　*78, 110*
チャーチヤード (Thomas Churchyard)　*73*
チャールズⅠ世 (Charles I)　*43, 157, 163-67, 168*
チャチャマイ滝 (Salto La Cachamay)　*217*
ディー，ジョン (John Dee)　*34*
ディスティニー号 (*Destiny*)　*234, 239*
デヴェール，エドワード (Edward De Vere)　*54*
デズモンド族 (Desmonds)　*27, 56*； 第二次デズモンドの乱　*57, 76, 81, 89, 115, 120, 133, 143*； フィッツジェラルド，ジェラルド (14代デズモンド伯)　*89*； 未亡人エレナ　*133*
デ・マレ (De Maretz)　*243*
トピアワリ (Topiawari)　*173, 201, 208, 210, 211, 212, 273, 278*
ド・ブリ (de Bry)　*199, 202, 211, 228*
トライアングル島 (Triangle Is.)　*247, 249, 255*
トリニダード (Trinidad)　*206, 207, 210*
ドルーリー (William Drury)　*74, 118*
トレヴェリアン，ローリー (Raleigh Trevelyan)　*70, 74*
ドレイク，フランシス (Francis Drake)　*13, 21, 43, 75, 192*
トンプソン，エドワード (Edward Thompson)　*11*

ナ 行

ニューファウンドランド (Newfoundland)　*106, 267*
ニューリン (Newlyn)　*229*
ネイピア (Napier)　*274*
ノース，ロウジャ(Roger North)　*266*
ノリス (Thomas Norris)　*133*

ハ 行

ハイド (Arthur Hyde)　*127, 140, 143-45*

パイン (Henry Pynne) *144, 146, 154, 157, 159-161*
パーカー船長 (Captain Parker) *200, 263, 264, 266, 273*
バッキンガム公(Duke of Buckingham) *164, 167, 237, 243-4, 259*
ハクルート，リチャード (Richard Hakluyt) *175, 197*；『西方植民論』 *195*
バグウェル，リチャード (Richard Bagwell) *66, 68*
パースンズ，ウィリアム (William Parsons) *166*
ハーコート，ロバート (Robert Harcourt) *233*
ハドザァ (Hudsor) *163, 164, 165*
ハトン，クリストファー (Christopher Hatton) *15, 17, 126, 127, 139*
ハーバート，ウィリアム (William Herbert) *23, 121, 127, 140, 141, 142*
バラ，ジョン (John Burgh) *200*
ハリー (Harry) *247*
バリ公 (James FitzRichard Barry, Barrimore) *69, 80, 82-85, 86, 89, 171*； デヴィッド (David Barrymore) *87, 89, 151*
バーリー公 (Lord Burghley, William Cecil) *17, 24, 72, 74, 85, 86, 113, 114, 120, 125, 139, 147, 170*
ハリオット，トマス (Thomas Hariot) *32, 33, 106, 129-37, 232*
ハルシウス (L. Hulsius) *199, 202, 228*
ハーロゥ (V. T. Harlow) *196, 197, 206, 243, 245, 255, 256, 258, 263, 272, 276*
ハワード，ヘンリー (Lord Henry Howard) *30, 31, 204, 208, 237*
パロメーケ (Palomeque) *256*
ビア，アナ (Anna Beer) *23, 167*
ビーシュ，エドワード (Edward Baeshe) *66*
ビリングズリー (Billingsley) *142*
ビンガム副将軍 (William Bingham) *63, 64, 66, 76*
ファーマー，ウィリアム (William Farmer) *78*
フィッツウィリアム (William FitzWilliam) *114, 143, 147, 148, 149, 156*
フィッツエドマンド (John FitzEdmund Fitzgerald) *93, 94*
フィッツモーリス，ジェイムズ (James FitzMaurice) *54, 56, 57, 118, 132*
フィトン，エドワード (Edward Fitton) *121, 124, 126*
フィトン，メアリー (Mary Fitton) *23*
フィリップ (Philip) Ⅱ世 *55, 56, 65*
フッカー，ジョン (John Hooker) *60, 63, 64, 66, 69, 88, 90*
プティマ (Putijma) *222, 277, 278*
ブラウン (Brown) *121, 124, 126, 127*
ブラウニスツ (Brownists) *27*
ブラッシュフィールド (T. N. Brushfield) *64, 65, 68*
プリマス (Plymouth) *40, 245, 268*
プレストン (Amyos Preston) *206*
フレデリック，パラティン伯 (Elector Palatine Frederick) *234*
フロビシャー，マーティン (Martin Frobisher) *56, 72*
ベイコン，フランシス (Francis Bacon) *28, 76, 222*
ヘイズ・バートン (Hays Barton) *12, 13*
ペイトン調査 (Peyton Survey) *120*
ベイリー船長 (Captain Bailey) *247*

ペイル（English Pale）　107, 108, 109, 110, 126, 127, 139
ペラト，ジョン（John Perrot）　71, 73, 74, 118, 119, 126
ペラム，ウィリアム（William Pelham）　119
ベリー，レオナード（Leonard Berry）　232
ベリオ，アントニオ（Antonio de Berrio）　177, 180, 206, 209
ベリンガム，エドワード（Edward Bellingham）　108
ペンザンス（Penzance）　229
ヘンリー王子（Prince Henry）　35, 233
ボイル，リチャード（Richard Boyle）　125, 120, 139, 151, 155, 156, 157, 158-60, 161, 162-67, 171
ホーキンズ，ジョン（John Horkins）　72
ポファム，ジョージ（George Popham）　121, 200, 206
ボリーバ，サイモン・ド（Simon De Bolivar）　207
ボルティモア（Baltimore）　84, 112, 268
ホワイト，ジョン（John White）　129, 132, 137, 192

マ　行
マーヴェル（Andrew Marvell）　167
マウントジョイ（Lord Mountjoy, Charles Blount）　78
マカーシー＝モロウ（MacCarthy-Morrogh）　106, 120, 121, 141, 142, 146, 153, 156, 162, 167, 169, 171
マクシー，メイナス（Manus Macshihy）　159
マートルの森（Myrtle Grove）　133, 135, 149
マナコ河（Manaco）　217, 220
マノア（Manoa）　194-204, 208, 211, 212, 216, 222, 228, 232, 234, 278「エル・ドラード」を見よ。
マラーマスト（Mullaghamast）の虐殺　70, 110
マルガレータ島（Margarita）　200, 207, 210
マレ，ルネ（Rene Maree）　229
マーロゥ，クリストファー（Chiristopher Marlowe）　34
マンスター（Munster）計画　112, 113, 116
マンスター植民　19, 21, 104, 111, 113, 116, 119-174, 190
メア，ジョン（John Mere）　160
メアリⅠ世　107
メイフラワー号（Mayflower）　21
モギリ地図　129, 131
モレキト王（Morequito）　209

ヤ　行
ユーイングズ（Joyce Youings）　170, 192, 196
ヨール（Youghal）　81, 171
羊毛地輸出権　17

ラ　行
ラウス（A. L. Rowse）　23

ラスリン（Rathlin）島の虐殺　*115*
ラドクリフ（Radcliff）　*109*
ランセロッタ（Lancerotta）　*246*
リー，チャールズ（Charles Lee）　*233*
リオ・アチャ（Rio de la Hacha）　*207*
ルイ（Louis）Ⅲ世　*243*
レイサム，アグネス（Agnes Latham）　*11, 15, 44*
レイン，ラルフ（Ralph Lane）　*191*
レスター伯（Earl of Leicester, Lord Robert Dudley）　*15, 22, 24, 91-94*
ロゥ，トマス（Thomas Roe）　*233*
ロゥチ（Roche）　*88, 89*
ロヴィズナ滝（Salto La Llovizna）　*212, 214-17, 222*
ロヴィズナ公園（Parque La Llovizna）　*218, 220*
ローリングウォタ（Roaringwater）湾　*268*
ローリー，サー・ウォルター（Sir Walter Ralegh）
（生涯）エピグラフ　*10-2*；　家系　*12-4*；　フランス行　*14*；　オリオル・カレッジ，ミドル・テンプル　*15*；　アイルランド行　*15*；　地位と利権　*17-9*；　ヴァージニア植民　*19-20*；　マンスター植民　*21-2*；　秘密結婚　*22-4*；　ギアナ行　*25, 39*；　カディズ遠征　*25-7*；　アゾーズ諸島遠征　*25-7*；　議会活動　*27-8*；　ジャージー島総督　*28-9*；　死刑判決　*30-2*；　無神論者　*32-5*；　ロンドン塔　*35-7*；　シャーボン館　*37-9*；　処刑　*41-2*；　後世への影響　*43-4, 174*
（作品）『シンシア』（*Cynthia*）　*24*；　『ギアナの発見』（*Discovery of Guiana*）　*25, 173, 189, 201, 204, 207, 208, 212-3, 220-23, 228, 232*；　『世界の歴史』（*History of the World*）　*34, 35, 43, 168*；　『人間の霊魂についての論』（*A Treatise of the Soul*）　*34*；　『息子への訓戒』（*Instructions to his Son*）　*35, 162*；　『海戦術』（*Art of War by Sea*）　*35*；　『イングランド議会の大権』（*Prerogative of Parliaments in England*）　*35*；　『弁明』（'*Apology*'）　*40, 41, 42, 157, 264, 271*；　『日記』（*Journal*）　*157*
ローリー夫人（Bess, Lady Ralegh, *née*, Elizabeth Throckmorton）　*37, 40, 157, 162, 168, 238, 268*
ローリー，ウォルター（ワット，Wat Ralegh）　*161, 162, 218, 248, 257*
ローリー，カルー（Carew Ralegh）　*37, 161-65, 168*
ローリー，ジョージ（George Ralegh）（甥）　*248*
ローリー（帆船）（Ralegh）　*190*
『ローリーの情報』（News for Sir Walter Ralegh）　*289*
ローリー伝の書誌　*45-46*

ワ　行

ワイン専売権（Wine Licence）　*17*

図版リスト

（画家／所蔵または引用出典）

1 イングランドの西南部とローリー関係地
2 ヘイズ・バートンの生家
3 ギルバート家のコンプトン城（Compton Castle）
4 エリザベス女王「白貂がいる肖像」1585年頃：William Segar/Hatfield House
5 ダラム・ハウス（Durham House）：John Norden, *Speculum Britanniae* (1593)/T. N. Brushfield, *Raleghana*, Part V (Transactions for the Devonshire Association for the Advancement of Science, Literature, and Art, 1903), facing p. 8.
6 サー・ウォルター・ローリー 1588年頃：画家 'H'/National Portrait Gallery, London
7 バーリー公ウイリアム・セシル（首相）：by or after Arnold von Brounckhurst (ca. 1560-1570)/National Portrait Gallery, London
8 ロアノーク島の位置
9 ヴァージニアとノース・カロライナ海岸：John White/Paul Hulton & David B. Quinn, *The American Drawings of John White* (University of North Carolina Press, 1964), vol. 2, colour plates no. 122 ('Map of Ralegh's Virginia'), a part.
10 カディズから帰ったエセックス伯：Marcus Gneeraerts the Younger (1596)/John Winton, *Sir Walter Ralegh* (Michael Joseph, 1975), facing p. 193.
11 妻ベス 1591年頃：画家不詳/Unknown Collection: Photo (c) National Portrait Gallery, London
12 カディズとアゾーズ諸島
13 カディズ湾内での海戦：画家不詳/Robert Lacey, *Sir Walter Ralegh* (Atheneum, 1973), facing p. 225.
14 ジャージー島
15 ジャージー島の補強されたエリザベス城（1650）：Wentzel Hollar/Philip Ahier, *The Governorship of Sir Walter Ralegh in Jersey 1600-1603* (St. Helier: Bigwoods Press, 1971), p. 192.
16 ジェイムズ一世：Marc Ghaeraedts/Robert Lacey, *op. cit.*, facing p. 104. (A part of the image)
17 スペインとイギリスの和平交渉（サマセット・ハウス会談, 1604）：probably by Unknown artist/National Portrait Gallery, London
18 トマス・ハリオットの二つの肖像：（左）Francisco Delarum (1620)/Winton, *op. cit.*, p. 149.（右）画家不詳/Lacey, *op. cit.*, facing p. 113.
19 1597年のロンドン塔：'A True and Exact Draught of the Tower Liberties, survey'd by Gulielmus Haward and J. Gascoyne' (1597)
20 『世界の歴史』の口絵と扉：（口絵）Elstrach; published by Walter Burre (1614)/Winton, *op. cit.*, p. 286.（扉）：The Portrait by Simon Passe; 2nd edition (1617)/*Ibid.*, *loc. cit.*
21 ロンドン塔のなかのローリーの居室
22 シャーボンの領地と館
23 シャーボンの古城

24 古城から眺めたシャーボンの領地（一部）
25 1540年頃のプリマス：画家不詳/BL Cotton MS, Aug. I, vol. I, no. 38
26 処刑されたパレス・ヤード：Wenceslans Hollar/Winton, *op. cit.*, p. 331.
27 断首台のローリー：市井の画家が描いた瓦版/Andrew Sinclair, *Sir Walter Raleigh and the Age of Discovery* (Penguin, 1984), p. 118.
28 水をかけられるローリー（ジョウヴィルのパブ・サイン）
29 自転車「ラレ号」：彦根市山岸政行さん（撮影も）
30 アイルランド
31 ディングル半島とスマリック湾
32 Dun an Óir（黄金の砦）跡とスマリック湾
33 聖ギャララス祈禱所
34 虐殺があった Dun an Óir の跡
35 スマリック半島全景
36 Dun an Óir での攻防を描いた水彩画（1580）：参加した海兵による/Public Record Office
37 当時のアイルランドの砦へのイギリス軍の攻撃（1594）（参考）：画家不詳/Winton, *op. cit.*, facing p. 257.
38 「アイルランドで行なわれた……カトリックへの迫害」：Richard Verstegan, *Theatrum Crudelitatum Haereticorum Nostris Temporis* (Antwerp, 1588)
39 「イングランドのカトリックへの迫害」：38に同じ
40 バリ城とバリ宮廷の跡など
41 チューダー朝の諸植民
42 ローリーの入植地
43 オーク材の集積（現在）
44 モギリ（Mogeely）の畑作とブライド川
45 'Mogeely Map', 1598：John White ?/National Library of Ireland Lismore MSS., W. A. Wallace, *John White, Thomas Harriot and Walter Ralegh in Ireland*, The Durham Thomas Harriot Seminar, Occasional Paper No. 2 (1985), pp. 12-13.
46 モギリの城と塔
47 リズフィニ（Lisfinny）塔
48 カナ（Conna）塔
49 バリノ（Ballinoe）城
50 モコロプ（Mocollop）塔とブラックウォタ川源流
51 ヨールの町を囲む城壁
52 'Myrtle Grove' 邸
53 ヨールの町にある聖母マリア教徒教会
54 ヨールの聖母マリア学校
55 ティント（Tynte）城
56 リズモア城とエリザベス朝庭園
57 モラナ（Molana）寺院
58 キルコルマン（Kilcolman）城の塔
59 リチャード・ボイル，初代コーク伯：画家不詳/*Youghal Historic Walled Port: the History of Youghal* (Youghal Urban District Council, 1994), p. 19.
60 ロステラン，クロイン，ヨールなど
61 チャールズ一世：画家不詳/Demald Galreiburng Deerie, Dresden
62 帆船ローリー号：作者不詳（16世紀末の木版画）/Winton, *op. cit.*, p. 77.

63　オリノコ・デルタと周辺
64　想像の黄金都市マノア（Manoa）：Levinus Hulsius, *Kurtze Wunderbare Bescbreibung Desz Goldreichen Konigreichs Guianae, Sechs und Zwanzig Schifffabrten* (Nurembrug, 1599)
65　エル・ドラード（黄金の人）：Theodor de Bry, *Brevis Descriptio Regni Guianae, Historia Americae sive novi orbis...* (Frankhult, 1599)
66　アマゾン族の遊興：L. Hulsius 刊の同版
67　首長の骸骨を飾る部族：de Bry 刊の同版
68　エワイパナマ族：L. Hulsius 刊の同版
69　トリニダードからサンタ・マルタまで
70　ローリーとトピアワリの会見：de Bry 刊の同版
71　ロヴィズナ滝の遠景
72　ロヴィズナ滝の近景
73　チャチャマイ滝
74　エンジェル・フォール
75　エンジェル・フォールと同形の長滝
76　ロヴィズナ公園
77　カロニ河がオリノコ河に合流する地帯（confluence）
78　ローリーのギアナと周辺
79　1618年頃のサン・トメ：スペインのシマンカスにある古文書館収蔵の古文書のなかの挿画をイギリス政府が模写したもの（1878）/V. T. Harlow, *Ralegh's Last Voyage* (Argonaut Press, 1932), p. 191
80　保存されている砦（'Castillo'）
81　'Castillo' の南と東面にある建物
82　'Castillo' とオリノコ河
83　ハーロウによるカロニ鉱とイコヌリ鉱の位置図：Harlow, *op. cit.*, p. 67.
84　シーバ島とカロニ鉱の位置

以上のなかの29を除いた写真は，筆者の撮影による。すなわち，2，3，21，22，23，24，28，33，34，35，43，44，46，47，48，49，50，51，52，53，54，55，56，57，58，71，72，73，74，75，76，77，80，81，82

著者略歴

櫻井正一郎（さくらい・しょういちろう）

1936年生まれ。京都大学卒。同大学大学院博士課程中退。同大学院人間・環境学研究科でルネッサンス部門を担当しローリーなどを教えた。現在同大学名誉教授。2006年３月まで龍谷大学特任教授。

著書『イギリスに捧げた歌―フィリップ・ラーキンを読む』ほか。編著 *The View from Kyoto: Essays on Twentieth-Century Poetry.* 共著『シェイクスピア「恋人の嘆き」とその周辺』ほか。

© Shōichirō SAKURAI, 2006
JIMBUN SHOIN Printed in Japan
ISBN4-409-51056-8 C1023

龍谷叢書XII

サー・ウォルター・ローリー
――植民と黄金――

二〇〇六年 七 月二五日 初版第一刷印刷
二〇〇六年 七 月三一日 初版第一刷発行

著 者 櫻井正一郎
発行者 渡辺博史
発行所 人文書院
〒六一二-八四四七
京都市伏見区竹田西内畑町九
電話 〇七五(六〇三)一三四四
振替 〇一〇〇〇-八-一一〇三
印刷 ㈱冨山房インターナショナル
製本 坂井製本所

http://www.jimbunshoin.co.jp/

Ⓡ〈日本複写権センター委託出版物〉
本書の全部または一部を無断で複写複製（コピー）することは，著作権法上での例外を除き禁じられています。本書からの複写を希望される場合は，日本複写権センター（03-3401-2382）にご連絡ください。

日系人とグローバリゼーション

・北米、南米、日本

レイン・リョウ・ヒラバヤシほか 編

日系移民の十五世紀以来の歴史的概括から、日系人移民の地理的広がりを再確認し、現在のグローバリゼーション下の日系人コミュニティ、さらにラテンアメリカ諸国からの日本へのデカセギまでを網羅した、全米日系人博物館主催の国際日系研究プロジェクトの成果。

6000円

キャロライン王妃事件

・〈虐げられたイギリス王妃〉の生涯をとらえ直す

古賀秀男 著

フランス革命を経た激動の時代、国力拡張とともに改革を迫られた大英帝国に激震をもたらした陰謀渦巻く王室スキャンダルと、その主人公王妃キャロラインの波瀾にみちた生涯を、産業革命期の民衆政治運動研究に携わってきた著者が丹念に辿る国内初の本格的研究。

3900円

表示価格（税抜）は2006年7月現在のもの

フランス植民地主義の歴史

・奴隷制廃止から植民地帝国の崩壊まで

平野千果子 著

奴隷制廃止論者が熱心な植民地拡張論者だったのはなぜか。アルジェリア、西アフリカ、インドシナ、カリブ海に刻んだ百五十年間のフランス植民地主義の歴史をたどりながら、第二次大戦後の民族独立戦争からクレオールの復権の意味までを視野に納めた意欲作。

2800円

生活の中の植民地主義

・日本型植民地主義とは

水野直樹 編

私たちの生活の中にたしかな痕跡を残す日本の植民地主義。本書は、初詣や命名の習慣、戸籍制度、慣行としての身体測定、体操など、いわば身体に刻み込まれた記憶を目に見えるものにする試みで、第一線の研究者による論集。関連する日本語文献のブックガイド付。

1500円

表示価格（税抜）は2006年7月現在のもの

植民地経験のゆくえ
・アリス・グリーンのサロンと世紀転換期の大英帝国

井野瀬久美恵 著

「サロンの女主人」A・グリーンと「レディ・トラヴェラー」M・キングズリ、彼女たちが共有した植民地経験のかなたに見えてくる、支配する側からではなく支配される側から逆照射された帝国の姿。埋もれ忘れられた膨大な史料を駆使して描いた、注目の研究成果。

4800円

世紀転換期イギリスの人びと
・アソシエイションとシティズンシップ

小関隆 編　小関隆／松浦京子／森本真美／光永雅明／井野瀬久美恵 著

19世紀後半から20世紀初頭のイギリス社会は、「シティズンシップのゆりかご」として各種の自発的結社や任意団体＝アソシエイション文化が花開いた。労働クラブ、成人教育、協同組合…その後のイギリスの基本的特長を形成した世紀転換期の諸相の綿密な研究。

2500円

表示価格（税抜）は2006年７月現在のもの